THE PSALMS IN FORM

THE PSALMS IN FORM

The Hebrew Psalter in its Poetic Shape

J.P. Fokkelman

deo
PUBLISHING

LEIDEN

Tools for Biblical Study series, 4

ISSN 1566-2101

Published by Deo Publishing, Scholeksterstraat 16, 2352 EE Leiderdorp, The Netherlands.

Copyright © 2002 Deo Publishing

All rights reserved. No part of this book may be reproduced or transmitted in any form or by any means, electronic or mechanical, including photocopying, recording, or by any information storage or retrieval system, without permission in writing from the publisher.

British Library Cataloguing-in-Publication Data
A catalogue record for this book is available from the British Library.

NUGI 634

ISBN 90-5854-017-0

Contents

Acknowledgements		7
Abbreviations		8
Part I:	Introduction	9
Part II:	The Hebrew Psalter in its poetic shape	15
Part III:	Annotations and remarks	155

Acknowledgements

I would like to express my sincere thanks to Wido van Peursen, Wouter Kool, and David E. Orton for their assistance with the preparation, correction, and formatting of the text of this book and to Jason DeRouchie for his assistance with the proofreading.

Abbreviations

BHS	Biblia Hebraica Stuttgartensia (4th edition, 1977)
BJ	Bible de Jérusalem (revised edition, 1998)
HAL	L. Köhler & W. Baumgartner: *Hebräisches und Aramäisches Lexicon zum Alten Testament*, 5 vols, Leiden 1967-1995
JB	Jerusalem Bible (English version of BJ)
JPS	The TaNaKh translation (2nd edition) of the Jewish Publication Society of America, Philadelphia 1985
KJ	King James Version (Authorized Version)
L-strophe	a strophic unit of three full poetic lines
MP	J.P. Fokkelman, *Major Poems of the Hebrew Bible*, Van Gorcum, Assen 1998 (vol. I) and 2000 (vol. II)
NEB	New English Bible, Oxford & Cambridge 1970
OTS	Oudtestamentische Studiën, Leiden
RSV	Revised Standard Version
S-strophe	a strophic unit of one or two full poetic lines
SVO	subject—verb—object
VT	*Vetus Testamentum*, Leiden
WBC	Word Biblical Commentary, Waco, Texas

Note on the arrangement of the Hebrew

A difficult choice had to be made in relation to the reading orientation of the Psalm texts. For the convenience of the majority of users it has been decided, with apologies in particular to Israeli readers and Hebraists, to follow a left-to-right page order.

Part I

Introduction

This edition of the complete Psalter is first and foremost poetical in nature. Its aim is to confront the reader with the linguistic work of art itself, in a direct visual contact that is as free from contamination as possible. Our option for a larger page format has enabled us to ensure that, in most cases, each of the 148 poems occupies one page, so that the whole of the composition may be seen at a glance, without having to turn the page.

This direct contact with the poets' work is established if the various layers of the text are made visible by means of a correct typography. This edition is entitled *The Psalms in Form*, as it shows every colon, verse and strophe in its proper dimensions. The contours of these textual levels have been determined through extensive analyses of style and structure; where necessary, they are accounted for in a series of studies I have written, entitled *Major Poems in the Hebrew Bible* (Assen, The Netherlands: Van Gorcum).

In Volume II of this series, published in the fall of 2000, I discussed 85 Psalms (83 poems) that all possessed the surprising characteristic of having an exact integer as the average number of original (i.e. pre-Masoretic) syllables per colon; this is usually 8, sometimes 7 or 9. The norm figure is found by dividing the number of syllables by the number of cola. Such a division can of course only be defended as accurate if both the syllable count and the colometric division of the poem are sound. In *Major Poems II* an extensive discussion is offered on how these operations should be carried out. Volume III, in preparation, will present analyses of the remaining 65 Psalms. Volume II, however, already contains an Appendix showing the core figures, from which may be read the totals for strophes, verses, cola, words and syllables in these poems.

The many decisions concerning boundaries and dimensions of cola, verses and strophes that are reflected in this edition of the Psalter are also supported by the concise but complete theory of classical Hebrew poetry offered in my *Reading Biblical Poetry: An Introductory Guide* (Louisville: Westminster John Knox, 2001). This description achieves a total integration of language and number: the poet is not only concerned about sense and meaning, down to the smallest detail (the qualitative aspect), but also monitors the proportions of the various textual levels down to the last syllable (the prosodic or quantitative aspect).

The Hebrew in this edition is that of the standard Stuttgart Hebrew Bible edition. For practical reasons, mainly connected with accessibility and readability, the reader will find here the vocalized (i.e. the Masoretic Hebrew) text of the BHS (Stuttgart 1977). I have had to carry out minor alterations, however, in order to do justice to the linguistic work of art. Not only does the original text invite the reader to choose between Ketib and Qere variants, but during the transmission of the original poems in various places small mishaps have occurred, which in most cases may be repaired by some minor surgery, rarely exceeding the scope of two syllables. All these instances are accounted for in the Annotations following the Hebrew texts. It has rarely been necessary to pronounce a *non liquet*. On the contrary, it turns out that a patient and mature application of stylistic and structural analyses enables us to find modest but apt solutions for difficult passages. I would like to emphasize here already that the Psalter requires considerably fewer emendations and conjectures than is usually thought necessary in current Bible scholarship.

In view of the fact that this edition of the Psalms aims to reflect a strict poetics, I have omitted the notorious word *selah* from the text. It does not belong to the poems proper, its function is unknown and its position is frequently at odds with the strophic divisions.

This book sets out to demonstrate the crucial value of the correct division of the text. If we demarcate cola and verses clearly and distinguish the strophes correctly by means of blank lines, we have created the necessary and, from the point of view of literary scholarship, sound basis for a mature interpretation. Because reading and interpreting, as a single movement, follow the course of a hermeneutical circle, the correct division of a poem—in our case a Psalm—is both the result (the end point) and the basis (the starting point) of interpretation. After closing the circle everything falls into place.

Making a correct division requires some elucidation. I will demonstrate its importance by means of three examples from three textual levels: (a) which words belong in the colon, (b) which cola together form a verse ("verse" in a literary sense: the full poetic line), and (c) how many verses belong together as a strophic unit. Translations of biblical verses given below are based on the Tanakh translation by the Jewish Publication Society (1985), with some modifications by the author.

A. The ordering of words in a colon

Verse 56 of Psalm 78 is generally read as a bipartite poetic line of 5 + 3 words, following the Masoretes, who placed the athnach under the word *Elyon*. Is the A-colon really that long? Upon closer inspection a division in 4 + 4 words proves far preferable for reasons of sound, syntax, numerical balance and strophe structure:

עליון ועדותיו לא שמרו	וינסו וימרו את אלהים	56
נהפכו כקשת רמיה	ויסגו ויבגדו כאבותם	57

In v. 56 the balance of 4 + 4 words is now linked to/combined with a balance of 10 + 10 syllables. Elyon alliterates with the next word through the ayin, and has now become the object of the second clause (the B-colon). The syntax shows a chiastic structure, in the following symmetry:

two verbal predicates	+	one noun as object	(A-colon)
two nouns as object	+	one verbal predicate	(B-colon)

Moreover, we find the same figures for nouns and verbs in the half-verses of v. 57, which together with vv. 56 and 58 forms a complete strophe. And as if this is not enough, v. 57 has the same round number of syllables as the preceding verse: 20.

Another example of an improved arrangement of words occurs at the start of Psalm

44. The Masoretes have v. 3 start with the words "You, your hand," but this rather overburdens the line. Actually, the 3 + 3 words that follow create a symmetry that completes the verse and inexorably sends the words "You, your hand" back to the second poetic line. In translation, v. 3 runs as follows:

> You drove out the nations, but them you did plant:
> you punished the peoples, but them you did set free.

In the traditional version, v. 2cd is too short, as only three syllables remain for the B-colon. Adding the words *'attah yadeka* gives a good balance:

פעל פעלת בימיהם   /   בימי קדם אתה ידך

This structure is a tour de force, in view of the chiastic syntax around the temporal adjuncts, which themselves touch the caesura: the two words in front represent the sentence core, thanks to their paronomasia (this time creating an internal object); their subject is further explained and forcibly underlined by the two words at the end of the line. This re-arrangement of words has been recognized by various contemporary scholars. With the hand of God placed at the end of the first strophe (= v. 2ab + v. 2cd), there is also a parallelism at strophe level: strophe 2 consists of vv. 3, 4ab and 4cd and ends in no fewer than three parts of the deity's body (among which is his right hand).

B. The correct articulation and demarcation of verses (again in the sense of full poetic lines)

The seventh strophe of Psalm 51 contains vv. 16-17, and tradition has it that these are a tricolon plus bicolon. There are, however, two sound reasons why we easily recognize that this should be the other way round: v. 16ab is a bicolon, whereas 16c forms a tricolon together with 17ab:

16	a	Save me from bloodguilt, O God,
	b	thou God of my salvation!
	c	My tongue will sing aloud of thy deliverance,
17	a	O Lord, open my lips
	b	and let my mouth declare thy praise.

The bicolon is characterized by the imperative plus two vocatives. In the original language, the tricolon has three verbs in the imperfect, and the parallelism is simply determined by the series tongue—lips—mouth.

A comparable situation is found at the end of the long Psalm 69. Tradition sees a tricolon in v. 36 and a bicolon in v. 37, but analysis quickly shows that the real arrangement is the other way round:

36a		For God will deliver Zion
	b	and rebuild the cities of Judah.
	c	They shall live there and inherit it,
37a		the offspring of His servants shall possess it,
	b	those who cherish His name shall dwell there.

Again, there are two solid reasons to read first a bicolon and then a tricolon here. In 36ab the grammatical subject is a singular, God. The tricolon changes the subject to mortals, in the plural. The four verbs they govern show a neat AB-B'A' pattern which becomes visible as soon as we pay attention to the difference between transitive and intransitive verbs.

Psalm 103 also requires a reversal of a tricolon + bicolon arrangement. Verses 17-18 consist of two nominal clauses with one of God's qualities as the subject. The bicolon makes a temporal statement, the tricolon is determined by the recipients of God's actions: three collectives.

> 17a   The LORD's steadfast love is from eternity
>   b   to eternity upon those who fear Him,
>   c   and His righteousness to children's children,
> 18a   to those who keep His covenant
>   b   and remember to observe His precepts.

In the translations and commentaries we find three bicola for Ps. 106:38-39. In reality, these are tricola:

> 38a   They shed innocent blood,
>   b   the blood of their sons and daughters,
>   c   whom they sacrificed to the idols of Canaan.
>   d   So the land was polluted by bloodguilt,
> 39a   and they became defiled by their acts,
>   b   debauched through their deeds.

The syntactic cohesion and the notion of "sacrifice" ensure that 38abc is one unit. The series of three narrative verb forms structures the Hebrew of the second tricolon; as to content, each colon (verset) mentions pollution.

C. The correct division of strophes

Everybody thinks Psalm 13 is a poem of twelve cola. Actually, there are thirteen, and with their 117 pre-Masoretic syllables they score the remarkable average of exactly 9. This song acquires its true shape if we re-arrange the words of v. 4ab, and subsequently adhere to the syntax of the three *pen*-clauses. The second strophe is then found to consist of a bicolon and a tricolon:

4ab	הביטה ענני יהוה	אלהי האירה עיני	
4c + 5ab	פן אישן המות	פן יאמר איבי יכלתיו	צרי יגילו כי אמוט

The so-called "break-up of stereotype" phrase creates a balance of 3 + 3 words in the bipartite verse. Each of the half-verses contains a Hiphil imperative reinforced by -a, and the words ʿaneni and ʿenay also become a pair thanks to alliteration. On either side of the caesura there are now 8 syllables. The three imperatives of v. 4ab, indicating what the poet desires, are followed by three clauses indicating exactly what he does not want; the third *pen* is virtual: it is active, but not expressly stated.

Psalms 42 and 43 together form one poem, which has one long refrain and two shorter ones. Verses 9-10, printed rather infelicitously in the BHS as seven cola and often presented as a tricolon plus two bicola, together form a strophe. A sound analysis will drastically alter this picture and lead us to a strophe consisting of three bicola. The last two cola are marked by an anaphorically repeated "why"; the third and fourth we discover by recognizing the parallelism of *t^efillah l^e'el chayyay* and *'om^erah l^e'el sal'i*. The fact that this last clause (v. 10a) has a volitive character enables us to interpret 9c as a wish. Working back from there, we may also see v. 9ab as a verbal plus nominal volitive clause. Thus, the strophe would consist of a prayer containing four wishes, ending in two desperate complaints:

> 9a   By day may the LORD command his steadfast love,
> b   and at night let [my] song of him be with me.
> c   [My] prayer, let it be to the God of my life,
> 10a   let me say to God, my rock:
> b   "Why hast thou forgotten me?
> c   Why must I go mourning under pressure of the enemy?"

This last example takes us on to a higher textual level. A stanza usually consists of two or three strophes, sometimes four. The Psalter contains one stanza of five strophes. This occurs in Psalm 18, vv. 8-16: the great theophany. The correctness of supposing five strophes and one stanza here is demonstrated by structural analysis, which shows that this famous passage realizes an ABXB'A' pattern.

The theophany is framed by another rare construction. Verses 7ab and 7cd make up a two-line strophe of distress, sung by the king. He receives a fitting answer to his cries for help in vv. 17-18, another two poetic lines, which sing of the rescue by God. Thus, the theophany has broken a pattern by separating question and answer. But in a sense it also links them, and it seems to me that we are justified in describing strophes 3 and 9 together as one, albeit split-up, stanza. Having reached the center of his great Song of Thanksgiving, the poet applies this "splitting" technique one more time, but this time one level down: vv. 21 and 25 are clearly a pair that I would call a split strophe (XI), forming a ring around strophe XII = the closely-knit trio vv. 22-24. In Ps. 115:4-8 exactly the same happens: a slim two-verse strophe is split up and placed as a ring around a trio of verses.

Part II

The Hebrew Psalter in its poetic shape

PSALM 1

I	1	אַשְׁרֵי־הָאִישׁ אֲשֶׁר ׀	לֹא הָלַךְ בַּעֲצַת רְשָׁעִים
		וּבְדֶרֶךְ חַטָּאִים לֹא עָמָד	וּבְמוֹשַׁב לֵצִים לֹא יָשָׁב׃
	2	כִּי אִם בְּתוֹרַת יְהוָה חֶפְצוֹ	וּבְתוֹרָתוֹ יֶהְגֶּה יוֹמָם וָלָיְלָה׃
II	3	וְהָיָה כְּעֵץ שָׁתוּל עַל־פַּלְגֵי מָיִם	אֲשֶׁר פִּרְיוֹ ׀ יִתֵּן בְּעִתּוֹ
		וְעָלֵהוּ לֹא־יִבּוֹל	וְכֹל אֲשֶׁר־יַעֲשֶׂה יַצְלִיחַ׃
III	4	לֹא־כֵן הָרְשָׁעִים	כִּי אִם־כַּמֹּץ אֲשֶׁר־תִּדְּפֶנּוּ רוּחַ׃
	5	עַל־כֵּן ׀ לֹא־יָקֻמוּ רְשָׁעִים בַּמִּשְׁפָּט	וְחַטָּאִים בַּעֲדַת צַדִּיקִים׃
	6	כִּי־יוֹדֵעַ יְהוָה דֶּרֶךְ צַדִּיקִים	וְדֶרֶךְ רְשָׁעִים תֹּאבֵד׃

PSALM 2

I	1	לָמָּה רָגְשׁוּ גוֹיִם	וּלְאֻמִּים יֶהְגּוּ־רִיק׃	
	2	יִתְיַצְּבוּ ׀ מַלְכֵי־אֶרֶץ	וְרוֹזְנִים נוֹסְדוּ־יָחַד	עַל־יְהוָה וְעַל־מְשִׁיחוֹ׃
	3	נְנַתְּקָה אֶת־מוֹסְרוֹתֵימוֹ	וְנַשְׁלִיכָה מִמֶּנּוּ עֲבֹתֵימוֹ׃	
II	4	יוֹשֵׁב בַּשָּׁמַיִם יִשְׂחָק	יהוה יִלְעַג־לָמוֹ׃	
	5	אָז יְדַבֵּר אֵלֵימוֹ בְאַפּוֹ	וּבַחֲרוֹנוֹ יְבַהֲלֵמוֹ׃	
	6	וַאֲנִי נָסַכְתִּי מַלְכִּי	עַל־צִיּוֹן הַר־קָדְשִׁי׃	
III	7	אֲסַפְּרָה אֶל חֹק יְהוָה	אָמַר אֵלַי בְּנִי אַתָּה	אֲנִי הַיּוֹם יְלִדְתִּיךָ׃
	8	שְׁאַל מִמֶּנִּי	וְאֶתְּנָה גוֹיִם נַחֲלָתֶךָ	וַאֲחֻזָּתְךָ אַפְסֵי־אָרֶץ׃
	9	תְּרֹעֵם בְּשֵׁבֶט בַּרְזֶל	כִּכְלִי יוֹצֵר תְּנַפְּצֵם׃	
IV	10	וְעַתָּה מְלָכִים הַשְׂכִּילוּ	הִוָּסְרוּ שֹׁפְטֵי אָרֶץ׃	
	11	עִבְדוּ אֶת־יְהוָה בְּיִרְאָה	וְגִילוּ בִּרְעָדָה 12 נַשְּׁקוּ־בַר׃	
		פֶּן־יֶאֱנַף ׀ וְתֹאבְדוּ דֶרֶךְ	כִּי־יִבְעַר כִּמְעַט אַפּוֹ	אַשְׁרֵי כָּל־חוֹסֵי בוֹ׃

PSALM 3

1 מִזְמ֥וֹר לְדָוִ֑ד בְּ֝בָרְח֗וֹ מִפְּנֵ֤י ׀ אַבְשָׁל֬וֹם בְּנֽוֹ׃

I 2 יְהוָ֗ה מָֽה־רַבּ֥וּ צָרָ֑י   רַ֝בִּ֗ים קָמִ֥ים עָלָֽי׃
   3 רַבִּים֮ אֹמְרִ֪ים לְנַ֫פְשִׁ֥י   אֵ֤ין יְֽשׁוּעָ֓תָה לּ֬וֹ בֵֽאלֹהִ֬ים׃

II 4 וְאַתָּ֣ה יְ֭הוָה מָגֵ֣ן בַּעֲדִ֑י   כְּ֝בוֹדִ֗י וּמֵרִ֥ים רֹאשִֽׁי׃
   5 ק֭וֹלִי אֶל־יְהוָ֣ה אֶקְרָ֑א   וַיַּֽעֲנֵ֨נִי מֵהַ֖ר קָדְשׁ֣וֹ׃

III 6 אֲנִ֥י שָׁכַ֗בְתִּי וָֽאִ֫ישָׁ֥נָה   הֱקִיצ֑וֹתִי כִּ֖י יְהוָ֣ה יִסְמְכֵֽנִי׃
   7 לֹֽא־אִ֭ירָא מֵרִבְב֥וֹת עָ֑ם   אֲשֶׁ֥ר סָ֝בִ֗יב שָׁ֣תוּ עָלָֽי׃

IV 8 ק֘וּמָ֤ה יְהוָ֨ה ׀   הוֹשִׁ֘יעֵ֤נִי אֱלֹהַ֗י
   כִּֽי־הִכִּ֣יתָ אֶת־כָּל־אֹיְבַ֣י לֶ֑חִי   שִׁנֵּ֖י רְשָׁעִ֣ים שִׁבַּֽרְתָּ׃

V 9 לַיהוָ֥ה הַיְשׁוּעָ֑ה   עַֽל־עַמְּךָ֖ בִרְכָתֶ֣ךָ׃

PSALM 4

1 לַמְנַצֵּ֥חַ בִּנְגִינ֗וֹת מִזְמ֥וֹר לְדָוִֽד׃

I 2 בְּקָרְאִ֡י עֲנֵ֤נִי ׀ אֱלֹ֘הֵ֤י צִדְקִ֗י   בַּ֭צָּר הִרְחַ֣בְתָּ לִּ֑י   חָ֝נֵּ֗נִי וּשְׁמַ֥ע תְּפִלָּתִֽי׃

II 3 בְּנֵ֥י אִ֡ישׁ עַד־מֶ֬ה כְבוֹדִ֣י לִ֭כְלִמָּה   תֶּאֱהָב֣וּן רִ֑יק תְּבַקְשׁ֖וּ כָזָ֣ב׃
   4 וּדְע֗וּ כִּֽי־הִפְלָ֣ה יְ֭הוָה חָסִ֣יד ל֑וֹ   יְהוָ֥ה יִ֝שְׁמַ֗ע בְּקָרְאִ֥י אֵלָֽיו׃

III 5 רִגְז֗וּ וְֽאַל־תֶּ֫חֱטָ֥אוּ   אִמְר֣וּ בִ֭לְבַבְכֶם עַֽל־מִשְׁכַּבְכֶ֗ם וְדֹ֣מּוּ׃
   6 זִבְח֥וּ זִבְחֵי־צֶ֑דֶק   וּ֝בִטְח֗וּ אֶל־יְהוָֽה׃

IV 7 רַבִּ֥ים אֹמְרִים֮ מִֽי־יַרְאֵ֪נוּ֫ ט֥וֹב   נְֽסָה־עָ֭לֵינוּ א֨וֹר פָּנֶ֬יךָ יְהוָֽה׃
   8 נָתַ֣תָּה שִׂמְחָ֣ה בְלִבִּ֑י   מֵעֵ֬ת דְּגָנָ֖ם וְתִֽירוֹשָׁ֣ם רָֽבּוּ׃

V 9 בְּשָׁל֣וֹם יַחְדָּו֮ אֶשְׁכְּבָ֪ה וְאִ֫ישָׁ֥ן   כִּֽי־אַתָּ֣ה יְהוָ֣ה לְבָדָ֑ד   לָ֝בֶ֗טַח תּוֹשִׁיבֵֽנִי׃

PSALM 5

1 לַמְנַצֵּ֥חַ אֶֽל־הַנְּחִיל֗וֹת מִזְמ֥וֹר לְדָוִֽד׃

I	2	אֲמָרַ֣י הַאֲזִ֣ינָה ׀ יְהוָ֗ה	בִּ֣ינָה הֲגִֽיגִי׃	
	3	הַקְשִׁ֤יבָה ׀ לְק֬וֹל שַׁוְעִ֗י מַלְכִּ֥י	וֵאלֹהָ֑י כִּֽי־אֵ֝לֶ֗יךָ אֶתְפַּלָּֽל׃	
	4	יְֽהוָ֗ה בֹּ֣קֶר תִּשְׁמַ֣ע קוֹלִ֑י	בֹּ֥קֶר אֶֽעֱרָךְ־לְ֝ךָ֗ וַאֲצַפֶּֽה׃	
II	5	כִּ֤י ׀ לֹ֤א אֵֽל־חָפֵ֘ץ רֶ֥שַׁע ׀ אָ֑תָּה	לֹ֖א יְגֻרְךָ֣ רָֽע׃	
	6	לֹֽא־יִתְיַצְּב֣וּ ה֭וֹלְלִים	לְנֶ֣גֶד עֵינֶ֑יךָ	שָׂ֝נֵ֗אתָ כָּל־פֹּ֥עֲלֵי אָֽוֶן׃
	7	תְּאַבֵּד֘ דֹּבְרֵ֪י כָ֥זָ֫ב	אִישׁ־דָּמִ֥ים וּמִרְמָ֗ה יְתָ֘עֵ֥ב ׀ יְהוָֽה׃	
III	8	וַאֲנִ֗י בְּרֹ֣ב חַ֭סְדְּךָ אָב֣וֹא בֵיתֶ֑ךָ	אֶשְׁתַּחֲוֶ֥ה אֶל־הֵֽיכַל־קָ֝דְשְׁךָ֗ בְּיִרְאָתֶֽךָ׃	
	9	יְהוָ֤ה ׀ נְחֵ֬נִי בְצִדְקָתֶ֗ךָ	לְמַ֥עַן שׁוֹרְרָ֑י	הוֹשַׁ֖ר לְפָנַ֣י דַּרְכֶּֽךָ׃
IV	10	כִּ֤י אֵ֪ין בְּפִ֡יהוּ נְכוֹנָה֮	קִרְבָּ֪ם הַ֫וּ֥וֹת	
		קֶֽבֶר־פָּת֥וּחַ גְּרוֹנָ֑ם	לְ֝שׁוֹנָ֗ם יַחֲלִֽיקוּן׃	
V	11	הַאֲשִׁימֵ֨ם ׀ אֱֽלֹהִ֗ים	יִפְּלוּ֮ מִֽמֹּעֲצ֪וֹתֵ֫יהֶ֥ם	
		בְּרֹ֣ב פִּ֭שְׁעֵיהֶם הַדִּיחֵ֑מוֹ	כִּי־מָ֥רוּ בָֽךְ׃	
VI	12	וְיִשְׂמְח֨וּ כָל־ח֪וֹסֵי בָ֡ךְ	לְעוֹלָ֣ם יְ֭רַנֵּנוּ	
		וְתָסֵ֣ךְ עָלֵ֑ימוֹ	וְֽיַעְלְצ֥וּ בְ֝ךָ֗ אֹהֲבֵ֥י שְׁמֶֽךָ׃	
	13	כִּֽי־אַתָּה֮ תְּבָרֵ֪ךְ צַ֫דִּ֥יק יְהוָ֑ה	כַּ֝צִּנָּ֗ה רָצ֥וֹן תַּעְטְרֶֽנּוּ׃	

PSALM 6

1 לַמְנַצֵּ֣חַ בִּ֭נְגִינוֹת עַֽל־הַשְּׁמִינִ֗ית מִזְמ֥וֹר לְדָוִֽד׃

I   2   יְֽהוָ֗ה אַל־בְּאַפְּךָ֥ תוֹכִיחֵ֑נִי   וְֽאַל־בַּחֲמָתְךָ֥ תְיַסְּרֵֽנִי׃
    3   חָנֵּ֥נִי יְהוָה֮ כִּ֤י אֻמְלַ֫ל אָ֥נִי   רְפָאֵ֥נִי יְהוָ֑ה כִּ֖י נִבְהֲל֣וּ עֲצָמָֽי׃
    4   וְ֭נַפְשִׁי נִבְהֲלָ֣ה מְאֹ֑ד   וְאַתָּ֥ה יְ֝הוָ֗ה עַד־מָתָֽי׃

II   5   שׁוּבָ֣ה יְ֭הוָה חַלְּצָ֣ה נַפְשִׁ֑י   ה֝וֹשִׁיעֵ֗נִי לְמַ֣עַן חַסְדֶּֽךָ׃
    6   כִּ֤י אֵ֣ין בַּמָּ֣וֶת זִכְרֶ֑ךָ   בִּ֝שְׁא֗וֹל מִ֣י יֽוֹדֶה־לָּֽךְ׃

III   7   יָגַ֤עְתִּי ׀ בְּֽאַנְחָתִ֗י   אַשְׂחֶ֣ה בְכָל־לַ֭יְלָה מִטָּתִ֑י   בְּ֝דִמְעָתִ֗י עַרְשִׂ֥י אַמְסֶֽה׃
    8   עָֽשְׁשָׁ֣ה מִכַּ֣עַס עֵינִ֑י   עָֽ֝תְקָ֗ה בְּכָל־צוֹרְרָֽי׃

IV   9   ס֣וּרוּ מִ֭מֶּנִּי כָּל־פֹּ֣עֲלֵי אָ֑וֶן   כִּֽי־שָׁמַ֥ע יְ֝הוָ֗ה ק֣וֹל בִּכְיִֽי׃
    10   שָׁמַ֣ע יְ֭הוָה תְּחִנָּתִ֑י   יְ֝הוָ֗ה תְּֽפִלָּתִ֥י יִקָּֽח׃
    11   יֵבֹ֤שׁוּ ׀ וְיִבָּהֲל֣וּ מְ֭אֹד   כָּל־אֹיְבָ֑י יָ֝שֻׁ֗בוּ יֵבֹ֥שׁוּ רָֽגַע׃

PSALM 7

1 שִׁגָּי֗וֹן לְדָ֫וִ֥ד אֲשֶׁר־שָׁ֥ר לַיהוָ֑ה עַל־דִּבְרֵי־כ֝֗וּשׁ בֶּן־יְמִינִֽי׃

I	2	יְהוָ֣ה אֱ֭לֹהַי בְּךָ֣ חָסִ֑יתִי	הוֹשִׁיעֵ֥נִי מִכָּל־רֹ֝דְפַ֗י וְהַצִּילֵֽנִי׃
	3	פֶּן־יִטְרֹ֣ף כְּאַרְיֵ֣ה נַפְשִׁ֑י	פֹּ֝רֵ֗ק וְאֵ֣ין מַצִּֽיל׃
II	4	יְהוָ֣ה אֱ֭לֹהַי אִם־עָשִׂ֣יתִי זֹ֑את	אִֽם־יֶשׁ־עָ֥וֶל בְּכַפָּֽי׃
	5	אִם־גָּ֭מַלְתִּי שֽׁוֹלְמִ֥י רָ֑ע	וָאֲחַלְּצָ֖ה צוֹרְרִ֣י רֵיקָֽם׃
	6	יִֽרַדֹּ֥ף אוֹיֵ֨ב ׀ נַפְשִׁ֡י וְיַשֵּׂ֗ג	וְיִרְמֹ֣ס לָאָ֣רֶץ חַיָּ֑י וּכְבוֹדִ֓י ׀ לֶעָפָ֖ר יַשְׁכֵּ֣ן׃
III	7	ק֘וּמָ֤ה יְהוָ֨ה ׀ בְּאַפֶּ֗ךָ	הִ֭נָּשֵׂא בְּעַבְר֣וֹת צוֹרְרָ֑י
		ע֥וּרָה אֵ֝לַ֗י מִשְׁפָּ֥ט צִוִּֽיתָ׃	8 וַעֲדַ֣ת לְ֭אֻמִּים תְּסוֹבְבֶ֑ךָּ
		וְ֝עָלֶ֗יהָ לַמָּר֥וֹם שֽׁוּבָה׃	9 יְהוָה֮ יָדִ֪ין עַ֫מִּ֥ים
IV		שָׁפְטֵ֥נִי יְהוָ֗ה כְּצִדְקִ֥י	וּכְתֻמִּ֖י עָלָֽי׃
	10	יִגְמָר־נָ֬א רַ֨ע ׀ רְשָׁעִים֮	וּתְכוֹנֵ֪ן צַ֫דִּ֥יק
		וּבֹחֵ֣ן לִ֭בּ֗וֹת וּכְלָי֗וֹת	אֱלֹהִ֥ים צַדִּֽיק׃
V	11	מָֽגִנִּ֥י עַל־אֱלֹהִ֑ים	מ֝וֹשִׁ֗יעַ יִשְׁרֵי־לֵֽב׃
	12	אֱ֭לֹהִים שׁוֹפֵ֣ט צַדִּ֑יק	וְ֝אֵ֗ל זֹעֵ֥ם בְּכָל־יֽוֹם׃
VI	13	אִם־לֹ֣א יָ֭שׁוּב חַרְבּ֣וֹ יִלְט֑וֹשׁ	קַשְׁתּ֥וֹ דָ֝רַ֗ךְ וַֽיְכוֹנְנֶֽהָ׃
	14	וְ֭לוֹ הֵכִ֣ין כְּלֵי־מָ֑וֶת	חִ֝צָּ֗יו לְֽדֹלְקִ֥ים יִפְעָֽל׃
VII	15	הִנֵּ֥ה יְחַבֶּל־אָ֑וֶן	וְהָרָ֥ה עָ֝מָ֗ל וְיָ֣לַד שָֽׁקֶר׃
	16	בּ֣וֹר כָּ֭רָֽה וַֽיַּחְפְּרֵ֑הוּ	וַ֝יִּפֹּ֗ל בְּשַׁ֣חַת יִפְעָֽל׃
	17	יָשׁ֣וּב עֲמָל֣וֹ בְרֹאשׁ֑וֹ	וְעַ֥ל קָ֝דְקֳד֗וֹ חֲמָס֥וֹ יֵרֵֽד׃
VIII	18	אוֹדֶ֣ה יְהוָ֣ה כְּצִדְק֑וֹ	וַ֝אֲזַמְּרָ֗ה שֵֽׁם־יְהוָ֥ה עֶלְיֽוֹן׃

PSALM 8

1 לַמְנַצֵּ֥חַ עַֽל־הַגִּתִּ֗ית מִזְמ֥וֹר לְדָוִֽד׃

I	2	יְהוָ֤ה אֲדֹנֵ֗ינוּ	מָֽה־אַדִּ֣יר שִׁ֭מְךָ בְּכָל־הָאָ֑רֶץ
II		אֲשֶׁ֥ר תְּנָ֥ה ה֝וֹדְךָ֗ עַל־הַשָּׁמָֽיִם׃	3 מִפִּ֤י עֽוֹלְלִ֨ים ׀ וְֽיֹנְקִ֗ים
		יִסַּ֥דְתָּ עֹ֑ז לְמַ֥עַן צוֹרְרֶ֑יךָ	לְהַשְׁבִּ֥ית א֝וֹיֵ֗ב וּמִתְנַקֵּֽם׃
III	4	כִּֽי־אֶרְאֶ֣ה שָׁ֭מֶיךָ מַעֲשֵׂ֣י אֶצְבְּעֹתֶ֑יךָ	יָרֵ֥חַ וְ֝כוֹכָבִ֗ים אֲשֶׁ֣ר כּוֹנָֽנְתָּה׃
	5	מָֽה־אֱנ֥וֹשׁ כִּֽי־תִזְכְּרֶ֑נּוּ	וּבֶן־אָ֝דָ֗ם כִּ֣י תִפְקְדֶֽנּוּ׃
IV	6	וַתְּחַסְּרֵ֣הוּ מְּ֭עַט מֵאֱלֹהִ֑ים	וְכָב֖וֹד וְהָדָ֣ר תְּעַטְּרֵֽהוּ׃
	7	תַּ֭מְשִׁילֵהוּ בְּמַעֲשֵׂ֣י יָדֶ֑יךָ	כֹּ֝ל שַׁ֣תָּה תַֽחַת־רַגְלָֽיו׃
V	8	צֹנֶ֣ה וַאֲלָפִ֣ים כֻּלָּ֑ם	וְ֝גַ֗ם בַּהֲמ֥וֹת שָׂדָֽי׃
	9	צִפּ֣וֹר שָׁ֭מַיִם וּדְגֵ֣י הַיָּ֑ם	עֹ֝בֵ֗ר אָרְח֥וֹת יַמִּֽים׃
VI	10	יְהוָ֥ה אֲדֹנֵ֑ינוּ	מָֽה־אַדִּ֥יר שִׁ֝מְךָ֗ בְּכָל־הָאָֽרֶץ׃

PSALM 9

1 לַמְנַצֵּחַ עַלְמוּת לַבֵּן מִזְמוֹר לְדָוִד׃

I	2	אוֹדֶה יְהוָה בְּכָל־לִבִּי	אֲסַפְּרָה כָּל־נִפְלְאוֹתֶיךָ׃
	3	אֶשְׂמְחָה וְאֶעֶלְצָה בָךְ	אֲזַמְּרָה שִׁמְךָ עֶלְיוֹן׃
II	4	בְּשׁוּב־אוֹיְבַי אָחוֹר	יִכָּשְׁלוּ וְיֹאבְדוּ מִפָּנֶיךָ׃
	5	כִּי־עָשִׂיתָ מִשְׁפָּטִי וְדִינִי	יָשַׁבְתָּ לְכִסֵּא שׁוֹפֵט צֶדֶק׃
III	6	גָּעַרְתָּ גוֹיִם אִבַּדְתָּ רָשָׁע	שְׁמָם מָחִיתָ לְעוֹלָם וָעֶד׃
	7	הָאוֹיֵב ׀ תַּמּוּ חֳרָבוֹת לָנֶצַח	וְעָרִים נָתַשְׁתָּ אָבַד זִכְרָם׃
IV	8	המה וַיהוָה לְעוֹלָם יֵשֵׁב	כּוֹנֵן לַמִּשְׁפָּט כִּסְאוֹ׃
	9	וְהוּא יִשְׁפֹּט־תֵּבֵל בְּצֶדֶק	יָדִין לְאֻמִּים בְּמֵישָׁרִים׃
V	10	וִיהִי יְהוָה מִשְׂגָּב לַדָּךְ	מִשְׂגָּב לְעִתּוֹת בַּצָּרָה׃
	11	וְיִבְטְחוּ בְךָ יוֹדְעֵי שְׁמֶךָ	כִּי לֹא־עָזַבְתָּ דֹרְשֶׁיךָ יְהוָה׃
VI	12	זַמְּרוּ לַיהוָה יֹשֵׁב צִיּוֹן	הַגִּידוּ בָעַמִּים עֲלִילוֹתָיו׃
	13	כִּי־דֹרֵשׁ דָּמִים אוֹתָם זָכָר	לֹא־שָׁכַח צַעֲקַת עֲנָיִים׃
VII	14	חָנְנֵנִי יְהוָה רְאֵה עָנְיִי מִשֹּׂנְאָי	מְרוֹמְמִי מִשַּׁעֲרֵי מָוֶת׃
	15	לְמַעַן אֲסַפְּרָה כָּל־תְּהִלָּתֶיךָ	בְּשַׁעֲרֵי בַת־צִיּוֹן אָגִילָה בִּישׁוּעָתֶךָ׃
VIII	16	טָבְעוּ גוֹיִם בְּשַׁחַת עָשׂוּ	בְּרֶשֶׁת־זוּ טָמָנוּ נִלְכְּדָה רַגְלָם׃
	17	נוֹדַע ׀ יְהוָה מִשְׁפָּט עָשָׂה	בְּפֹעַל כַּפָּיו נוֹקֵשׁ רָשָׁע הִגָּיוֹן׃
IX	18	יָשׁוּבוּ רְשָׁעִים לִשְׁאוֹלָה	כָּל־גּוֹיִם שְׁכֵחֵי אֱלֹהִים׃
	19	כִּי לֹא לָנֶצַח יִשָּׁכַח אֶבְיוֹן	תִּקְוַת עֲנִוִּים תֹּאבַד לָעַד׃
X	20	קוּמָה יְהוָה אַל־יָעֹז אֱנוֹשׁ	יִשָּׁפְטוּ גוֹיִם עַל־פָּנֶיךָ׃
	21	שִׁיתָה יְהוָה ׀ מוֹרָה לָהֶם	יֵדְעוּ גוֹיִם אֱנוֹשׁ הֵמָּה׃

PSALM 10

XI	1	לָמָה יְהוָה תַּעֲמֹד בְּרָחוֹק	תַּעְלִים לְעִתּוֹת בַּצָּרָה:	
	2	בְּגַאֲוַת רָשָׁע יִדְלַק עָנִי	יִתָּפְשׂוּ ׀ בִּמְזִמּוֹת זוּ חָשָׁבוּ:	
XII	3	כִּי־הִלֵּל רָשָׁע עַל־תַּאֲוַת נַפְשׁוֹ	וּבֹצֵעַ בֵּרֵךְ נִאֵץ ׀ יְהוָה:	
	4	רָשָׁע כְּגֹבַהּ אַפּוֹ בַּל־יִדְרֹשׁ	אֵין אֱלֹהִים כָּל־מְזִמּוֹתָיו:	
XIII	5	יָחִילוּ דְרָכָיו ׀ בְּכָל־עֵת	מָרוֹם מִשְׁפָּטֶיךָ מִנֶּגְדּוֹ	כָּל־צוֹרְרָיו יָפִיחַ בָּהֶם:
	6	אָמַר בְּלִבּוֹ בַּל־אֶמּוֹט לְדֹר וָדֹר	אֲשֶׁר לֹא־בְרָע: 7 אָלָה	
XIV		פִּיהוּ מָלֵא וּמִרְמוֹת וָתֹךְ	תַּחַת לְשׁוֹנוֹ עָמָל וָאָוֶן:	
	8	יֵשֵׁב ׀ בְּמַאְרַב חֲצֵרִים	בַּמִּסְתָּרִים יַהֲרֹג נָקִי	עֵינָיו לְחֵלְכָה יִצְפֹּנוּ:
XV	9	יֶאֱרֹב בַּמִּסְתָּר ׀ כְּאַרְיֵה בְסֻכֹּה	יֶאֱרֹב לַחֲטוֹף עָנִי	יַחְטֹף עָנִי בְּמָשְׁכוֹ בְרִשְׁתּוֹ:
	10	יִדְכֶּה יָשֹׁחַ וְנָפַל	בַּעֲצוּמָיו חֵלְכָּאִים:	
	11	אָמַר בְּלִבּוֹ שָׁכַח אֵל	הִסְתִּיר פָּנָיו בַּל־רָאָה לָנֶצַח:	
XVI	12	קוּמָה יְהוָה אֵל נְשָׂא יָדֶךָ	אַל־תִּשְׁכַּח עֲנָוִים:	
	13	עַל־מֶה ׀ נִאֵץ רָשָׁע ׀ אֱלֹהִים	אָמַר בְּלִבּוֹ לֹא תִּדְרֹשׁ:	
XVII	14	רָאִתָה כִּי־אַתָּה ׀ עָמָל וָכַעַס ׀	תַּבִּיט לָתֵת בְּיָדֶךָ	
		עָלֶיךָ יַעֲזֹב חֵלֵכָה	יָתוֹם אַתָּה ׀ הָיִיתָ עוֹזֵר:	
XVIII	15	שְׁבֹר זְרוֹעַ רָשָׁע וָרָע	תִּדְרוֹשׁ־רִשְׁעוֹ בַל־תִּמְצָא:	
	16	יְהוָה מֶלֶךְ עוֹלָם וָעֶד	אָבְדוּ גוֹיִם מֵאַרְצוֹ:	
XIX	17	תַּאֲוַת עֲנָוִים שָׁמַעְתָּ יְהוָה	תָּכִין לִבָּם תַּקְשִׁיב אָזְנֶךָ:	
	18	לִשְׁפֹּט יָתוֹם וָדָךְ	בַּל־יוֹסִיף עוֹד לַעֲרֹץ אֱנוֹשׁ מִן־הָאָרֶץ:	

PSALM 11

1 לַמְנַצֵּ֗חַ לְדָ֫וִ֥ד

I	בַּֽיהוָ֨ה ׀ חָסִ֗יתִי	אֵ֭יךְ תֹּאמְר֣וּ לְנַפְשִׁ֑י	נ֝֗וּדִי הַרְכֶ֥ם צִפּֽוֹר׃
2	כִּ֤י הִנֵּ֪ה הָרְשָׁעִ֡ים יִדְרְכ֬וּן קֶ֗שֶׁת	כּוֹנְנ֣וּ חִצָּ֣ם עַל־יֶ֑תֶר	לִיר֥וֹת בְּמוֹ־אֹ֝֗פֶל לְיִשְׁרֵי־לֵֽב׃
3	כִּ֣י הַ֭שָּׁתוֹת יֵֽהָרֵס֑וּן	צַ֝דִּ֗יק מַה־פָּעָֽל׃	

II 4	יְהוָ֨ה ׀ בְּֽהֵ֘יכַ֤ל קָדְשׁ֗וֹ	יְהוָה֮ בַּשָּׁמַ֪יִם כִּ֫סְא֥וֹ	
	עֵינָ֥יו יֶחֱז֑וּ	עַפְעַפָּ֥יו יִ֝בְחֲנ֗וּ בְּנֵ֣י אָדָֽם׃	

III 5	יְהוָה֮ צַדִּ֪יק יִ֫בְחָ֥ן וְ֭רָשָׁע	וְאֹהֵ֥ב חָמָ֗ס שָֽׂנְאָ֥ה נַפְשֽׁוֹ׃	
6	יַמְטֵ֥ר עַל־רְשָׁעִ֗ים פַּ֫חִ֥ים אֵ֣שׁ וְ֭גָפְרִית	וְר֥וּחַ זִלְעָפ֗וֹת מְנָ֣ת כּוֹסָֽם׃	
7	כִּֽי־צַדִּ֣יק יְ֭הוָה צְדָק֣וֹת אָהֵ֑ב	יָ֝שָׁ֗ר יֶחֱז֥וּ פָנֵֽימוֹ׃	

PSALM 12

1 לַמְנַצֵּ֥חַ עַֽל־הַשְּׁמִינִ֗ית מִזְמ֥וֹר לְדָוִֽד׃

I 2	הוֹשִׁ֣יעָה יְ֭הוָה כִּי־גָמַ֣ר חָסִ֑יד	כִּי־פַ֥סּוּ אֱ֝מוּנִ֗ים מִבְּנֵ֥י אָדָֽם׃	
3	שָׁ֤וְא ׀ יְֽדַבְּרוּ֮ אִ֤ישׁ אֶת־רֵ֫עֵ֥הוּ	שְׂפַ֥ת חֲלָק֑וֹת בְּלֵ֖ב וָלֵ֣ב יְדַבֵּֽרוּ׃	

II 4	יַכְרֵ֣ת יְ֭הוָה כָּל־שִׂפְתֵ֣י חֲלָק֑וֹת	לָ֝שׁ֗וֹן מְדַבֶּ֥רֶת גְּדֹלֽוֹת׃	
5	אֲשֶׁ֤ר אָֽמְר֨וּ ׀ לִלְשֹׁנֵ֣נוּ נַ֭גְבִּיר	שְׂפָתֵ֣ינוּ אִתָּ֑נוּ	מִ֖י אָד֣וֹן לָֽנוּ׃

III 6	מִשֹּׁ֥ד עֲנִיִּים֮ מֵאַנְקַ֪ת אֶבְי֫וֹנִ֥ים	עַתָּ֣ה אָ֭קוּם יֹאמַ֣ר יְהוָ֑ה	אָשִׁ֥ית בְּ֝יֵ֗שַׁע יָפִ֥יחַֽ לֽוֹ׃
7	אִֽמֲר֣וֹת יְהוָה֮ אֲמָר֪וֹת טְהֹ֫ר֥וֹת	כֶּ֣סֶף צָ֭רוּף בַּעֲלִ֣יל לָאָ֑רֶץ	מְ֝זֻקָּ֗ק שִׁבְעָתָֽיִם׃

IV 8	אַתָּֽה־יְהוָ֥ה תִּשְׁמְרֵ֑ם	תִּצְּרֶ֓נּוּ ׀ מִן־הַדּ֖וֹר ז֣וּ לְעוֹלָֽם׃	
9	סָבִ֗יב רְשָׁעִ֥ים יִתְהַלָּכ֑וּן	כְּרֻ֥ם זֻ֝לּ֗וּת לִבְנֵ֥י אָדָֽם׃	

PSALM 13

1 לַמְנַצֵּחַ מִזְמוֹר לְדָוִד׃

I	2	עַד־אָ֣נָה יְהוָה תִּשְׁכָּחֵ֣נִי נֶ֑צַח	עַד־אָ֓נָה ׀ תַּסְתִּ֖יר אֶת־פָּנֶ֣יךָ מִמֶּֽנִּי׃
	3	עַד־אָ֨נָה אָשִׁ֪ית עֵצ֡וֹת בְּנַפְשִׁ֗י	יָג֣וֹן בִּלְבָבִ֣י יוֹמָ֑ם עַד־אָ֓נָה ׀ יָר֖וּם אֹיְבִ֣י עָלָֽי׃
II	4	הַבִּ֣יטָֽה עֲ֭נֵנִי יְהוָ֣ה	אֱלֹהָ֑י הָאִ֥ירָה עֵ֝ינַ֗י
		פֶּן־אִישַׁ֥ן הַמָּֽוֶת׃	
	5	פֶּן־יֹאמַ֣ר אֹיְבִ֣י יְכָלְתִּ֑יו	צָרַ֥י יָ֝גִ֗ילוּ כִּ֣י אֶמּֽוֹט׃
III	6	וַאֲנִ֤י ׀ בְּחַסְדְּךָ֣ בָטַחְתִּי֮	יָ֤גֵ֥ל לִבִּ֗י בִּֽישׁוּעָ֫תֶ֥ךָ אָשִׁ֥ירָה לַיהוָ֑ה כִּ֖י גָמַ֣ל עָלָֽי׃

PSALM 14

1 לַמְנַצֵּחַ לְדָוִד

I	1	אָמַ֥ר נָבָ֣ל בְּ֭לִבּוֹ אֵ֣ין אֱלֹהִ֑ים	הִֽשְׁחִ֗יתוּ הִֽתְעִ֥יבוּ עֲלִילָ֗ה	אֵ֣ין עֹֽשֵׂה־טֽוֹב׃
	2	יְֽהוָ֗ה מִשָּׁמַיִם֮ הִשְׁקִ֪יף עַֽל־בְּנֵי־אָ֫דָ֥ם	לִ֭רְאוֹת הֲיֵ֣שׁ מַשְׂכִּ֑יל	דֹּ֝רֵשׁ אֶת־אֱלֹהִֽים׃
II	3	הַכֹּ֥ל סָר֮ יַחְדָּ֪ו נֶ֫אֱלָ֥חוּ	אֵ֤ין עֹֽשֵׂה־ט֑וֹב אֵ֝֗ין גַּם־אֶחָֽד׃	
	4	הֲלֹ֥א יָדְעוּ֮ כָּל־פֹּ֪עֲלֵ֫י אָ֥וֶן	אֹכְלֵ֣י עַ֭מִּי אָ֣כְלוּ לֶ֑חֶם	יְ֝הוָ֗ה לֹ֣א קָרָֽאוּ׃
III	5	שָׁ֤ם ׀ פָּ֣חֲדוּ פָ֑חַד	כִּֽי־אֱ֝לֹהִ֗ים בְּד֣וֹר צַדִּֽיק׃	
	6	עֲצַת־עָנִ֥י תָבִ֑ישׁוּ	כִּ֖י יְהוָ֣ה מַחְסֵֽהוּ׃	
IV	7	מִ֥י יִתֵּ֣ן מִצִּיּוֹן֮ יְשׁוּעַ֪ת יִשְׂרָ֫אֵ֥ל		
		בְּשׁ֣וּב יְ֭הוָה שְׁב֣וּת עַמּ֑וֹ	יָגֵ֥ל יַ֝עֲקֹ֗ב יִשְׂמַ֥ח יִשְׂרָאֵֽל׃	

PSALM 15

1 מִזְמ֗וֹר לְדָ֫וִ֥ד

I		יְֽהוָ֗ה מִי־יָג֥וּר בְּאָהֳלֶ֑ךָ	מִֽי־יִ֝שְׁכֹּ֗ן בְּהַ֣ר קָדְשֶֽׁךָ׃	
	2	הוֹלֵ֣ךְ תָּ֭מִים וּפֹעֵ֣ל צֶ֑דֶק	וְדֹבֵ֥ר אֱ֝מֶ֗ת בִּלְבָבֽוֹ׃	
II	3	לֹֽא־רָגַ֨ל ׀ עַל־לְשֹׁנ֗וֹ	לֹא־עָשָׂ֣ה לְרֵעֵ֣הוּ רָעָ֑ה	וְ֝חֶרְפָּ֗ה לֹא־נָשָׂ֥א עַל־קְרֹבֽוֹ׃
	4	נִבְזֶ֤ה ׀ בְּֽעֵינָ֘יו נִמְאָ֥ס	וְאֶת־יִרְאֵ֣י יְהוָ֣ה יְכַבֵּ֑ד	
III		נִשְׁבַּ֥ע לְ֝הָרַ֗ע וְלֹ֣א יָמִֽר׃	5 כַּסְפּ֤וֹ ׀ לֹא־נָתַ֣ן בְּנֶשֶׁךְ֮	וְשֹׁ֥חַד עַל־נָקִ֗י לֹ֥א לָ֫קָ֥ח
		עֹֽשֵׂה־אֵ֑לֶּה לֹ֖א יִמּ֣וֹט לְעוֹלָֽם׃		

PSALM 16

1 מִכְתָּ֥ם לְדָוִ֑ד

I		שָֽׁמְרֵ֥נִי אֵ֝֗ל	כִּֽי־חָסִ֥יתִי בָֽךְ׃	
	2	אָמַ֣רְתְּ לַ֭יהוָה אֲדֹנָ֣י אָ֑תָּה	ט֝וֹבָתִ֗י בַּל־עָלֶֽיךָ׃	
II	3	לִ֭קְדוֹשִׁים אֲשֶׁר־בָּאָ֣רֶץ הֵ֑מָּה	וְ֝אַדִּירֵ֗י כָּל־חֶפְצִי־בָֽם׃	4 יִרְבּ֥וּ עַצְּבוֹתָם֮ אַחֵ֪ר מָ֫הָ֥רוּ
		בַּל־אַסִּ֣יךְ נִסְכֵּיהֶ֣ם מִדָּ֑ם	וּֽבַל־אֶשָּׂ֥א אֶת־שְׁ֝מוֹתָ֗ם עַל־שְׂפָתָֽי׃	
III	5	יְֽהוָ֗ה מְנָת־חֶלְקִ֥י וְכוֹסִ֑י	אַ֝תָּ֗ה תּוֹמִ֥יךְ גּוֹרָלִֽי׃	
	6	חֲבָלִ֣ים נָֽפְלוּ־לִ֭י בַּנְּעִמִ֑ים	אַף־נַ֝חֲלָ֗ת שָֽׁפְרָ֥ה עָלָֽי׃	
IV	7	אֲבָרֵ֗ךְ אֶת־יְ֭הוָה אֲשֶׁ֣ר יְעָצָ֑נִי	אַף־לֵ֝יל֗וֹת יִסְּר֥וּנִי כִלְיוֹתָֽי׃	
	8	שִׁוִּ֬יתִי יְהוָ֣ה לְנֶגְדִּ֣י תָמִ֑יד	כִּ֥י מִֽ֝ימִינִ֗י בַּל־אֶמּֽוֹט׃	
	9	לָכֵ֤ן ׀ שָׂמַ֣ח לִ֭בִּי וַיָּ֣גֶל כְּבוֹדִ֑י	אַף־בְּ֝שָׂרִ֗י יִשְׁכֹּ֥ן לָבֶֽטַח׃	
V	10	כִּ֤י ׀ לֹא־תַעֲזֹ֣ב נַפְשִׁ֣י לִשְׁא֑וֹל	לֹֽא־תִתֵּ֥ן חֲ֝סִידְךָ֗ לִרְא֥וֹת שָֽׁחַת׃	
	11	תּֽוֹדִיעֵנִי֮ אֹ֤רַח חַ֫יִּ֥ים	שֹׂ֣בַע שְׂ֭מָחוֹת אֶת־פָּנֶ֑יךָ	נְעִמ֖וֹת בִּימִינְךָ֣ נֶֽצַח׃

PSALM 17

1 תְּפִלָּה לְדָוִד

I		שִׁמְעָה יְהוָה ׀ צֶדֶק	הַקְשִׁיבָה רִנָּתִי
		הַאֲזִינָה תְפִלָּתִי	בְּלֹא שִׂפְתֵי מִרְמָה׃
II	2	מִלְּפָנֶיךָ מִשְׁפָּטִי יֵצֵא	עֵינֶיךָ תֶּחֱזֶינָה מֵישָׁרִים׃
	3	בָּחַנְתָּ לִבִּי ׀ פָּקַדְתָּ לַּיְלָה	צְרַפְתַּנִי בַל־תִּמְצָא זַמֹּתִי בַּל־יַעֲבָר־פִּי׃
III	4	לִפְעֻלּוֹת אָדָם בִּדְבַר שְׂפָתֶיךָ	אֲנִי שָׁמַרְתִּי אָרְחוֹת פָּרִיץ׃
	5	תָּמֹךְ אֲשֻׁרַי בְּמַעְגְּלוֹתֶיךָ	בַּל־נָמוֹטּוּ פְעָמָי׃
IV	6	אֲנִי־קְרָאתִיךָ	כִּי־תַעֲנֵנִי אֵל
		הַט־אָזְנְךָ לִי	שְׁמַע אִמְרָתִי׃
	7	הַפְלֵה חֲסָדֶיךָ	מוֹשִׁיעַ חוֹסִים מִמִּתְקוֹמְמִים בִּימִינֶךָ׃
V	8	שָׁמְרֵנִי כְּאִישׁוֹן בַּת־עָיִן	בְּצֵל כְּנָפֶיךָ תַּסְתִּירֵנִי׃
	9	מִפְּנֵי רְשָׁעִים זוּ שַׁדּוּנִי	אֹיְבַי בְּנֶפֶשׁ יַקִּיפוּ עָלָי׃
VI	10	חֶלְבָּמוֹ סָּגְרוּ	פִּימוֹ דִּבְּרוּ בְגֵאוּת׃
	11	אַשֻּׁרֵינוּ עַתָּה סְבָבוּנוּ	עֵינֵיהֶם יָשִׁיתוּ לִנְטוֹת בָּאָרֶץ׃
	12	דִּמְיֹנוֹ כְּאַרְיֵה יִכְסוֹף לִטְרוֹף	וְכִכְפִיר יֹשֵׁב בְּמִסְתָּרִים׃
VII	13	קוּמָה יְהוָה	קַדְּמָה פָנָיו הַכְרִיעֵהוּ
		פַּלְּטָה נַפְשִׁי מֵרָשָׁע חַרְבֶּךָ׃	14 מִמְתִים יָדְךָ ׀ יְהוָה [..] מֵחֶלֶד חֶלְקָם בַּחַיִּים
VIII		וּצְפוּנְךָ תְּמַלֵּא בִטְנָם	יִשְׂבְּעוּ בָנִים וְהִנִּיחוּ יִתְרָם לְעוֹלְלֵיהֶם׃
	15	אֲנִי בְּצֶדֶק אֶחֱזֶה פָנֶיךָ	אֶשְׂבְּעָה בְהָקִיץ תְּמוּנָתֶךָ׃

PSALM 18

1 לַמְנַצֵּ֤חַ ׀ לְעֶ֥בֶד יְהֹוָ֗ה לְדָ֫וִ֥ד אֲשֶׁ֤ר דִּבֶּ֨ר ׀ לַיהֹוָ֗ה אֶת־דִּ֭בְרֵי הַשִּׁירָ֣ה הַזֹּ֑את בְּי֤וֹם הִֽצִּיל־יְהֹוָ֘ה אוֹת֥וֹ מִכַּ֥ף כׇּל־אֹ֝יְבָ֗יו וּמִיַּ֥ד שָׁאֽוּל׃ 2 וַיֹּאמַ֡ר

I	אֶרְחׇמְךָ֖ יְהֹוָ֣ה חִזְקִֽי׃	3 יְהֹוָ֤ה ׀ סַֽלְעִ֥י וּמְצוּדָתִ֗י וּֽמְפַ֫לְטִ֥י	
	אֵלִ֣י צ֭וּרִי אֶחֱסֶה־בּ֑וֹ	מָֽגִנִּ֥י וְקֶֽרֶן־יִ֝שְׁעִ֗י מִשְׂגַּבִּֽי׃	
	4 מְ֭הֻלָּל אֶקְרָ֣א יְהֹוָ֑ה	וּמִן־אֹ֝יְבַ֗י אִוָּשֵֽׁעַ׃	
II	5 אֲפָפ֥וּנִי חֶבְלֵי־מָ֑וֶת	וְֽנַחֲלֵ֖י בְלִיַּ֣עַל יְבַעֲתֽוּנִי׃	
	6 חֶבְלֵ֣י שְׁא֣וֹל סְבָב֑וּנִי	קִ֝דְּמ֗וּנִי מ֣וֹקְשֵׁי מָֽוֶת׃	
III	7 בַּצַּר־לִ֤י ׀ אֶקְרָ֣א יְהֹוָה֮	וְאֶל־אֱלֹהַ֢י אֲשַׁ֫וֵּ֥עַ	
	יִשְׁמַ֣ע מֵהֵיכָל֣וֹ קוֹלִ֑י	וְ֝שַׁוְעָתִ֗י [..] תָב֥וֹא בְאׇזְנָֽיו׃	
IV	8 וַתִּגְעַ֬שׁ ׀ וַתִּרְעַ֨שׁ הָאָ֗רֶץ	וּמוֹסְדֵ֣י הָרִ֣ים יִרְגָּ֑זוּ	וַ֝יִּתְגָּעֲשׁ֗וּ כִּי־חָ֥רָה לֽוֹ׃
	9 עָ֘לָ֤ה עָשָׁ֨ן ׀ בְּאַפּ֗וֹ	וְאֵשׁ־מִפִּ֥יו תֹּאכֵ֑ל	גֶּ֝חָלִ֗ים בָּעֲר֥וּ מִמֶּֽנּוּ׃
V	10 וַיֵּ֣ט שָׁ֭מַיִם וַיֵּרַ֑ד	וַ֝עֲרָפֶ֗ל תַּ֣חַת רַגְלָֽיו׃	
	11 וַיִּרְכַּ֣ב עַל־כְּר֣וּב וַיָּעֹ֑ף	וַ֝יֵּ֗דֶא עַל־כַּנְפֵי־רֽוּחַ׃	
VI	12 יָ֤שֶׁת חֹ֨שֶׁךְ ׀ סִתְר֗וֹ	סְבִֽיבוֹתָ֥יו סֻכָּת֑וֹ חֶשְׁכַת־מַ֝֗יִם [..]׃	
	13 מִנֹּ֗גַהּ נֶ֫גְדּ֥וֹ עָבָ֥יו עָבְר֑וּ	בָּ֝רָ֗ד וְגַֽחֲלֵי־אֵֽשׁ׃	
VII	14 וַיַּרְעֵ֬ם בַּשָּׁמַ֨יִם ׀ יְֽהֹוָ֗ה	וְ֭עֶלְיוֹן יִתֵּ֣ן קֹל֑וֹ [..]׃	
	15 וַיִּשְׁלַ֣ח חִ֭צָּיו וַיְפִיצֵ֑ם	וּבְרָקִ֥ים רָ֝ב וַיְהֻמֵּֽם׃	
VIII	16 וַיֵּ֤רָא֨וּ ׀ אֲפִ֥יקֵי מַ֗יִם וַֽיִּגָּלוּ֮ מוֹסְד֢וֹת תֵּ֫בֵ֥ל		
	מִגַּעֲרָ֣תְךָ֣ יְהֹוָ֑ה	מִ֝נִּשְׁמַ֗ת ר֣וּחַ אַפֶּֽךָ׃	
IX	17 יִשְׁלַ֣ח מִ֭מָּרוֹם יִקָּחֵ֑נִי	יַֽ֝מְשֵׁ֗נִי מִמַּ֥יִם רַבִּֽים׃	
	18 יַצִּילֵ֗נִי מֵאֹיְבִ֥י עָ֑ז	וּ֝מִשֹּׂנְאַ֗י כִּֽי־אָמְצ֥וּ מִמֶּֽנִּי׃	
X	19 יְקַדְּמ֥וּנִי בְיוֹם־אֵידִ֑י	וַיְהִֽי־יְהֹוָ֖ה לְמִשְׁעָ֣ן לִֽי׃	
	20 וַיּוֹצִיאֵ֥נִי לַמֶּרְחָ֑ב	יְ֝חַלְּצֵ֗נִי כִּ֣י חָ֥פֵֽץ בִּֽי׃	
XI-A	21 יִגְמְלֵ֣נִי יְהֹוָ֣ה כְּצִדְקִ֑י	כְּבֹ֥ר יָ֝דַ֗י יָשִׁ֥יב לִֽי׃	
XII	22 כִּֽי־שָׁ֭מַרְתִּי דַּרְכֵ֣י יְהֹוָ֑ה	וְלֹֽא־רָ֝שַׁ֗עְתִּי מֵאֱלֹהָֽי׃	
	23 כִּ֣י כׇל־מִשְׁפָּטָ֣יו לְנֶגְדִּ֑י	וְ֝חֻקֹּתָ֗יו לֹא־אָסִ֥יר מֶֽנִּי׃	
	24 וָאֱהִ֣י תָמִ֣ים עִמּ֑וֹ	וָ֝אֶשְׁתַּמֵּ֗ר מֵעֲוֺנִֽי׃	
XI-B	25 וַיָּֽשֶׁב־יְהֹוָ֣ה לִ֣י כְצִדְקִ֑י	כְּבֹ֥ר יָ֝דַ֗י לְנֶ֣גֶד עֵינָֽיו׃	

Psalm 18

XIII	26	עִם־חָסִ֥יד תִּתְחַסָּ֑ד	עִם־גְּבַ֥ר תָּ֝מִ֗ים תִּתַּמָּֽם׃
	27	עִם־נָבָ֥ר תִּתְבָּרָ֑ר	וְעִם־עִ֝קֵּ֗שׁ תִּתְפַּתָּֽל׃
XIV	28	כִּֽי־אַ֭תָּה עַם־עָנִ֣י תוֹשִׁ֑יעַ	וְעֵינַ֖יִם רָמ֣וֹת תַּשְׁפִּֽיל׃
	29	כִּֽי־אַ֭תָּה תָּאִ֣יר נֵרִ֑י יְהוָ֥ה	אֱ֝לֹהַ֗י יַגִּ֥יהַּ חָשְׁכִּֽי׃
XV	30	כִּֽי־בְ֭ךָ אָרֻ֣ץ גְּד֑וּד	וּ֝בֵֽאלֹהַ֗י אֲדַלֶּג־שֽׁוּר׃
	31	הָאֵל֮ תָּמִ֢ים דַּ֫רְכּ֥וֹ אִמְרַֽת־יְהוָ֥ה צְרוּפָ֑ה	מָגֵ֥ן ה֝֗וּא לְכֹ֤ל ׀ הַחֹסִ֬ים בּֽוֹ׃
XVI	32	כִּ֤י מִ֣י אֱ֭לוֹהַּ מִבַּלְעֲדֵ֣י יְהוָ֑ה	וּמִ֥י צ֝֗וּר זוּלָתִ֥י אֱלֹהֵֽינוּ׃
	33	הָ֭אֵל הַמְאַזְּרֵ֣נִי חָ֑יִל	וַיִּתֵּ֖ן תָּמִ֣ים דַּרְכִּֽי׃
XVII	34	מְשַׁוֶּ֣ה רַ֭גְלַי כָּאַיָּל֑וֹת	וְעַ֥ל בָּ֝מֹתַ֗י יַעֲמִידֵֽנִי׃
	35	מְלַמֵּ֣ד יָ֭דַי לַמִּלְחָמָ֑ה	וְֽנִחֲתָ֥ה קֶֽשֶׁת־נְ֝חוּשָׁ֗ה זְרוֹעֹתָֽי׃
XVIII	36	וַתִּתֶּן־לִי֮ מָגֵ֪ן יִ֫שְׁעֶ֥ךָ וִֽימִינְךָ֥ תִסְעָדֵ֑נִי	וְֽעַנְוַתְךָ֥ תַרְבֵּֽנִי׃
	37	תַּרְחִ֣יב צַעֲדִ֣י תַחְתָּ֑י	וְלֹ֥א מָ֝עֲד֗וּ קַרְסֻלָּֽי׃
XIX	38	אֶרְדּ֣וֹף א֭וֹיְבַי וְאַשִּׂיגֵ֑ם	וְלֹֽא־אָ֝שׁוּב עַד־כַּלּוֹתָֽם׃
	39	אֶ֭מְחָצֵם וְלֹא־יֻ֣כְל֣וּ ק֑וּם	יִ֝פְּל֗וּ תַּ֣חַת רַגְלָֽי׃
XX	40	וַתְּאַזְּרֵ֣נִי חַ֭יִל לַמִּלְחָמָ֑ה	תַּכְרִ֖יעַ קָמַ֣י תַּחְתָּֽי׃
	41	וְֽאֹיְבַ֗י נָתַ֣תָּה לִּ֣י עֹ֑רֶף	וּ֝מְשַׂנְאַ֗י אַצְמִיתֵֽם׃
XXI	42	יְשַׁוְּע֥וּ וְאֵין־מוֹשִׁ֑יעַ	עַל־יְ֝הוָ֗ה וְלֹ֣א עָנָֽם׃
	43	וְֽאֶשְׁחָקֵ֗ם כְּעָפָ֥ר עַל־פְּנֵי־ר֑וּחַ	כְּטִ֖יט חוּצ֣וֹת אֲרִיקֵֽם׃
XXII	44	תְּפַלְּטֵנִי֮ מֵרִ֪יבֵ֫י עָ֥ם	תְּ֭שִׂימֵנִי לְרֹ֣אשׁ גּוֹיִ֑ם
	45	עַ֖ם לֹא־יָדַ֣עְתִּי יַֽעַבְדֽוּנִי׃ לְשֵׁ֣מַֽע אֹ֭זֶן יִשָּׁ֣מְעוּ לִ֑י	בְּנֵֽי־נֵ֝כָ֗ר יְכַחֲשׁוּ־לִֽי׃
	46	בְּנֵי־נֵכָ֥ר יִבֹּ֑לוּ	וְ֝יַחְרְג֗וּ מִֽמִּסְגְּרֽוֹתֵיהֶֽם׃
XXIII	47	חַי־יְ֭הוָה וּבָר֣וּךְ צוּרִ֑י	וְ֝יָר֗וּם אֱלוֹהֵ֥י יִשְׁעִֽי׃
	48	הָאֵ֗ל הַנּוֹתֵ֣ן נְקָמ֣וֹת לִ֑י	וַיַּדְבֵּ֖ר עַמִּ֣ים תַּחְתָּֽי׃ 49 מְפַלְּטִ֗י מֵאֹ֫יְבָ֥י
		אַ֣ף מִן־קָ֭מַי תְּרוֹמְמֵ֑נִי	מֵאִ֥ישׁ חָ֝מָ֗ס תַּצִּילֵֽנִי׃
XXIV	50	עַל־כֵּ֤ן ׀ אוֹדְךָ֖ בַגּוֹיִ֥ם ׀ יְהוָ֑ה	וּלְשִׁמְךָ֥ אֲזַמֵּֽרָה׃
	51	מַגְדִּל֮ יְשׁוּע֪וֹת מַ֫לְכּ֥וֹ	וְעֹ֤שֶׂה חֶ֨סֶד ׀ לִמְשִׁיח֗וֹ לְדָוִ֥ד וּלְזַרְע֗וֹ עַד־עוֹלָֽם׃

PSALM 19

1 לַמְנַצֵּ֗חַ מִזְמ֥וֹר לְדָוִֽד׃

I	2	הַשָּׁמַ֗יִם מְֽסַפְּרִ֥ים כְּבֽוֹד־אֵ֑ל	וּֽמַעֲשֵׂ֥ה יָ֝דָ֗יו מַגִּ֥יד הָרָקִֽיעַ׃
	3	י֣וֹם לְ֭יוֹם יַבִּ֣יעַֽ אֹ֑מֶר	וְלַ֥יְלָה לְּ֝לַ֗יְלָה יְחַוֶּה־דָּֽעַת׃
II	4	אֵֽין־אֹ֭מֶר וְאֵ֣ין דְּבָרִ֑ים	בְּ֝לִ֗י נִשְׁמָ֥ע קוֹלָֽם׃
	5	בְּכָל־הָאָ֨רֶץ ׀ יָצָ֬א קַוָּ֗ם	וּבִקְצֵ֣ה תֵ֭בֵל מִלֵּיהֶ֑ם
III		לַ֝שֶּׁ֗מֶשׁ שָֽׂם־אֹ֥הֶל בָּהֶֽם׃	6 וְה֗וּא כְּ֭חָתָן יֹצֵ֣א מֵחֻפָּת֑וֹ יָשִׂ֥ישׂ כְּ֝גִבּ֗וֹר לָר֥וּץ אֹֽרַח׃
	7	מִקְצֵ֤ה הַשָּׁמַ֨יִם ׀ מֽוֹצָא֗וֹ	וּתְקוּפָת֥וֹ עַל־קְצוֹתָ֑ם וְאֵ֥ין נִ֝סְתָּ֗ר מֵֽחַמָּתֽוֹ׃
IV	8	תּ֘וֹרַ֤ת יְהוָ֣ה תְּ֭מִימָה	מְשִׁ֣יבַת נָ֑פֶשׁ
		עֵד֥וּת יְהוָ֥ה נֶ֝אֱמָנָ֗ה	מַחְכִּ֥ימַת פֶּֽתִי׃
V	9	פִּקּ֘וּדֵ֤י יְהוָ֣ה יְ֭שָׁרִים	מְשַׂמְּחֵי־לֵ֑ב
		מִצְוַ֥ת יְהוָ֥ה בָּרָ֗ה	מְאִירַ֥ת עֵינָֽיִם׃
VI	10	יִרְאַ֤ת יְהוָ֨ה ׀ טְהוֹרָה֮	עוֹמֶ֪דֶת לָ֫עַ֥ד
		מִֽשְׁפְּטֵי־יְהוָ֥ה אֱמֶ֑ת	צָֽדְק֥וּ יַחְדָּֽו׃
VII	11	הַֽנֶּחֱמָדִ֗ים מִ֭זָּהָב	וּמִפַּ֣ז רָ֑ב
		וּמְתוּקִ֥ים מִ֝דְּבַ֗שׁ	וְנֹ֣פֶת צוּפִֽים׃
VIII	12	גַּֽם־עַ֭בְדְּךָ נִזְהָ֣ר בָּהֶ֑ם	בְּ֝שָׁמְרָ֗ם עֵ֣קֶב רָֽב׃
	13	שְׁגִיא֥וֹת מִֽי־יָבִ֑ין	מִֽנִּסְתָּר֥וֹת נַקֵּֽנִי׃
IX	14	גַּ֤ם מִזֵּדִ֨ים ׀ חֲשֹׂ֬ךְ עַבְדֶּ֗ךָ	אַֽל־יִמְשְׁלוּ־בִ֭י אָ֣ז אֵיתָ֑ם וְנִ֝קֵּ֗יתִי מִפֶּ֥שַֽׁע רָֽב׃
	15	יִֽהְי֥וּ לְרָצ֨וֹן ׀ אִמְרֵי־פִ֡י	וְהֶגְי֣וֹן לִבִּ֣י לְפָנֶ֑יךָ יְ֝הוָ֗ה צוּרִ֥י וְגֹאֲלִֽי׃

PSALM 20

1 לַמְנַצֵּ֗חַ מִזְמ֥וֹר לְדָוִֽד׃

| I | 2 | יַֽעַנְךָ֣ יְ֭הוָה בְּי֣וֹם צָרָ֑ה | יְ֝שַׂגֶּבְךָ֗ שֵׁ֤ם ׀ אֱלֹהֵ֬י יַעֲקֹֽב׃ |
| 3 | יִשְׁלַֽח־עֶזְרְךָ֥ מִקֹּ֑דֶשׁ | וּ֝מִצִּיּ֗וֹן יִסְעָדֶֽךָּ׃ |

| II | 4 | יִזְכֹּ֥ר כָּל־מִנְחֹתֶ֑ךָ | וְעוֹלָתְךָ֖ יְדַשְּׁנֶ֣ה׃ |
| 5 | יִֽתֶּן־לְךָ֥ כִלְבָבֶ֑ךָ | וְֽכָל־עֲצָתְךָ֥ יְמַלֵּֽא׃ |

| III | 6 | נְרַנְּנָ֤ה ׀ בִּ֘ישׁ֤וּעָתֶ֗ךָ | וּבְשֵֽׁם־אֱלֹהֵ֥ינוּ נִדְגֹּ֑ל |
| | יְמַלֵּ֥א יְהוָ֗ה | כָּל־מִשְׁאֲלוֹתֶֽיךָ׃ |

| IV | 7 | עַתָּ֤ה יָדַ֗עְתִּי | כִּ֤י הוֹשִׁ֥יעַ ׀ יְהוָ֗ה מְשִׁ֫יח֥וֹ |
| | יַ֭עֲנֵהוּ מִשְּׁמֵ֣י קָדְשׁ֑וֹ | בִּ֝גְבֻר֗וֹת יֵ֣שַׁע יְמִינֽוֹ׃ |

| V | 8 | אֵ֣לֶּה בָ֭רֶכֶב וְאֵ֣לֶּה בַסּוּסִ֑ים | וַאֲנַ֓חְנוּ ׀ בְּשֵׁם־יְהוָ֖ה אֱלֹהֵ֣ינוּ נַזְכִּֽיר׃ |
| 9 | הֵ֭מָּה כָּרְע֣וּ וְנָפָ֑לוּ | וַאֲנַ֥חְנוּ קַּ֝֗מְנוּ וַנִּתְעוֹדָֽד׃ |

| VI | 10 | יְהוָ֥ה הוֹשִׁ֑יעָה הַ֝מֶּ֗לֶךְ | ועננו ביום־קׇרְאֵֽנוּ׃ |

PSALM 21

1 לַמְנַצֵּ֗חַ מִזְמ֥וֹר לְדָוִֽד׃

I	2	יְֽהוָ֗ה בְּעָזְּךָ֥ יִשְׂמַח־מֶ֑לֶךְ	וּ֝בִישׁ֥וּעָתְךָ֗ מַה־יָּ֥גֶיל מְאֹֽד׃
	3	תַּאֲוַ֣ת לִ֭בּוֹ נָתַ֣תָּה לּ֑וֹ	וַאֲרֶ֥שֶׁת שְׂ֝פָתָ֗יו בַּל־מָנַ֥עְתָּ סֶּֽלָה׃
II	4	כִּֽי־תְ֭קַדְּמֶנּוּ בִּרְכ֣וֹת ט֑וֹב	תָּשִׁ֥ית לְ֝רֹאשׁ֗וֹ עֲטֶ֣רֶת פָּֽז׃
	5	חַיִּ֤ים ׀ שָׁאַ֣ל מִ֭מְּךָ נָתַ֣תָּה לּ֑וֹ	אֹ֥רֶךְ יָ֝מִ֗ים עוֹלָ֥ם וָעֶֽד׃
III	6	גָּד֣וֹל כְּ֭בוֹדוֹ בִּישׁוּעָתֶ֑ךָ	ה֥וֹד וְ֝הָדָ֗ר תְּשַׁוֶּ֥ה עָלָֽיו׃
	7	כִּֽי־תְשִׁיתֵ֣הוּ בְרָכ֣וֹת לָעַ֑ד	תְּחַדֵּ֥הוּ בְ֝שִׂמְחָ֗ה אֶת־פָּנֶֽיךָ׃
IV	8	כִּֽי־הַ֭מֶּלֶךְ בֹּטֵ֣חַ בַּיהוָ֑ה	וּבְחֶ֥סֶד עֶ֝לְי֗וֹן בַּל־יִמּֽוֹט׃
V	9	תִּמְצָ֣א יָ֭דְךָ לְכָל־אֹיְבֶ֑יךָ	יְ֝מִֽינְךָ֗ תִּמְצָ֥א שֹׂנְאֶֽיךָ׃
	10	תְּשִׁיתֵ֤מוֹ ׀ כְּתַנּ֥וּר אֵשׁ֮	לְעֵ֢ת פָּ֫נֶ֥יךָ
VI		יְֽהוָ֗ה בְּאַפּ֥וֹ יְבַלְּעֵ֑ם	וְֽתֹאכְלֵ֥ם אֵֽשׁ׃
	11	פִּ֭רְיָמוֹ מֵאֶ֣רֶץ תְּאַבֵּ֑ד	וְ֝זַרְעָ֗ם מִבְּנֵ֥י אָדָֽם׃
VII	12	כִּי־נָ֣טוּ עָלֶ֣יךָ רָעָ֑ה	חָֽשְׁב֥וּ מְ֝זִמָּ֗ה בַּל־יוּכָֽלוּ׃
	13	כִּ֭י תְּשִׁיתֵ֣מוֹ שֶׁ֑כֶם	בְּ֝מֵיתָרֶ֗יךָ תְּכוֹנֵ֥ן עַל־פְּנֵיהֶֽם׃
VIII	14	ר֣וּמָה יְהוָ֣ה בְעֻזֶּ֑ךָ	נָשִׁ֥ירָה וּ֝נְזַמְּרָ֗ה גְּבוּרָתֶֽךָ׃

PSALM 22

1 לַמְנַצֵּחַ עַל־אַיֶּלֶת הַשַּׁחַר מִזְמוֹר לְדָוִד׃

I
2 אֵלִי אֵלִי לָמָה עֲזַבְתָּנִי   רָחוֹק מִישׁוּעָתִי דִּבְרֵי שַׁאֲגָתִי׃
3 אֱלֹהַי אֶקְרָא יוֹמָם וְלֹא תַעֲנֶה   וְלַיְלָה וְלֹא־דוּמִיָּה לִי׃

II
4 וְאַתָּה קָדוֹשׁ   יוֹשֵׁב תְּהִלּוֹת יִשְׂרָאֵל׃
5 בְּךָ בָּטְחוּ אֲבֹתֵינוּ   בָּטְחוּ וַתְּפַלְּטֵמוֹ׃
6 אֵלֶיךָ זָעֲקוּ וְנִמְלָטוּ   בְּךָ בָטְחוּ וְלֹא־בוֹשׁוּ׃

III
7 וְאָנֹכִי תוֹלַעַת וְלֹא־אִישׁ   חֶרְפַּת אָדָם וּבְזוּי עָם׃
8 כָּל־רֹאַי יַלְעִגוּ לִי   יַפְטִירוּ בְשָׂפָה יָנִיעוּ רֹאשׁ׃
9 גֹּל אֶל־יְהוָה יְפַלְּטֵהוּ   יַצִּילֵהוּ כִּי חָפֵץ בּוֹ׃

IV
10 כִּי־אַתָּה גֹחִי מִבָּטֶן   מַבְטִיחִי עַל־שְׁדֵי אִמִּי׃
11 עָלֶיךָ הָשְׁלַכְתִּי מֵרָחֶם   מִבֶּטֶן אִמִּי אֵלִי אָתָּה׃
12 אַל־תִּרְחַק מִמֶּנִּי   כִּי־צָרָה קְרוֹבָה   כִּי־אֵין עוֹזֵר׃

V
13 סְבָבוּנִי פָּרִים רַבִּים   אַבִּירֵי בָשָׁן כִּתְּרוּנִי׃
14 פָּצוּ עָלַי פִּיהֶם   אַרְיֵה טֹרֵף וְשֹׁאֵג׃

VI
15 כַּמַּיִם נִשְׁפַּכְתִּי   וְהִתְפָּרְדוּ כָּל־עַצְמוֹתָי
הָיָה לִבִּי כַּדּוֹנָג   נָמֵס בְּתוֹךְ מֵעָי׃
16 יָבֵשׁ כַּחֶרֶשׂ ׀ כֹּחִי   וּלְשׁוֹנִי מֻדְבָּק מַלְקוֹחָי   וְלַעֲפַר־מָוֶת תִּשְׁפְּתֵנִי׃

VII
17 כִּי סְבָבוּנִי כְּלָבִים   עֲדַת מְרֵעִים הִקִּיפוּנִי   כרו יָדַי וְרַגְלָי׃
18 אֲסַפֵּר כָּל־עַצְמוֹתָי   הֵמָּה יַבִּיטוּ יִרְאוּ־בִי׃
19 יְחַלְּקוּ בְגָדַי לָהֶם   וְעַל־לְבוּשִׁי יַפִּילוּ גוֹרָל׃

VIII
20 וְאַתָּה יְהוָה אַל־תִּרְחָק   אֱיָלוּתִי לְעֶזְרָתִי חוּשָׁה׃
21 הַצִּילָה מֵחֶרֶב נַפְשִׁי   מִיַּד־כֶּלֶב יְחִידָתִי׃
22 הוֹשִׁיעֵנִי מִפִּי אַרְיֵה   וּמִקַּרְנֵי רֵמִים עֲנִיתָנִי׃

IX
23 אֲסַפְּרָה שִׁמְךָ לְאֶחָי   בְּתוֹךְ קָהָל אֲהַלְלֶךָּ׃
24 יִרְאֵי יְהוָה ׀ הַלְלוּהוּ   כָּל־זֶרַע יַעֲקֹב כַּבְּדוּהוּ   וְגוּרוּ מִמֶּנּוּ כָּל־זֶרַע יִשְׂרָאֵל׃

X
25 כִּי לֹא־בָזָה   וְלֹא שִׁקַּץ עֱנוּת עָנִי
וְלֹא־הִסְתִּיר פָּנָיו מִמֶּנּוּ   וּבְשַׁוְּעוֹ אֵלָיו שָׁמֵעַ׃

XI 26 מֵאִתְּךָ תְּהִלָּתִי בְּקָהָל רָב — נְדָרַי אֲשַׁלֵּם נֶגֶד יְרֵאָיו׃
27 יֹאכְלוּ עֲנָוִים ׀ וְיִשְׂבָּעוּ — יְהַלְלוּ יְהוָה דֹּרְשָׁיו — יְחִי לְבַבְכֶם לָעַד׃

XII 28 יִזְכְּרוּ ׀ וְיָשֻׁבוּ אֶל־יְהוָה — כָּל־אַפְסֵי־אָרֶץ
וְיִשְׁתַּחֲווּ לְפָנֶיךָ — כָּל־מִשְׁפְּחוֹת גּוֹיִם׃
29 כִּי לַיהוָה הַמְּלוּכָה — וּמֹשֵׁל בַּגּוֹיִם׃

XIII 30 אָכְלוּ וַיִּשְׁתַּחֲוּוּ ׀ — כָּל־דִּשְׁנֵי־אֶרֶץ
לְפָנָיו יִכְרְעוּ — כָּל־יוֹרְדֵי עָפָר

XIV וְנַפְשׁוֹ לֹא חִיָּה׃ 31 זֶרַע יַעַבְדֶנּוּ — יְסֻפַּר לַאדֹנָי לַדּוֹר׃ 32 יָבֹאוּ
וְיַגִּידוּ צִדְקָתוֹ — לְעַם נוֹלָד כִּי עָשָׂה׃

PSALM 23

1 מִזְמוֹר לְדָוִד

I יְהוָה רֹעִי לֹא אֶחְסָר׃
2 בִּנְאוֹת דֶּשֶׁא יַרְבִּיצֵנִי — עַל־מֵי מְנֻחוֹת יְנַהֲלֵנִי׃
3 נַפְשִׁי יְשׁוֹבֵב — יַנְחֵנִי בְמַעְגְּלֵי־צֶדֶק — לְמַעַן שְׁמוֹ׃

II 4 גַּם כִּי־אֵלֵךְ בְּגֵיא צַלְמָוֶת — לֹא־אִירָא רָע
כִּי־אַתָּה עִמָּדִי — שִׁבְטְךָ וּמִשְׁעַנְתֶּךָ — הֵמָּה יְנַחֲמֻנִי׃

III 5 תַּעֲרֹךְ לְפָנַי ׀ שֻׁלְחָן — נֶגֶד צֹרְרָי
דִּשַּׁנְתָּ בַשֶּׁמֶן רֹאשִׁי — כּוֹסִי רְוָיָה׃

IV 6 אַךְ ׀ טוֹב וָחֶסֶד יִרְדְּפוּנִי — כָּל־יְמֵי חַיָּי
וְשַׁבְתִּי בְּבֵית־יְהוָה — לְאֹרֶךְ יָמִים׃

PSALM 24

1 לְדָוִ֗ד מִ֫זְמ֥וֹר

I לַֽ֭יהוָה הָאָ֣רֶץ וּמְלוֹאָ֑הּ תֵּ֝בֵ֗ל וְיֹ֣שְׁבֵי בָֽהּ׃
2 כִּי־ה֭וּא עַל־יַמִּ֣ים יְסָדָ֑הּ וְעַל־נְ֝הָר֗וֹת יְכוֹנְנֶֽהָ׃

II 3 מִֽי־יַעֲלֶ֥ה בְהַר־יְהוָ֑ה וּמִי־יָ֝קוּם בִּמְק֥וֹם קָדְשֽׁוֹ׃
4 נְקִ֥י כַפַּ֗יִם וּֽבַר־לֵ֫בָ֥ב אֲשֶׁ֤ר ׀ לֹא־נָשָׂ֣א לַשָּׁ֣וְא נַפְשִׁ֑י וְלֹ֖א נִשְׁבַּ֣ע לְמִרְמָֽה׃

III 5 יִשָּׂ֣א בְ֭רָכָה מֵאֵ֣ת יְהוָ֑ה וּ֝צְדָקָ֗ה מֵאֱלֹהֵ֥י יִשְׁעֽוֹ׃
6 זֶ֭ה דּ֣וֹר דֹּרְשָׁ֑יו מְבַקְשֵׁ֨י פָנֶ֖יךָ יַעֲקֹֽב׃

IV 7 שְׂא֤וּ שְׁעָרִ֨ים ׀ רָֽאשֵׁיכֶ֗ם וְֽ֭הִנָּשְׂאוּ פִּתְחֵ֣י עוֹלָ֑ם וְ֝יָב֗וֹא מֶ֣לֶךְ הַכָּבֽוֹד׃
8 מִ֥י זֶה֮ מֶ֤לֶךְ הַכָּ֫ב֥וֹד יְ֭הוָה עִזּ֣וּז וְגִבּ֑וֹר יְ֝הוָ֗ה גִּבּ֥וֹר מִלְחָמָֽה׃

V 9 שְׂא֤וּ שְׁעָרִ֨ים ׀ רָֽאשֵׁיכֶ֗ם וּ֭שְׂאוּ פִּתְחֵ֣י עוֹלָ֑ם וְ֝יָבֹ֗א מֶ֣לֶךְ הַכָּבֽוֹד׃
10 מִ֤י ה֣וּא זֶה֮ מֶ֤לֶךְ הַכָּ֫ב֥וֹד יְהוָ֥ה צְבָא֑וֹת ה֤וּא מֶ֖לֶךְ הַכָּבֽוֹד׃

PSALM 25

1 לְדָוִ֨ד

I		אֵלֶ֥יךָ יְהוָ֗ה	נַפְשִׁ֥י אֶשָּֽׂא: 2 אֱלֹהַ֗י
		בְּךָ֣ בָ֭טַחְתִּי אַל־אֵב֑וֹשָׁה	אַל־יַֽעַלְצ֖וּ אֹיְבַ֣י לִֽי:
	3	גַּ֣ם כָּל־ק֭וֶֹיךָ לֹ֣א יֵבֹ֑שׁוּ	יֵ֝בֹ֗שׁוּ הַבּוֹגְדִ֥ים רֵיקָֽם:
II	4	דְּרָכֶ֣יךָ יְ֭הוָה הוֹדִיעֵ֑נִי	אֹ֖רְחוֹתֶ֣יךָ לַמְּדֵֽנִי:
	5	הַדְרִיכֵ֤נִי בַאֲמִתֶּ֨ךָ ׀ וְֽלַמְּדֵ֗נִי כִּֽי־אַ֭תָּה אֱלֹהֵ֣י יִשְׁעִ֑י	אוֹתְךָ֥ קִ֝וִּ֗יתִי כָּל־הַיּֽוֹם:
III	6	זְכֹר־רַחֲמֶ֣יךָ יְ֭הוָה	וַחֲסָדֶ֑יךָ כִּ֖י מֵעוֹלָ֣ם הֵֽמָּה:
	7	חַטֹּ֤אות נְעוּרַ֨י ׀	וּפְשָׁעַ֗י אַל־תִּ֫זְכֹּ֥ר
		כְּחַסְדְּךָ֥ זְכָר־לִי־אַ֑תָּה	לְמַ֖עַן טוּבְךָ֣ יְהוָֽה:
IV	8	טוֹב־וְיָשָׁ֥ר יְהוָ֑ה	עַל־כֵּ֤ן יוֹרֶ֖ה חַטָּאִ֣ים בַּדָּֽרֶךְ:
	9	יַדְרֵ֣ךְ עֲ֭נָוִים בַּמִּשְׁפָּ֑ט	וִֽילַמֵּ֖ד עֲנָוִ֣ים דַּרְכּֽוֹ:
V	10	כָּל־אָרְח֣וֹת יְ֭הוָה חֶ֣סֶד וֶאֱמֶ֑ת	לְנֹצְרֵ֥י בְ֝רִית֗וֹ וְעֵדֹתָֽיו:
	11	לְמַֽעַן־שִׁמְךָ֥ יְהוָ֑ה	וְֽסָלַחְתָּ֥ לַ֝עֲוֺנִ֗י כִּ֣י רַב־הֽוּא:
VI	12	מִי־זֶ֣ה הָ֭אִישׁ יְרֵ֣א יְהוָ֑ה	י֝וֹרֶ֗נּוּ בְּדֶ֣רֶךְ יִבְחָֽר:
	13	נַ֭פְשׁוֹ בְּט֣וֹב תָּלִ֑ין	וְ֝זַרְע֗וֹ יִ֣ירַשׁ אָֽרֶץ:
VII	14	ס֣וֹד יְ֭הוָה לִירֵאָ֑יו	וּ֝בְרִית֗וֹ לְהוֹדִיעָֽם:
	15	עֵינַ֣י תָּ֭מִיד אֶל־יְהוָ֑ה	כִּ֤י הֽוּא־יוֹצִ֖יא מֵרֶ֣שֶׁת רַגְלָֽי:
VIII	16	פְּנֵה־אֵלַ֥י וְחָנֵּ֑נִי	כִּֽי־יָחִ֖יד וְעָנִ֣י אָֽנִי:
	17	צָר֣וֹת לְבָבִ֣י הִרְחִ֑יבוּ	מִ֝מְּצֽוּקוֹתַ֗י הוֹצִיאֵֽנִי:
IX	18	רְאֵ֣ה עָנְיִ֣י וַעֲמָלִ֑י	וְ֝שָׂ֗א לְכָל־חַטֹּאותָֽי:
	19	רְאֵֽה־אוֹיְבַ֥י כִּי־רָ֑בּוּ	וְשִׂנְאַ֖ת חָמָ֣ס שְׂנֵאֽוּנִי:
X	20	שָׁמְרָ֣ה נַ֭פְשִׁי וְהַצִּילֵ֑נִי	אַל־אֵ֝ב֗וֹשׁ כִּֽי־חָסִ֥יתִי בָֽךְ:
	21	תֹּם־וָיֹ֥שֶׁר יִצְּר֑וּנִי	כִּ֝֗י קִוִּיתִֽיךָ:
XI	22	פְּדֵ֣ה אֱ֭לֹהִים אֶת־יִשְׂרָאֵ֑ל	מִ֝כֹּ֗ל צָֽרוֹתָֽיו:

PSALM 26

1 לְדָוִ֨ד ׀

I שָׁפְטֵ֤נִי יְהוָ֗ה   כִּֽי־אֲ֭נִי בְּתֻמִּ֣י הָלַ֑כְתִּי
וּבַיהוָ֥ה בָּ֝טַ֗חְתִּי   לֹ֣א אֶמְעָֽד׃

II 2 בְּחָנֵ֣נִי יְהוָ֣ה וְנַסֵּ֑נִי   צָרְפָ֖ה כִלְיוֹתַ֣י וְלִבִּֽי׃
3 כִּֽי־חַ֭סְדְּךָ לְנֶ֣גֶד עֵינָ֑י   וְ֝הִתְהַלַּ֗כְתִּי בַּאֲמִתֶּֽךָ׃

III 4 לֹא־יָ֭שַׁבְתִּי עִם־מְתֵי־שָׁ֑וְא   וְעִ֥ם נַ֝עֲלָמִ֗ים לֹ֣א אָבֽוֹא׃
5 שָׂ֭נֵאתִי קְהַ֣ל מְרֵעִ֑ים   וְעִם־רְ֝שָׁעִ֗ים לֹ֣א אֵשֵֽׁב׃

IV 6 אֶרְחַ֣ץ בְּנִקָּי֣וֹן כַּפָּ֑י   וַאֲסֹבְבָ֖ה אֶת־מִזְבַּחֲךָ֣ יְהוָֽה׃
7 לַ֭שְׁמִעַ בְּק֣וֹל תּוֹדָ֑ה   וּ֝לְסַפֵּ֗ר כָּל־נִפְלְאוֹתֶֽיךָ׃
8 [..] אָ֭הַבְתִּי מְע֣וֹן בֵּיתֶ֑ךָ   וּ֝מְק֗וֹם מִשְׁכַּ֥ן כְּבוֹדֶֽךָ׃

V 9 אַל־תֶּאֱסֹ֣ף עִם־חַטָּאִ֣ים נַפְשִׁ֑י   וְעִם־אַנְשֵׁ֖י דָמִ֣ים חַיָּֽי׃
10 אֲשֶׁר־בִּידֵיהֶ֥ם זִמָּ֑ה   וִֽ֝ימִינָ֗ם מָ֣לְאָה שֹּֽׁחַד׃

VI 11 וַ֭אֲנִי בְּתֻמִּ֥י אֵלֵ֗ךְ   פְּדֵ֣נִי וְחָנֵּֽנִי׃
12 רַ֭גְלִי עָמְדָ֣ה בְמִישׁ֑וֹר   בְּ֝מַקְהֵלִ֗ים אֲבָרֵ֥ךְ יְהוָֽה׃

PSALM 27

1 לְדָוִ֨ד ׀

I	יְהוָ֤ה ׀ אוֹרִ֣י וְ֭יִשְׁעִי	מִמִּ֣י אִירָ֑א	
	יְהוָ֥ה מָֽעוֹז־חַ֝יַּ֗י	מִמִּ֣י אֶפְחָֽד׃	
II	2 בִּקְרֹ֤ב עָלַ֨י ׀ מְרֵעִים֮	לֶאֱכֹ֢ל אֶת־בְּשָׂ֫רִ֥י	
	צָרַ֣י וְאֹיְבַ֣י לִ֑י	הֵ֖מָּה כָשְׁל֣וּ וְנָפָֽלוּ׃	
III	3 אִם־תַּחֲנֶ֬ה עָלַ֨י ׀ מַחֲנֶה֮	לֹֽא־יִירָ֢א לִ֥֫בִּ֥י	
	אִם־תָּק֣וּם עָ֭לַי מִלְחָמָ֑ה	בְּ֝זֹ֗את אֲנִ֣י בוֹטֵֽחַ׃	
IV	4 אַחַ֤ת ׀ שָׁאַ֣לְתִּי מֵֽאֵת־יְהוָה֮	אוֹתָ֪הּ אֲבַ֫קֵּ֥שׁ	
	שִׁבְתִּ֣י בְּבֵית־יְ֭הוָה	כָּל־יְמֵ֣י חַיַּ֑י	
	לַחֲז֥וֹת בְּנֹעַם־יְ֝הוָ֗ה	וּלְבַקֵּ֥ר בְּהֵיכָלֽוֹ׃	
V	5 כִּ֤י יִצְפְּנֵ֨נִי ׀ בְּסֻכֹּה֮	בְּי֪וֹם רָ֫עָ֥ה	
	יַ֭סְתִּרֵנִי בְּסֵ֣תֶר אָהֳל֑וֹ	בְּ֝צ֗וּר יְרוֹמְמֵֽנִי׃	
VI	6 וְעַתָּ֨ה יָר֪וּם רֹאשִׁ֡י	עַ֤ל אֹֽיְבַ֬י סְֽבִיבוֹתַ֗י	
	וְאֶזְבְּחָ֣ה בְ֭אָהֳלוֹ	זִבְחֵ֣י תְרוּעָ֑ה	אָשִׁ֥ירָה וַ֝אֲזַמְּרָ֗ה לַיהוָֽה׃
VII	7 שְׁמַע־יְהוָ֖ה קוֹלִ֥י אֶקְרָ֗א	וְחָנֵּ֥נִי וַעֲנֵֽנִי׃	
	8 לְךָ֤ ׀ אָמַ֣ר לִ֭בִּי	בַּקְּשׁ֣וּ פָנָ֑י	
	אֶת־פָּנֶ֖יךָ יְהוָ֣ה אֲבַקֵּֽשׁ׃	9 אַל־תַּסְתֵּ֬ר פָּנֶ֨יךָ ׀ מִמֶּנִּי֮	
VIII	אַֽל־תַּט־בְּאַ֗ף עַ֫בְדֶּ֥ךָ	עֶזְרָתִ֥י הָיִ֑יתָ	
	אַֽל־תִּטְּשֵׁ֥נִי וְאַל־תַּֽ֝עַזְבֵ֗נִי	אֱלֹהֵ֥י יִשְׁעִֽי׃	
	10 כִּי־אָבִ֣י וְאִמִּ֣י עֲזָב֑וּנִי	וַֽיהוָ֣ה יַֽאַסְפֵֽנִי׃	
IX	11 ה֮וֹרֵ֤נִי יְהוָ֗ה דַּ֫רְכֶּ֥ךָ	וּ֭נְחֵנִי בְּאֹ֣רַח מִישׁ֑וֹר	לְ֝מַ֗עַן שׁוֹרְרָֽי׃
	12 אַֽל־תִּ֭תְּנֵנִי בְּנֶ֣פֶשׁ צָרָ֑י	כִּ֥י קָֽמוּ־בִ֥י עֵֽדֵי־שֶׁ֝֗קֶר	וִיפֵ֥חַ חָמָֽס׃
X	13 לׅׄוּׅׄלֵׅׄ֗אׅׄ הֶ֭אֱמַנְתִּי לִרְא֥וֹת	בְּֽטוּב־יְהוָ֗ה בְּאֶ֣רֶץ חַיִּֽים׃	
	14 קַוֵּ֗ה אֶל־יְה֫וָ֥ה	חֲ֭זַק וְיַאֲמֵ֣ץ לִבֶּ֑ךָ	וְ֝קַוֵּ֗ה אֶל־יְהוָֽה׃

PSALM 28

לְדָוִ֨ד 1

I	אֵלֶ֣יךָ יְהוָ֨ה ׀ אֶקְרָ֗א	צוּרִי֮ אַֽל־תֶּחֱרַ֪שׁ מִ֫מֶּ֥נִּי	
	פֶּן־תֶּחֱשֶׁ֥ה מִמֶּ֑נִּי	וְ֝נִמְשַׁ֗לְתִּי עִם־י֥וֹרְדֵי בֽוֹר׃	
II	2 שְׁמַ֤ע ק֣וֹל תַּ֭חֲנוּנַי	בְּשַׁוְּעִ֣י אֵלֶ֑יךָ	
	בְּנָשְׂאִ֥י יָ֝דַ֗י	אֶל־דְּבִ֥יר קָדְשֶֽׁךָ׃	
III	3 אַל־תִּמְשְׁכֵ֣נִי עִם־רְשָׁעִים֮	וְעִם־פֹּ֪עֲלֵ֫י אָ֥וֶן	
	דֹּבְרֵ֣י שָׁ֭לוֹם עִם־רֵֽעֵיהֶ֑ם	וְ֝רָעָ֗ה בִּלְבָבָֽם׃	
IV	4 תֶּן־לָהֶ֣ם כְּפָעֳלָם֮	וּכְרֹ֪עַ מַֽעַלְלֵ֫יהֶ֥ם	
	כְּמַעֲשֵׂ֣ה יְ֭דֵיהֶם תֵּ֣ן [..]	הָשֵׁ֖ב גְּמוּלָ֣ם לָהֶֽם׃	
V	5 כִּ֤י לֹ֤א יָבִ֗ינוּ	אֶל־פְּעֻלֹּ֣ת יְהוָ֗ה	
	וְאֶל־מַעֲשֵׂ֥ה יָדָ֑יו	יֶ֝הֶרְסֵ֗ם וְלֹ֣א יִבְנֵֽם׃	
VI	6 בָּר֥וּךְ יְהוָ֑ה	כִּי־שָׁ֝מַ֗ע ק֣וֹל תַּחֲנוּנָֽי׃	
	7 יְהוָ֤ה ׀ עֻזִּ֥י וּמָגִנִּי֮	בּ֤וֹ בָטַ֥ח לִבִּ֗י	
	וְֽנֶ֫עֱזָ֥רְתִּי וַיַּעֲלֹ֥ז לִבִּ֑י	וּֽמִשִּׁירִ֥י אֲהוֹדֶֽנּוּ׃	
VII	8 יְהוָ֥ה עֹֽז־לָ֑מוֹ	וּמָ֘ע֤וֹז יְשׁוּע֖וֹת מְשִׁיח֣וֹ הֽוּא׃	
	9 הוֹשִׁ֤יעָה ׀ אֶת־עַמֶּ֗ךָ	וּבָרֵ֥ךְ אֶת־נַחֲלָתֶ֑ךָ	וּֽרְעֵ֥ם וְ֝נַשְּׂאֵ֗ם עַד־הָעוֹלָֽם׃

PSALM 29

1 מִזְמ֗וֹר לְדָ֫וִ֥ד

I הָב֣וּ לַֽ֭יהוָה בְּנֵ֣י אֵלִ֑ים הָב֥וּ לַ֝יהוָ֗ה כָּב֥וֹד וָעֹֽז׃

2 הָב֣וּ לַ֭יהוָה כְּב֣וֹד שְׁמ֑וֹ הִשְׁתַּחֲו֥וּ לַ֝יהוָ֗ה בְּהַדְרַת־קֹֽדֶשׁ׃

II 3 ק֥וֹל יְהוָ֗ה עַל־הַ֫מָּ֥יִם אֵֽל־הַכָּב֥וֹד הִרְעִ֑ים יְ֝הוָ֗ה עַל־מַ֥יִם רַבִּֽים׃

4 קוֹל־יְהוָ֥ה בַּכֹּ֑חַ ק֥וֹל יְ֝הוָ֗ה בֶּהָדָֽר׃

III 5 ק֣וֹל יְ֭הוָה שֹׁבֵ֣ר אֲרָזִ֑ים וַיְשַׁבֵּ֥ר יְ֝הוָ֗ה אֶת־אַרְזֵ֥י הַלְּבָנֽוֹן׃

6 וַיַּרְקִידֵ֥ם כְּמוֹ־עֵ֑גֶל לְבָנ֥וֹן וְ֝שִׂרְיֹ֗ן כְּמ֣וֹ בֶן־רְאֵמִֽים׃

7 קוֹל־יְהוָ֥ה חֹצֵ֗ב לַהֲב֥וֹת אֵֽשׁ׃

IV 8 ק֣וֹל יְ֭הוָה יָחִ֣יל מִדְבָּ֑ר יָחִ֥יל יְ֝הוָ֗ה מִדְבַּ֥ר קָדֵֽשׁ׃

9 ק֤וֹל יְהוָ֨ה ׀ יְחוֹלֵ֣ל אַיָּלוֹת֮ וַֽיֶּחֱשֹׂ֪ף יְעָ֫ר֥וֹת
וּבְהֵיכָל֑וֹ כֻּ֝לּ֗וֹ אֹמֵ֥ר כָּבֽוֹד׃

V 10 יְ֭הוָה לַמַּבּ֣וּל יָשָׁ֑ב וַיֵּ֥שֶׁב יְ֝הוָ֗ה מֶ֣לֶךְ לְעוֹלָֽם׃

11 יְֽהוָ֗ה עֹ֭ז לְעַמּ֣וֹ יִתֵּ֑ן יְהוָ֓ה ׀ יְבָרֵ֖ךְ אֶת־עַמּ֣וֹ בַשָּׁלֽוֹם׃

PSALM 30

1 מִזְמוֹר שִׁיר־חֲנֻכַּת הַבַּיִת לְדָוִד׃

I	2	אֲרוֹמִמְךָ יְהוָה	כִּי דִלִּיתָנִי	וְלֹא־שִׂמַּחְתָּ אֹיְבַי לִי׃
	3	יְהוָה אֱלֹהָי	שִׁוַּעְתִּי אֵלֶיךָ וַתִּרְפָּאֵנִי׃	
	4	יְהוָה הֶעֱלִיתָ מִן־שְׁאוֹל נַפְשִׁי	חִיִּיתַנִי מִיּוֹרְדֵי־בוֹר׃	
II	5	זַמְּרוּ לַיהוָה חֲסִידָיו	וְהוֹדוּ לְזֵכֶר קָדְשׁוֹ׃	
	6	כִּי רֶגַע ׀ בְּאַפּוֹ	חַיִּים בִּרְצוֹנוֹ	
		בָּעֶרֶב יָלִין בֶּכִי	וְלַבֹּקֶר רִנָּה׃	
III	7	וַאֲנִי אָמַרְתִּי בְשַׁלְוִי	בַּל־אֶמּוֹט לְעוֹלָם׃	
	8	יְהוָה בִּרְצוֹנְךָ	הֶעֱמַדְתָּה לְהַרְרִי עֹז	
IV		הִסְתַּרְתָּ פָנֶיךָ	הָיִיתִי נִבְהָל׃	
	9	אֵלֶיךָ יְהוָה אֶקְרָא	וְאֶל־אֲדֹנָי אֶתְחַנָּן׃	
V	10	מַה־בֶּצַע בְּדָמִי	בְּרִדְתִּי אֶל־שָׁחַת	
		הֲיוֹדְךָ עָפָר	הֲיַגִּיד אֲמִתֶּךָ׃	
	11	שְׁמַע־יְהוָה וְחָנֵּנִי	יְהוָה הֱיֵה־עֹזֵר לִי׃	
VI	12	הָפַכְתָּ מִסְפְּדִי לְמָחוֹל לִי	פִּתַּחְתָּ שַׂקִּי	וַתְּאַזְּרֵנִי שִׂמְחָה׃
	13	לְמַעַן ׀ יְזַמֶּרְךָ כבדי	וְלֹא יִדֹּם יְהוָה	אֱלֹהַי לְעוֹלָם אוֹדֶךָּ׃

PSALM 31

1 לַמְנַצֵּ֗חַ מִזְמ֥וֹר לְדָוִֽד׃

I	2	בְּךָ֣ יְהוָ֣ה חָ֭סִיתִי	אַל־אֵב֣וֹשָׁה לְעוֹלָ֑ם	בְּצִדְקָתְךָ֥ פַלְּטֵֽנִי׃
	3	הַטֵּ֤ה אֵלַ֨י ׀ אָזְנְךָ֮	מְהֵרָ֪ה הַצִּ֫ילֵ֥נִי	
		הֱיֵ֤ה לִ֨י ׀ לְצוּר־מָ֭עוֹז	לְבֵ֥ית מְצוּד֗וֹת לְהוֹשִׁיעֵֽנִי׃	
II	4	כִּֽי־סַלְעִ֣י וּמְצוּדָתִ֣י אָ֑תָּה	וּלְמַ֥עַן שִׁ֝מְךָ֗ תַּֽנְחֵ֥נִי וּֽתְנַהֲלֵֽנִי׃	
	5	תּֽוֹצִיאֵ֗נִי מֵרֶ֣שֶׁת ז֭וּ טָ֣מְנוּ לִ֑י	כִּֽי־אַ֝תָּ֗ה מָֽעוּזִּֽי׃	
III	6	בְּיָדְךָ֮ אַפְקִ֪יד ר֫וּחִ֥י	פָּדִ֖יתָה אוֹתִ֥י יְהוָ֗ה אֵ֣ל אֱמֶֽת׃	
	7	שָׂנֵ֗אתִי הַשֹּׁמְרִ֥ים הַבְלֵי־שָׁ֑וְא	וַ֝אֲנִ֗י אֶל־יְהוָ֥ה בָּטָֽחְתִּי׃	
IV	8	אָגִ֣ילָה וְאֶשְׂמְחָה֮ בְּחַ֫סְדֶּ֥ךָ	אֲשֶׁ֣ר רָ֭אִיתָ אֶת־עָנְיִ֑י	יָ֝דַ֗עְתָּ בְּצָר֥וֹת נַפְשִֽׁי׃
	9	וְלֹ֣א הִ֭סְגַּרְתַּנִי בְּיַד־אוֹיֵ֑ב	הֶֽעֱמַ֖דְתָּ בַמֶּרְחָ֣ב רַגְלָֽי׃	
V	10	חָנֵּ֥נִי יְהוָה֮ כִּ֤י צַ֫ר־לִ֥י	עָשְׁשָׁ֖ה בְכַ֥עַס עֵינִ֗י נַפְשִׁ֥י וּבִטְנִֽי׃	
	11	כִּ֤י כָל֨וּ בְיָג֡וֹן חַיַּ֗י	וּשְׁנוֹתַ֗י בַּאֲנָ֫חָ֥ה	
		כָּשַׁ֣ל בַּעֲוֺנִ֣י כֹחִ֑י	וַעֲצָמַ֥י עָשֵֽׁשׁוּ׃	
VI	12	מִכָּל־צֹרְרַ֨י הָיִ֪יתִי חֶרְפָּ֡ה	וְלִשְׁכֵנַ֨י ׀ מְאֹ֡ד	
		וּפַ֬חַד לִמְיֻדָּ֫עָ֥י	רֹאַ֥י בַּח֗וּץ נָדְד֥וּ מִמֶּֽנִּי׃	
VII	13	נִ֭שְׁכַּחְתִּי כְּמֵ֣ת מִלֵּ֑ב	הָ֝יִ֗יתִי כִּכְלִ֥י אֹבֵֽד׃	
	14	כִּ֤י שָׁמַ֨עְתִּי ׀ דִּבַּ֥ת רַבִּים֮	מָג֪וֹר מִסָּ֫בִ֥יב	
		בְּהִוָּסְדָ֣ם יַ֣חַד עָלַ֑י	לָקַ֖חַת נַפְשִׁ֣י זָמָֽמוּ׃	
VIII	15	וַאֲנִ֤י ׀ עָלֶ֣יךָ בָטַ֣חְתִּי יְהוָ֑ה	אָ֝מַ֗רְתִּי אֱלֹהַ֥י אָֽתָּה׃	
	16	בְּיָדְךָ֥ עִתֹּתָ֑י	הַצִּ֘ילֵ֤נִי מִיַּד־א֝וֹיְבַ֗י וּמֵרֹדְפָֽי׃	
	17	הָאִ֣ירָה פָ֭נֶיךָ עַל־עַבְדֶּ֑ךָ	ה֝וֹשִׁיעֵ֗נִי בְחַסְדֶּֽךָ׃	
IX	18	יְֽהוָ֗ה אַל־אֵ֭בוֹשָׁה	כִּ֣י קְרָאתִ֑יךָ	
		יֵבֹ֥שׁוּ רְ֝שָׁעִ֗ים	יִדְּמ֥וּ לִשְׁאֽוֹל׃	
	19	תֵּ֥אָלַ֗מְנָה שִׂ֫פְתֵ֥י שָׁ֥קֶר	הַדֹּבְר֬וֹת עַל־צַדִּ֡יק עָתָ֗ק	בְּגַאֲוָ֥ה וָבֽוּז׃
X	20	מָ֤ה רַֽב־טוּבְךָ֮ יהוה	אֲשֶׁר־צָפַ֪נְתָּ לִּ֫ירֵאֶ֥יךָ	
		פָּ֭עַלְתָּ לַחֹסִ֣ים בָּ֑ךְ	נֶ֝֗גֶד בְּנֵ֥י אָדָֽם׃	
	21	תַּסְתִּירֵ֤ם ׀ בְּסֵ֬תֶר פָּנֶ֗יךָ	מֵֽרֻכְסֵ֫י אִ֥ישׁ	
		תִּצְפְּנֵ֥ם בְּסֻכָּ֑ה	מֵרִ֥יב לְשֹׁנֽוֹת׃	

XI	22	בָּרוּךְ יְהוָה	כִּי הִפְלִיא חַסְדּוֹ לִי בְּעִיר מָצוֹר׃	
	23	וַאֲנִי ׀ אָמַרְתִּי בְחָפְזִי	נִגְרַזְתִּי מִנֶּגֶד עֵינֶיךָ	
		אָכֵן שָׁמַעְתָּ קוֹל תַּחֲנוּנַי	בְּשַׁוְּעִי אֵלֶיךָ׃	
XII	24	אֶהֱבוּ אֶת־יְהוָה כָּל־חֲסִידָיו	אֱמוּנִים נֹצֵר יְהוָה	וּמְשַׁלֵּם עַל־יֶתֶר עֹשֵׂה גַאֲוָה׃
	25	חִזְקוּ וְיַאֲמֵץ לְבַבְכֶם	כָּל־הַמְיַחֲלִים לַיהוָה׃	

PSALM 32

1 לְדָוִד מַשְׂכִּיל

I		אַשְׁרֵי נְשׂוּי־פֶּשַׁע	כְּסוּי חֲטָאָה׃	
	2	אַשְׁרֵי אָדָם	לֹא יַחְשֹׁב יְהוָה לוֹ עָוֺן	וְאֵין בְּרוּחוֹ רְמִיָּה׃
II	3	כִּי־הֶחֱרַשְׁתִּי	בָּלוּ עֲצָמָי	בְּשַׁאֲגָתִי כָּל־הַיּוֹם׃
	4	כִּי ׀ יוֹמָם וָלַיְלָה תִּכְבַּד עָלַי יָדֶךָ	נֶהְפַּךְ לְשַׁדִּי בְּחַרְבֹנֵי קַיִץ׃	
III	5	חַטָּאתִי אוֹדִיעֲךָ	וַעֲוֺנִי לֹא־כִסִּיתִי	
		אָמַרְתִּי אוֹדֶה עֲלֵי פְשָׁעַי לַיהוָה	וְאַתָּה נָשָׂאתָ עֲוֺן חַטָּאתִי׃	
IV	6	עַל־זֹאת יִתְפַּלֵּל כָּל־חָסִיד ׀ אֵלֶיךָ	לְעֵת מצור	
		לְשֵׁטֶף מַיִם רַבִּים	אֵלָיו לֹא יַגִּיעוּ׃	
	7	אַתָּה ׀ סֵתֶר לִי	מִצַּר תִּצְּרֵנִי	רָנֵּי פַלֵּט תְּסוֹבְבֵנִי׃
V	8	אַשְׂכִּילְךָ ׀ וְאוֹרְךָ	בְּדֶרֶךְ־זוּ תֵלֵךְ	אִיעֲצָה עָלֶיךָ עֵינִי׃
	9	אַל־תִּהְיוּ ׀ כְּסוּס כְּפֶרֶד	אֵין הָבִין בְּמֶתֶג־וָרֶסֶן	
		עֶדְיוֹ לִבְלוֹם	בַּל קְרֹב אֵלֶיךָ׃	
VI	10	רַבִּים מַכְאוֹבִים לָרָשָׁע	וְהַבּוֹטֵחַ בַּיהוָה	חֶסֶד יְסוֹבְבֶנּוּ׃
	11	שִׂמְחוּ בַיהוָה	וְגִילוּ צַדִּיקִים	וְהַרְנִינוּ כָּל־יִשְׁרֵי־לֵב׃

PSALM 33

I	1	רַנְּנ֣וּ צַ֭דִּיקִים בַּֽיהוָ֑ה	לַ֝יְשָׁרִ֗ים נָאוָ֥ה תְהִלָּֽה׃
	2	הוֹד֣וּ לַיהוָ֣ה בְּכִנּ֑וֹר	בְּנֵ֥בֶל עָ֝שׂ֗וֹר זַמְּרוּ־לֽוֹ׃
	3	שִֽׁירוּ־ל֭וֹ שִׁ֣יר חָדָ֑שׁ	הֵיטִ֥יבוּ נַ֝גֵּ֗ן בִּתְרוּעָֽה׃
II	4	כִּֽי־יָשָׁ֥ר דְּבַר־יְהוָ֑ה	וְכָל־מַ֝עֲשֵׂ֗הוּ בֶּאֱמוּנָֽה׃
	5	אֹ֭הֵב צְדָקָ֣ה וּמִשְׁפָּ֑ט	חֶ֥סֶד יְ֝הוָ֗ה מָלְאָ֥ה הָאָֽרֶץ׃
III	6	בִּדְבַ֣ר יְ֭הוָה שָׁמַ֣יִם נַעֲשׂ֑וּ	וּבְר֥וּחַ פִּ֝֗יו כָּל־צְבָאָֽם׃
	7	כֹּנֵ֣ס כַּ֭נֵּד מֵ֣י הַיָּ֑ם	נֹתֵ֖ן בְּאוֹצָר֣וֹת תְּהוֹמֽוֹת׃
IV	8	יִֽירְא֣וּ מֵ֭יְהוָה כָּל־הָאָ֑רֶץ	מִמֶּ֥נּוּ יָ֝ג֗וּרוּ כָּל־יֹשְׁבֵ֥י תֵבֵֽל׃
	9	כִּ֤י ה֣וּא אָמַ֣ר וַיֶּ֑הִי	הֽוּא־צִ֝וָּ֗ה וַֽיַּעֲמֹֽד׃
V	10	יְֽהוָ֗ה הֵפִ֥יר עֲצַת־גּוֹיִ֑ם	הֵ֝נִ֗יא מַחְשְׁב֥וֹת עַמִּֽים׃
	11	עֲצַ֣ת יְ֭הוָה לְעוֹלָ֣ם תַּעֲמֹ֑ד	מַחְשְׁב֥וֹת לִ֝בּ֗וֹ לְדֹ֣ר וָדֹֽר׃
	12	אַשְׁרֵ֣י הַ֭גּוֹי אֲשֶׁר־יְהוָ֣ה אֱלֹהָ֑יו	הָעָ֓ם ׀ בָּחַ֖ר לְנַחֲלָ֣ה לֽוֹ׃
VI	13	מִ֭שָּׁמַיִם הִבִּ֣יט יְהוָ֑ה	רָ֝אָ֗ה אֶֽת־כָּל־בְּנֵ֥י הָאָדָֽם׃
	14	מִֽמְּכוֹן־שִׁבְתּ֥וֹ הִשְׁגִּ֑יחַ	אֶ֖ל כָּל־יֹשְׁבֵ֣י הָאָֽרֶץ׃
	15	הַיֹּצֵ֣ר יַ֣חַד לִבָּ֑ם	הַ֝מֵּבִ֗ין אֶל־כָּל־מַעֲשֵׂיהֶֽם׃
VII	16	אֵֽין־הַ֭מֶּלֶךְ נוֹשָׁ֣ע בְּרָב־חָ֑יִל	גִּ֝בּ֗וֹר לֹֽא־יִנָּצֵ֥ל בְּרָב־כֹּֽחַ׃
	17	שֶׁ֣קֶר הַ֭סּוּס לִתְשׁוּעָ֑ה	וּבְרֹ֥ב חֵ֝יל֗וֹ לֹ֣א יְמַלֵּֽט׃
VIII	18	הִנֵּ֤ה עֵ֣ין יְ֭הוָה אֶל־יְרֵאָ֑יו	לַֽמְיַחֲלִ֥ים לְחַסְדּֽוֹ׃
	19	לְהַצִּ֣יל מִמָּ֣וֶת נַפְשָׁ֑ם	וּ֝לְחַיּוֹתָ֗ם בָּרָעָֽב׃
IX	20	נַ֭פְשֵׁנוּ חִכְּתָ֣ה לַֽיהוָ֑ה	עֶזְרֵ֖נוּ וּמָגִנֵּ֣נוּ הֽוּא׃
	21	כִּי־ב֭וֹ יִשְׂמַ֣ח לִבֵּ֑נוּ	כִּ֤י בְשֵׁ֖ם קָדְשׁ֣וֹ בָטָֽחְנוּ׃
	22	יְהִֽי־חַסְדְּךָ֣ יְהוָ֣ה עָלֵ֑ינוּ	כַּ֝אֲשֶׁ֗ר יִחַ֥לְנוּ לָֽךְ׃

PSALM 34

1 לְדָוִ֗ד בְּשַׁנּוֹת֣וֹ אֶת־טַ֭עְמוֹ לִפְנֵ֣י אֲבִימֶ֑לֶךְ וַ֝יְגָרְשֵׁ֗הוּ וַיֵּלַֽךְ׃

I	2	אֲבָרְכָ֣ה אֶת־יְהוָ֣ה בְּכָל־עֵ֑ת	תָּ֝מִ֗יד תְּֽהִלָּת֥וֹ בְּפִֽי׃
	3	בַּֽ֭יהוָה תִּתְהַלֵּ֣ל נַפְשִׁ֑י	יִשְׁמְע֖וּ עֲנָוִ֣ים וְיִשְׂמָֽחוּ׃
	4	גַּדְּל֣וּ לַיהוָ֣ה אִתִּ֑י	וּנְרוֹמְמָ֖ה שְׁמ֣וֹ יַחְדָּֽו׃
II	5	דָּרַ֣שְׁתִּי אֶת־יְהוָ֣ה וְעָנָ֑נִי	וּמִכָּל־מְ֝גוּרוֹתַ֗י הִצִּילָֽנִי׃
	6	הִבִּ֣יטוּ אֵלָ֣יו וְנָהָ֑רוּ	וּ֝פְנֵיהֶ֗ם אַל־יֶחְפָּֽרוּ׃
	7	זֶ֤ה עָנִ֣י קָ֭רָא וַיהוָ֣ה שָׁמֵ֑עַ	וּמִכָּל־צָ֝רוֹתָ֗יו הוֹשִׁיעֽוֹ׃
III	8	חֹנֶ֤ה מַלְאַךְ־יְהוָ֓ה	סָ֘בִ֤יב לִירֵאָ֗יו וַֽיְחַלְּצֵֽם׃
	9	טַעֲמ֣וּ וּ֭רְאוּ כִּי־ט֣וֹב יְהוָ֑ה	אַֽשְׁרֵ֥י הַ֝גֶּ֗בֶר יֶחֱסֶה־בּֽוֹ׃
IV	10	יְר֣אוּ אֶת־יְהוָ֣ה קְדֹשָׁ֑יו	כִּי־אֵ֥ין מַ֝חְס֗וֹר לִירֵאָֽיו׃
	11	כְּ֭פִירִים רָשׁ֣וּ וְרָעֵ֑בוּ	וְדֹרְשֵׁ֥י יְ֝הוָ֗ה לֹא־יַחְסְר֥וּ כָל־טֽוֹב׃
V	12	לְֽכוּ־בָ֭נִים שִׁמְעוּ־לִ֑י	יִֽרְאַ֥ת יְ֝הוָ֗ה אֲלַמֶּדְכֶֽם׃
	13	מִֽי־הָ֭אִישׁ הֶחָפֵ֣ץ חַיִּ֑ים	אֹהֵ֥ב יָ֝מִ֗ים לִרְא֥וֹת טֽוֹב׃
VI	14	נְצֹ֣ר לְשׁוֹנְךָ֣ מֵרָ֑ע	וּ֝שְׂפָתֶ֗יךָ מִדַּבֵּ֥ר מִרְמָֽה׃
	15	ס֣וּר מֵ֭רָע וַעֲשֵׂה־ט֑וֹב	בַּקֵּ֖שׁ שָׁל֣וֹם וְרָדְפֵֽהוּ׃
VII	16	עֵינֵ֣י יְ֭הוָה אֶל־צַדִּיקִ֑ים	וְ֝אָזְנָ֗יו אֶל־שַׁוְעָתָֽם׃
	17	פְּנֵ֣י יְ֭הוָה בְּעֹ֣שֵׂי רָ֑ע	לְהַכְרִ֖ית מֵאֶ֣רֶץ זִכְרָֽם׃
VIII	18	צָעֲק֣וּ וַיהוָ֣ה שָׁמֵ֑עַ	וּמִכָּל־צָ֝רוֹתָ֗ם הִצִּילָֽם׃
	19	קָר֣וֹב יְ֭הוָה לְנִשְׁבְּרֵי־לֵ֑ב	וְֽאֶת־דַּכְּאֵי־ר֥וּחַ יוֹשִֽׁיעַ׃
IX	20	רַ֭בּוֹת רָע֣וֹת צַדִּ֑יק	וּ֝מִכֻּלָּ֗ם יַצִּילֶ֥נּוּ יְהוָֽה׃
	21	שֹׁמֵ֥ר כָּל־עַצְמוֹתָ֑יו	אַחַ֥ת מֵ֝הֵ֗נָּה לֹ֣א נִשְׁבָּֽרָה׃
X	22	תְּמוֹתֵ֣ת רָשָׁ֣ע רָעָ֑ה	וְשֹׂנְאֵ֖י צַדִּ֣יק יֶאְשָֽׁמוּ׃
	23	פּוֹדֶ֣ה יְ֭הוָה נֶ֣פֶשׁ עֲבָדָ֑יו	וְלֹ֥א יֶ֝אְשְׁמ֗וּ כָּֽל־הַחֹסִ֥ים בּֽוֹ׃

PSALM 35

1 לְדָוִד ׀

I רִיבָה יְהוָה אֶת־יְרִיבַי לְחַם אֶת־לֹחֲמָי׃

2 הַחֲזֵק מָגֵן וְצִנָּה וְקוּמָה בְּעֶזְרָתִי׃

3 וְהָרֵק חֲנִית וּסְגֹר לִקְרַאת רֹדְפָי אֱמֹר לְנַפְשִׁי יְשֻׁעָתֵךְ אָנִי׃

II 4 יֵבֹשׁוּ וְיִכָּלְמוּ מְבַקְשֵׁי נַפְשִׁי

יִסֹּגוּ אָחוֹר וְיַחְפְּרוּ חֹשְׁבֵי רָעָתִי׃

III 5 יִהְיוּ כְּמֹץ לִפְנֵי־רוּחַ וּמַלְאַךְ יְהוָה דּוֹחֶה׃

6 יְהִי־דַרְכָּם חֹשֶׁךְ וַחֲלַקְלַקּוֹת וּמַלְאַךְ יְהוָה רֹדְפָם׃

IV 7 כִּי־חִנָּם טָמְנוּ־לִי רִשְׁתָּם שַׁחַת חִנָּם חָפְרוּ לְנַפְשִׁי׃

8 תְּבוֹאֵהוּ שׁוֹאָה לֹא־יֵדָע וְרִשְׁתּוֹ אֲשֶׁר־טָמַן תִּלְכְּדוֹ בְּשׁוֹאָה יִפָּל־בָּהּ׃

V 9 וְנַפְשִׁי תָּגִיל בַּיהוָה תָּשִׂישׂ בִּישׁוּעָתוֹ׃

10 כָּל עַצְמוֹתַי ׀ תֹּאמַרְנָה יְהוָה מִי כָמוֹךְ

מַצִּיל עָנִי מֵחָזָק מִמֶּנּוּ וְעָנִי וְאֶבְיוֹן מִגֹּזְלוֹ׃

VI 11 יְקוּמוּן עֵדֵי חָמָס אֲשֶׁר לֹא־יָדַעְתִּי יִשְׁאָלוּנִי׃

12 יְשַׁלְּמוּנִי רָעָה תַּחַת טוֹבָה שְׁכוֹל לְנַפְשִׁי׃

VII 13 וַאֲנִי ׀ בַּחֲלוֹתָם לְבוּשִׁי שָׂק עִנֵּיתִי בַצּוֹם נַפְשִׁי וּתְפִלָּתִי עַל־חֵיקִי תָשׁוּב׃

14 כְּרֵעַ־כְּאָח לִי הִתְהַלָּכְתִּי כַּאֲבֶל־אֵם קֹדֵר שַׁחוֹתִי׃

VIII 15 וּבְצַלְעִי שָׂמְחוּ וְנֶאֱסָפוּ נֶאֶסְפוּ עָלַי

נֵכִים וְלֹא יָדַעְתִּי קָרְעוּ וְלֹא־דָמּוּ׃

16 כחנפים לעוג לעגו חָרֹק עָלַי שִׁנֵּימוֹ׃

IX 17 אֲדֹנָי כַּמָּה תִּרְאֶה הָשִׁיבָה נַפְשִׁי מִשֹּׁאֵיהֶם מִכְּפִירִים יְחִידָתִי׃

18 אוֹדְךָ בְּקָהָל רָב בְּעַם עָצוּם אֲהַלְלֶךָּ׃

X 19 אַל־יִשְׂמְחוּ־לִי אֹיְבַי שֶׁקֶר שֹׂנְאַי חִנָּם יִקְרְצוּ־עָיִן׃

20 כִּי לֹא שָׁלוֹם יְדַבֵּרוּ וְעַל רִגְעֵי־אֶרֶץ דִּבְרֵי מִרְמוֹת יַחֲשֹׁבוּן׃

21 וַיַּרְחִיבוּ עָלַי פִּיהֶם אָמְרוּ הֶאָח ׀ הֶאָח רָאֲתָה עֵינֵינוּ׃

XI 22 רָאִיתָה יְהוָה אַל־תֶּחֱרַשׁ אֲדֹנָי אַל־תִּרְחַק מִמֶּנִּי׃

23 הָעִירָה וְהָקִיצָה לְמִשְׁפָּטִי אֱלֹהַי וַאדֹנָי לְרִיבִי׃

XII 24 שָׁפְטֵ֣נִי כְ֭צִדְקְךָ יְהוָ֥ה אֱלֹהָ֗י וְאַל־יִשְׂמְחוּ־לִֽי׃
25 אַל־יֹאמְר֣וּ בְ֭לִבָּם הֶאָ֣ח נַפְשֵׁ֑נוּ אַל־יֹ֝אמְר֗וּ בִּֽלַּעֲנֽוּהוּ׃

XIII 26 יֵ֘בֹ֤שׁוּ וְיַחְפְּר֨וּ ׀ יַחְדָּו֮ שְׂמֵחֵ֪י רָעָ֫תִ֥י
יִֽלְבְּשׁוּ־בֹ֥שֶׁת וּכְלִמָּ֑ה הַֽמַּגְדִּילִ֥ים עָלָֽי׃

XIV 27 יָרֹ֣נּוּ וְיִשְׂמְחוּ֮ חֲפֵצֵ֪י צִ֫דְקִ֥י וְיֹאמְר֣וּ תָ֭מִיד יִגְדַּ֣ל יְהוָ֑ה הֶ֝חָפֵ֗ץ שְׁל֣וֹם עַבְדּֽוֹ׃
28 וּ֭לְשׁוֹנִי תֶּהְגֶּ֣ה צִדְקֶ֑ךָ כָּל־ה֝יּ֗וֹם תְּהִלָּתֶֽךָ׃

PSALM 36

1 לַמְנַצֵּ֨חַ ׀ לְעֶֽבֶד־יְהוָ֬ה לְדָוִֽד׃

I 2 נְאֻֽם־פֶּ֣שַׁע לָ֭רָשָׁע בְּקֶ֣רֶב לִבִּ֑י אֵֽין־פַּ֥חַד אֱ֝לֹהִ֗ים לְנֶ֣גֶד עֵינָֽיו׃
3 כִּֽי־הֶחֱלִ֣יק אֵלָ֣יו בְּעֵינָ֑יו לִמְצֹ֖א עֲוֺנ֣וֹ לִשְׂנֹֽא׃

II 4 דִּבְרֵי־פִ֭יו אָ֣וֶן וּמִרְמָ֑ה חָדַ֖ל לְהַשְׂכִּ֣יל לְהֵיטִֽיב׃
5 אָ֤וֶן ׀ יַחְשֹׁ֗ב עַֽל־מִשְׁכָּ֫ב֥וֹ יִ֭תְיַצֵּב עַל־דֶּ֣רֶךְ לֹא־ט֑וֹב רָ֝֗ע לֹ֣א יִמְאָֽס׃

III 6 יְ֭הוָה בְּהַשָּׁמַ֣יִם חַסְדֶּ֑ךָ אֱ֝מוּנָתְךָ֗ עַד־שְׁחָקִֽים׃
7 צִדְקָתְךָ֙ ׀ כְּֽהַרְרֵי־אֵ֗ל מִ֭שְׁפָּטֶךָ תְּה֣וֹם רַבָּ֑ה אָ֤דָֽם־וּבְהֵמָ֖ה תוֹשִׁ֣יעַ יְהוָֽה׃

IV 8 מַה־יָּקָ֥ר חַסְדְּךָ֗ אֱלֹ֫הִ֥ים וּבְנֵ֥י אָדָ֑ם בְּצֵ֥ל כְּ֝נָפֶ֗יךָ יֶחֱסָיֽוּן׃
9 יִ֭רְוְיֻן מִדֶּ֣שֶׁן בֵּיתֶ֑ךָ וְנַ֖חַל עֲדָנֶ֣יךָ תַשְׁקֵֽם׃

V 10 כִּֽי־עִ֭מְּךָ מְק֣וֹר חַיִּ֑ים בְּ֝אוֹרְךָ֗ נִרְאֶה־אֽוֹר׃
11 מְשֹׁ֣ךְ חַ֭סְדְּךָ לְיֹדְעֶ֑יךָ וְ֝צִדְקָתְךָ֗ לְיִשְׁרֵי־לֵֽב׃

VI 12 אַל־תְּ֭בוֹאֵנִי רֶ֣גֶל גַּאֲוָ֑ה וְיַד־רְ֝שָׁעִ֗ים אַל־תְּנִדֵֽנִי׃
13 שָׁ֣ם נָ֭פְלוּ פֹּ֣עֲלֵי אָ֑וֶן דֹּ֝ח֗וּ וְלֹא־יָ֥כְלוּ קֽוּם׃

PSALM 37

1 לְדָוִ֨ד ׀

I		אַל־תִּתְחַ֥ר בַּמְּרֵעִ֑ים	אַל־תְּ֝קַנֵּ֗א בְּעֹשֵׂ֥י עַוְלָֽה׃
	2	כִּ֤י כֶחָצִ֣יר מְהֵרָ֣ה יִמָּ֑לוּ	וּכְיֶ֥רֶק דֶּ֝֗שֶׁא יִבּוֹלֽוּן׃
II	3	בְּטַ֣ח בַּֽ֭יהוָה וַעֲשֵׂה־ט֑וֹב	שְׁכָן־אֶ֝֗רֶץ וּרְעֵ֥ה אֱמוּנָֽה׃
	4	וְהִתְעַנַּ֥ג עַל־יְהוָ֑ה	וְיִֽתֶּן־לְ֝ךָ֗ מִשְׁאֲלֹ֥ת לִבֶּֽךָ׃
III	5	גּ֣וֹל עַל־יְהוָ֣ה דַּרְכֶּ֑ךָ	וּבְטַ֥ח עָ֝לָ֗יו וְה֣וּא יַעֲשֶֽׂה׃
	6	וְהוֹצִ֣יא כָא֣וֹר צִדְקֶ֑ךָ	וּ֝מִשְׁפָּטֶ֗ךָ כַּֽצָּהֳרָֽיִם׃
IV	7	דּ֤וֹם ׀ לַיהוָה֮ וְהִתְח֪וֹלֵ֫ל ל֥וֹ	אַל־תִּ֭תְחַר בְּמַצְלִ֣יחַ דַּרְכּ֑וֹ בְּ֝אִ֗ישׁ עֹשֶׂ֥ה מְזִמּֽוֹת׃
V	8	הֶ֣רֶף מֵ֭אַף וַעֲזֹ֣ב חֵמָ֑ה	אַל־תִּ֝תְחַ֗ר אַךְ־לְהָרֵֽעַ׃
	9	כִּֽי־מְ֭רֵעִים יִכָּרֵת֑וּן	וְקֹוֵ֥י יְ֝הוָ֗ה הֵ֣מָּה יִֽירְשׁוּ־אָֽרֶץ׃
VI	10	וְע֣וֹד מְ֭עַט וְאֵ֣ין רָשָׁ֑ע	וְהִתְבּוֹנַ֖נְתָּ עַל־מְקוֹמ֣וֹ וְאֵינֶֽנּוּ׃
	11	וַעֲנָוִ֥ים יִֽירְשׁוּ־אָ֑רֶץ	וְ֝הִתְעַנְּג֗וּ עַל־רֹ֥ב שָׁלֽוֹם׃
VII	12	זֹמֵ֣ם רָ֭שָׁע לַצַּדִּ֑יק	וְחֹרֵ֖ק עָלָ֣יו שִׁנָּֽיו׃
	13	אֲדֹנָ֥י יִשְׂחַק־ל֑וֹ	כִּֽי־רָ֝אָ֗ה כִּֽי־יָבֹ֥א יוֹמֽוֹ׃
VIII	14	חֶ֤רֶב ׀ פָּֽתְח֣וּ רְשָׁעִים֮	וְדָרְכ֪וּ קַ֫שְׁתָּ֥ם לְ֭הַפִּיל עָנִ֣י וְאֶבְי֑וֹן לִ֝טְב֗וֹחַ יִשְׁרֵי־דָֽרֶךְ׃
	15	חַ֭רְבָּם תָּב֣וֹא בְלִבָּ֑ם	וְ֝קַשְּׁתוֹתָ֗ם תִּשָּׁבַֽרְנָה׃
IX	16	טוֹב־מְ֭עַט לַצַּדִּ֑יק	מֵ֝הֲמ֗וֹן רְשָׁעִ֥ים רַבִּֽים׃
	17	כִּ֤י זְרוֹע֣וֹת רְ֭שָׁעִים תִּשָּׁבַ֑רְנָה	וְסוֹמֵ֖ךְ צַדִּיקִ֣ים יְהוָֽה׃
X	18	יוֹדֵ֣עַ יְ֭הוָה יְמֵ֣י תְמִימִ֑ם	וְ֝נַחֲלָתָ֗ם לְעוֹלָ֥ם תִּהְיֶֽה׃
	19	לֹֽא־יֵ֭בֹשׁוּ בְּעֵ֣ת רָעָ֑ה	וּבִימֵ֖י רְעָב֣וֹן יִשְׂבָּֽעוּ׃
XI	20	כִּ֤י רְשָׁעִ֨ים ׀ יֹאבֵ֗דוּ	וְאֹיְבֵ֣י יְ֭הוָה כִּיקַ֣ר כָּרִ֑ים כָּל֖וּ בֶעָשָׁ֣ן כָּֽלוּ׃
XII	21	לֹוֶ֣ה רָ֭שָׁע וְלֹ֣א יְשַׁלֵּ֑ם	וְ֝צַדִּ֗יק חוֹנֵ֥ן וְנוֹתֵֽן׃
	22	כִּ֣י מְ֭בֹרָכָיו יִ֣ירְשׁוּ אָ֑רֶץ	וּ֝מְקֻלָּלָ֗יו יִכָּרֵֽתוּ׃
XIII	23	מֵ֭יְהוָה מִֽצְעֲדֵי־גֶ֥בֶר כּוֹנָ֗נוּ	וְדַרְכּ֥וֹ יֶחְפָּֽץ׃
	24	כִּֽי־יִפֹּ֥ל לֹֽא־יוּטָ֑ל	כִּֽי־יְהוָ֗ה סוֹמֵ֥ךְ יָדֽוֹ׃

XIV	25	נַ֗עַר ׀ הָיִ֗יתִי גַּם־זָקַ֥נְתִּי	וְֽלֹא־רָאִ֣יתִי צַדִּ֣יק נֶעֱזָ֑ב	וְ֝זַרְע֗וֹ מְבַקֶּשׁ־לָֽחֶם׃
	26	כָּל־הַ֭יּוֹם חוֹנֵ֣ן וּמַלְוֶ֑ה	וְ֝זַרְע֗וֹ לִבְרָכָֽה׃
XV	27	ס֣וּר מֵ֭רָע וַעֲשֵׂה־ט֗וֹב	וּשְׁכֹ֥ן לְעוֹלָֽם׃
	28	כִּ֤י יְהוָ֨ה ׀ אֹ֘הֵ֤ב מִשְׁפָּ֗ט	וְלֹא־יַעֲזֹ֥ב אֶת־חֲסִידָ֗יו
XVI		עוֹלָ֗ם לְעוֹלָ֥ם נִשְׁמָ֑רוּ	וְזֶ֖רַע רְשָׁעִ֣ים נִכְרָֽת׃
	29	צַדִּיקִ֥ים יִֽירְשׁוּ־אָ֑רֶץ	וְיִשְׁכְּנ֖וּ לָעַ֣ד עָלֶֽיהָ׃
XVII	30	פִּֽי־צַ֭דִּיק יֶהְגֶּ֣ה חָכְמָ֑ה	וּ֝לְשׁוֹנ֗וֹ תְּדַבֵּ֥ר מִשְׁפָּֽט׃
	31	תּוֹרַ֣ת אֱלֹהָ֣יו בְּלִבּ֑וֹ	לֹ֖א תִמְעַ֣ד אֲשֻׁרָֽיו׃
XVIII	32	צוֹפֶ֣ה רָ֭שָׁע לַצַּדִּ֑יק	וּ֝מְבַקֵּ֗שׁ לַהֲמִיתֽוֹ׃
	33	יְ֭הוָה לֹא־יַעַזְבֶ֣נּוּ בְיָד֑וֹ	וְלֹ֥א יַ֝רְשִׁיעֶ֗נּוּ בְּהִשָּׁפְטֽוֹ׃
XIX	34	קַוֵּ֤ה אֶל־יְהוָ֨ה ׀ וּשְׁמֹ֬ר דַּרְכּ֗וֹ	
		וִֽ֭ירוֹמִמְךָ לָרֶ֣שֶׁת אָ֑רֶץ	בְּהִכָּרֵ֖ת רְשָׁעִ֣ים תִּרְאֶֽה׃
XX	35	רָ֭אִיתִי רָשָׁ֣ע עָרִ֑יץ	וּ֝מִתְעָרֶ֗ה כְּאֶזְרָ֥ח רַעֲנָֽן׃
	36	וַ֭יַּעֲבֹר וְהִנֵּ֣ה אֵינֶ֑נּוּ	וָֽ֝אֲבַקְשֵׁ֗הוּ וְלֹ֣א נִמְצָֽא׃
XXI	37	שְׁמָר־תָּ֭ם וּרְאֵ֣ה יָשָׁ֑ר	כִּֽי־אַחֲרִ֖ית לְאִ֣ישׁ שָׁלֽוֹם׃
	38	וּֽ֭פֹשְׁעִים נִשְׁמְד֣וּ יַחְדָּ֑ו	אַחֲרִ֖ית רְשָׁעִ֣ים נִכְרָֽתָה׃
XXII	39	וּתְשׁוּעַ֣ת צַ֭דִּיקִים מֵיְהוָ֑ה	מָ֝עוּזָּ֗ם בְּעֵ֣ת צָרָֽה׃
	40	וַיַּעְזְרֵ֥ם יְהוָ֗ה וַֽיְפַלְּטֵ֗ם	יְפַלְּטֵ֣ם מֵ֭רְשָׁעִים	וְ֝יוֹשִׁיעֵ֗ם כִּי־חָ֥סוּ בֽוֹ׃

PSALM 38

1 מִזְמ֖וֹר לְדָוִ֣ד לְהַזְכִּֽיר׃

I	2	יְֽהוָ֗ה אַל־בְּקֶצְפְּךָ֥ תוֹכִיחֵ֑נִי	וּֽבַחֲמָתְךָ֥ תְיַסְּרֵֽנִי׃
	3	כִּֽי־חִ֭צֶּיךָ נִ֣חֲתוּ בִ֑י	וַתִּנְחַ֖ת עָלַ֣י יָדֶֽךָ׃
II	4	אֵין־מְתֹ֣ם בִּ֭בְשָׂרִי מִפְּנֵ֣י זַעְמֶ֑ךָ	אֵין־שָׁל֥וֹם בַּ֝עֲצָמַ֗י מִפְּנֵ֥י חַטָּאתִֽי׃
	5	כִּ֣י עֲ֭וֺנֹתַי עָבְר֣וּ רֹאשִׁ֑י	כְּמַשָּׂ֥א כָ֝בֵ֗ד יִכְבְּד֥וּ מִמֶּֽנִּי׃
III	6	הִבְאִ֣ישׁוּ נָ֭מַקּוּ חַבּוּרֹתָ֑י	מִ֝פְּנֵ֗י אִוַּלְתִּֽי׃
	7	נַעֲוֵ֣יתִי שַׁחֹ֣תִי עַד־מְאֹ֑ד	כָּל־הַ֝יּ֗וֹם קֹדֵ֥ר הִלָּֽכְתִּי׃
IV	8	כִּֽי־כְ֭סָלַי מָלְא֣וּ נִקְלֶ֑ה	וְאֵ֥ין מְ֝תֹ֗ם בִּבְשָׂרִֽי׃
	9	נְפוּג֣וֹתִי וְנִדְכֵּ֣יתִי עַד־מְאֹ֑ד	שָׁ֝אַ֗גְתִּי מִֽנַּהֲמַ֥ת לִבִּֽי׃
V	10	אֲֽדֹנָ֗י נֶגְדְּךָ֥ כָל־תַּאֲוָתִ֑י	וְ֝אַנְחָתִ֗י מִמְּךָ֥ לֹא־נִסְתָּֽרָה׃
	11	לִבִּ֣י סְ֭חַרְחַר עֲזָבַ֣נִי כֹחִ֑י	וְֽאוֹר־עֵינַ֥י גַּם־הֵ֝֗ם אֵ֣ין אִתִּֽי׃
VI	12	אֹֽהֲבַ֨י ׀ וְרֵעַ֗י מִנֶּ֣גֶד נִגְעִ֣י יַעֲמֹ֑דוּ	וּ֝קְרוֹבַ֗י מֵרָחֹ֥ק עָמָֽדוּ׃
	13	וַיְנַקְשׁ֤וּ ׀ מְבַקְשֵׁ֬י נַפְשִׁ֗י	וְדֹרְשֵׁ֣י רָ֭עָתִי דִּבְּר֣וּ הַוּ֑וֹת וּ֝מִרְמ֗וֹת כָּל־הַיּ֥וֹם יֶהְגּֽוּ׃
VII	14	וַאֲנִ֣י כְ֭חֵרֵשׁ לֹ֣א אֶשְׁמָ֑ע	וּ֝כְאִלֵּ֗ם לֹ֣א יִפְתַּח־פִּֽיו׃
	15	וָאֱהִ֗י כְּ֭אִישׁ אֲשֶׁ֣ר לֹא־שֹׁמֵ֑עַ	וְאֵ֥ין בְּ֝פִ֗יו תּוֹכָחֽוֹת׃
VIII	16	כִּֽי־לְךָ֣ יְהוָ֣ה הוֹחָ֑לְתִּי	אַתָּ֥ה תַ֝עֲנֶ֗ה אֲדֹנָ֥י אֱלֹהָֽי׃
	17	כִּֽי־אָ֭מַרְתִּי פֶּן־יִשְׂמְחוּ־לִ֑י	בְּמ֥וֹט רַ֝גְלִ֗י עָלַ֥י הִגְדִּֽילוּ׃
IX	18	כִּֽי־אֲ֭נִי לְצֶ֣לַע נָכ֑וֹן	וּמַכְאוֹבִ֖י נֶגְדִּ֣י תָמִֽיד׃
	19	כִּֽי־עֲוֺנִ֥י אַגִּ֑יד	אֶ֝דְאַ֗ג מֵֽחַטָּאתִֽי׃
X	20	וְֽ֭אֹיְבַי חַיִּ֣ים עָצֵ֑מוּ	וְרַבּ֖וּ שֹׂנְאַ֣י שָֽׁקֶר׃
	21	וּמְשַׁלְּמֵ֣י רָ֭עָה תַּ֣חַת טוֹבָ֑ה	יִ֝שְׂטְנ֗וּנִי תַּ֣חַת רדופי־טֽוֹב׃
XI	22	אַל־תַּֽעַזְבֵ֥נִי יְהוָ֑ה	אֱ֝לֹהַ֗י אַל־תִּרְחַ֥ק מִמֶּֽנִּי׃
	23	ח֥וּשָׁה לְעֶזְרָתִ֑י	אֲ֝דֹנָ֗י תְּשׁוּעָתִֽי׃

PSALM 39

1 לַמְנַצֵּ֥חַ לִֽידוּת֗וּן מִזְמ֥וֹר לְדָוִֽד׃

I	2	אָמַ֗רְתִּי		
		אֶשְׁמְרָ֣ה דְ֭רָכַי	מֵחֲט֣וֹא בִלְשׁוֹנִ֑י	
		אֶשְׁמְרָ֥ה לְפִ֥י מַחְס֑וֹם	בְּעֹ֖ד רָשָׁ֣ע לְנֶגְדִּֽי׃	
II	3	נֶאֱלַ֣מְתִּי ד֭וּמִיָּה	הֶחֱשֵׁ֣יתִי מִטּ֑וֹב	וּכְאֵבִ֥י נֶעְכָּֽר׃
	4	חַם־לִבִּ֨י ׀ בְּקִרְבִּ֗י	בַּהֲגִיגִ֥י תִבְעַר־אֵ֑שׁ	דִּ֝בַּ֗רְתִּי בִּלְשׁוֹנִֽי׃
III	5	הוֹדִ֘יעֵ֤נִי יְהוָ֨ה ׀ קִצִּ֗י	וּמִדַּ֣ת יָמַ֣י מַה־הִ֑יא	אֵ֝דְעָ֗ה מֶה־חָדֵ֥ל אָֽנִי׃
	6	הִנֵּ֤ה טְפָח֨וֹת ׀ נָ֘תַ֤תָּה יָמַ֗י	וְחֶלְדִּ֣י כְאַ֣יִן נֶגְדֶּ֑ךָ	
IV		אַ֥ךְ כָּֽל־הֶ֥בֶל כָּל־אָדָ֥ם נִצָּ֗ב׃	7 אַךְ־בְּצֶ֤לֶם ׀ יִֽתְהַלֶּךְ־אִ֗ישׁ	
		אַךְ־הֶ֥בֶל יֶהֱמָי֑וּן יִ֝צְבֹּ֗ר	וְֽלֹא־יֵדַ֥ע מִי־אֹסְפָֽם׃	
V	8	וְעַתָּ֣ה מַה־קִּוִּ֣יתִי אֲדֹנָ֑י	תּ֝וֹחַלְתִּ֗י לְךָ֣ הִֽיא׃	
	9	מִכָּל־פְּשָׁעַ֥י הַצִּילֵ֑נִי	חֶרְפַּ֥ת נָ֝בָ֗ל אַל־תְּשִׂימֵֽנִי׃	
	10	נֶ֭אֱלַמְתִּי לֹ֣א אֶפְתַּח־פִּ֑י	כִּ֖י אַתָּ֣ה עָשִֽׂיתָ׃	
VI	11	הָסֵ֣ר מֵעָלַ֣י נִגְעֶ֑ךָ	מִתִּגְרַ֥ת יָ֝דְךָ֗ אֲנִ֣י כָלִֽיתִי׃	
	12	בְּֽתוֹכָ֘ח֤וֹת עַל־עָוֺ֨ן ׀ יִסַּ֬רְתָּ אִ֗ישׁ	וַתֶּ֣מֶס כָּעָ֣שׁ חֲמוּד֑וֹ	
		אַ֤ךְ הֶ֖בֶל כָּל־אָדָ֣ם׃		
VII	13	שִֽׁמְעָ֥ה־תְפִלָּתִ֨י ׀ יְהוָ֡ה	וְשַׁוְעָתִ֨י ׀ הַאֲזִינָה֮	אֶֽל־דִּמְעָתִ֗י אַֽל־תֶּ֫חֱרַ֥שׁ
		כִּ֤י גֵ֣ר אָנֹכִ֣י עִמָּ֑ךְ	תּ֝וֹשָׁ֗ב כְּכָל־אֲבוֹתָֽי׃	
	14	הָשַׁ֣ע מִמֶּ֣נִּי וְאַבְלִ֑יגָה	בְּטֶ֖רֶם אֵלֵ֣ךְ וְאֵינֶֽנִּי׃	

PSALM 40

1 לַמְנַצֵּחַ לְדָוִד מִזְמוֹר׃

I	2	קַוֺּה קִוִּיתִי יְהוָה	וַיֵּט אֵלַי וַיִּשְׁמַע שַׁוְעָתִי׃	
	3	וַיַּעֲלֵנִי ׀ מִבּוֹר שָׁאוֹן	מִטִּיט הַיָּוֵן	
		וַיָּקֶם עַל־סֶלַע רַגְלָי	כּוֹנֵן אֲשֻׁרָי׃	
II	4	וַיִּתֵּן בְּפִי ׀ שִׁיר חָדָשׁ	תְּהִלָּה לֵאלֹהֵינוּ	
		יִרְאוּ רַבִּים וְיִירָאוּ	וְיִבְטְחוּ בַּיהוָה׃	
III	5	אַשְׁרֵי הַגֶּבֶר אֲשֶׁר־שָׂם	יְהוָה מִבְטַחוֹ	
		וְלֹא־פָנָה אֶל־רְהָבִים	וְשָׂטֵי כָזָב׃	
IV	6	רַבּוֹת עָשִׂיתָ ׀ אַתָּה ׀	יְהוָה אֱלֹהַי	נִפְלְאֹתֶיךָ וּמַחְשְׁבֹתֶיךָ אֵלֵינוּ
		אֵין ׀ עֲרֹךְ אֵלֶיךָ	אַגִּידָה וַאֲדַבֵּרָה	עָצְמוּ מִסַּפֵּר׃
V	7	זֶבַח וּמִנְחָה ׀ לֹא־חָפַצְתָּ	אָזְנַיִם כָּרִיתָ לִּי	עוֹלָה וַחֲטָאָה לֹא שָׁאָלְתָּ׃
	8	אָז אָמַרְתִּי הִנֵּה־בָאתִי	בִּמְגִלַּת־סֵפֶר כָּתוּב עָלָי׃	
	9	לַעֲשׂוֹת־רְצוֹנְךָ אֱלֹהַי חָפָצְתִּי	וְתוֹרָתְךָ בְּתוֹךְ מֵעָי׃	
VI	10	בִּשַּׂרְתִּי צֶדֶק ׀ בְּקָהָל רָב	הִנֵּה שְׂפָתַי לֹא אֶכְלָא	יְהוָה אַתָּה יָדָעְתָּ׃
	11	צִדְקָתְךָ לֹא־כִסִּיתִי ׀ בְּתוֹךְ לִבִּי	אֱמוּנָתְךָ וּתְשׁוּעָתְךָ אָמָרְתִּי	
VII		לֹא־כִחַדְתִּי חַסְדְּךָ	וַאֲמִתְּךָ לְקָהָל רָב׃	
	12	אַתָּה יְהוָה לֹא־תִכְלָא רַחֲמֶיךָ מִמֶּנִּי	חַסְדְּךָ וַאֲמִתְּךָ תָּמִיד יִצְּרוּנִי׃	
VIII	13	כִּי אָפְפוּ־עָלַי ׀ רָעוֹת	עַד־אֵין מִסְפָּר	
		הִשִּׂיגוּנִי עֲוֺנֹתַי	וְלֹא־יָכֹלְתִּי לִרְאוֹת	
		עָצְמוּ מִשַּׂעֲרוֹת רֹאשִׁי	וְלִבִּי עֲזָבָנִי׃	
IX	14	רְצֵה יְהוָה לְהַצִּילֵנִי	יְהוָה לְעֶזְרָתִי חוּשָׁה׃	
X	15	יֵבֹשׁוּ וְיַחְפְּרוּ ׀ יַחַד	מְבַקְשֵׁי נַפְשִׁי לִסְפּוֹתָהּ	
		יִסֹּגוּ אָחוֹר וְיִכָּלְמוּ	חֲפֵצֵי רָעָתִי׃	
	16	יָשֹׁמּוּ עַל־עֵקֶב בָּשְׁתָּם	הָאֹמְרִים לִי הֶאָח ׀ הֶאָח׃	
XI	17	יָשִׂישׂוּ וְיִשְׂמְחוּ ׀ בְּךָ	כָּל־מְבַקְשֶׁיךָ	
		יֹאמְרוּ תָמִיד יִגְדַּל יְהוָה	אֹהֲבֵי תְּשׁוּעָתֶךָ׃	
XII	18	וַאֲנִי ׀ עָנִי וְאֶבְיוֹן	אֲדֹנָי יַחֲשָׁב לִי	
		עֶזְרָתִי וּמְפַלְטִי אַתָּה	אֱלֹהַי אַל־תְּאַחַר׃	

PSALM 41

1 לַמְנַצֵּ֗חַ מִזְמ֥וֹר לְדָוִֽד׃

I   2 אַ֭שְׁרֵי מַשְׂכִּ֣יל אֶל־דָּ֑ל   בְּי֥וֹם רָ֝עָ֗ה יְֽמַלְּטֵ֥הוּ יְהוָֽה׃
    3 יְהוָ֤ה ׀ יִשְׁמְרֵ֣הוּ וִֽ֭יחַיֵּהוּ   וְאֻשַּׁ֣ר בָּאָ֑רֶץ   וְאַֽל־תִּ֝תְּנֵ֗הוּ בְּנֶ֣פֶשׁ אֹיְבָֽיו׃
    4 יְֽהוָ֗ה יִ֭סְעָדֶנּוּ עַל־עֶ֣רֶשׂ דְּוָ֑י   כָּל־מִ֝שְׁכָּב֗וֹ הָפַ֥כְתָּ בְחָלְיֽוֹ׃

II   5 אֲֽנִי־אָ֭מַרְתִּי יְהוָ֣ה חָנֵּ֑נִי   רְפָאָ֥ה נַ֝פְשִׁ֗י כִּי־חָטָ֥אתִי לָֽךְ׃
    6 אוֹיְבַ֗י יֹאמְר֣וּ רַ֣ע לִ֑י   מָתַ֥י יָ֝מ֗וּת וְאָבַ֥ד שְׁמֽוֹ׃
    7 וְאִם־בָּ֤א לִרְא֨וֹת ׀ שָׁ֤וְא יְדַבֵּ֗ר   לִבּ֗וֹ יִקְבָּץ־אָ֥וֶן ל֑וֹ   יֵצֵ֖א לַח֣וּץ יְדַבֵּֽר׃

III   8 יַ֗חַד עָלַ֣י יִ֭תְלַחֲשׁוּ כָּל־שֹׂנְאָ֑י   עָלַ֓י ׀ יַחְשְׁב֖וּ רָעָ֣ה לִֽי׃
    9 דְּֽבַר־בְּ֭לִיַּעַל יָצ֣וּק בּ֑וֹ   וַאֲשֶׁ֥ר שָׁ֝כַ֗ב לֹא־יוֹסִ֥יף לָקֽוּם׃
    10 גַּם־אִ֤ישׁ שְׁלוֹמִ֨י ׀   אֲשֶׁר־בָּטַ֣חְתִּי ב֑וֹ   אוֹכֵ֥ל לַ֝חְמִ֗י הִגְדִּ֥יל עָלַ֥י עָקֵֽב׃

IV   11 וְאַתָּ֤ה יְהוָ֗ה חָנֵּ֥נִי   וַהֲקִימֵ֑נִי וַאֲשַׁלְּמָ֥ה לָהֶֽם׃
    12 בְּזֹ֣את יָ֭דַעְתִּי כִּֽי־חָפַ֣צְתָּ בִּ֑י   כִּ֤י לֹֽא־יָרִ֖יעַ אֹיְבִ֣י עָלָֽי׃
    13 וַאֲנִ֗י בְּ֭תֻמִּי תָּמַ֣כְתָּ בִּ֑י   וַתַּצִּיבֵ֖נִי לְפָנֶ֣יךָ לְעוֹלָֽם׃

V   14 בָּ֘ר֤וּךְ יְהוָ֨ה ׀ אֱלֹ֘הֵ֤י יִשְׂרָאֵ֗ל   מֵֽ֭הָעוֹלָם וְעַ֥ד הָעוֹלָ֗ם
        אָ֘מֵ֥ן ׀ וְאָמֵֽן׃

PSALM 42–43

1 לַמְנַצֵּ֗חַ מַשְׂכִּ֥יל לִבְנֵי־קֹֽרַח׃

I	2	כְּאַיָּ֗ל תַּעֲרֹ֥ג עַל־אֲפִֽיקֵי־מָ֑יִם	כֵּ֤ן נַפְשִׁ֨י תַעֲרֹ֖ג אֵלֶ֣יךָ אֱלֹהִֽים׃	
	3	צָמְאָ֬ה נַפְשִׁ֨י ׀ לֵאלֹהִים֮	לְאֵ֪ל חָ֥י	
		מָתַ֥י אָב֑וֹא	וְ֝אֵרָאֶ֗ה פְּנֵ֣י אֱלֹהִֽים׃	
II	4	הָֽיְתָה־לִּ֣י דִמְעָתִ֣י לֶ֭חֶם	יוֹמָ֣ם וָלָ֑יְלָה	
		בֶּאֱמֹ֥ר אֵלַ֥י כָּל־הַ֝יּ֗וֹם	אַיֵּ֥ה אֱלֹהֶֽיךָ׃	
III	5	אֵ֤לֶּה אֶזְכְּרָ֨ה ׀	וְאֶשְׁפְּכָ֬ה עָלַ֨י ׀ נַפְשִׁ֗י	
		כִּ֤י אֶעֱבֹ֨ר ׀ בַּסָּךְ֮	אֶדַּדֵּ֗ם עַד־בֵּ֥ית אֱלֹ֫הִ֥ים	
		בְּקוֹל־רִנָּ֥ה וְתוֹדָ֗ה	הָמ֥וֹן חוֹגֵֽג׃	
IV	6	מַה־תִּשְׁתּ֬וֹחֲחִ֨י ׀ נַפְשִׁי֮	וַתֶּהֱמִ֪י עָ֫לָ֥י	
		הוֹחִ֣ילִי לֵ֭אלֹהִים	כִּי־ע֥וֹד אוֹדֶ֗נּוּ	יְשׁוּע֥וֹת פני ואלהי
V	7	עָלַ֗י נַפְשִׁ֪י תִשְׁתּ֫וֹחָ֥ח	עַל־כֵּ֗ן אֶ֭זְכָּרְךָ	
		מֵאֶ֣רֶץ יַרְדֵּ֑ן וְ֝חֶרְמוֹנִ֗ים	מֵהַ֥ר מִצְעָֽר׃	
VI	8	תְּהוֹם־אֶל־תְּה֣וֹם ק֭וֹרֵא	לְק֣וֹל צִנּוֹרֶ֑יךָ	
		כָּל־מִשְׁבָּרֶ֥יךָ וְ֝גַלֶּ֗יךָ	עָלַ֥י עָבָֽרוּ׃	
VII	9	יוֹמָ֤ם ׀ יְצַוֶּ֬ה יְהוָ֨ה ׀ חַסְדּ֗וֹ	וּ֭בַלַּיְלָה שִׁירֹ֣ה עִמִּ֑י	
		תְּ֝פִלָּ֗ה לְאֵ֣ל חַיָּֽי׃	10 אוֹמְרָ֤ה ׀ לְאֵ֥ל סַלְעִי֮	
		לָמָ֪ה שְׁכַ֫חְתָּ֥נִי	לָֽמָּה־קֹדֵ֥ר אֵלֵ֗ךְ בְּלַ֣חַץ אוֹיֵֽב׃	
VIII	11	בְּרֶ֤צַח ׀ בְּֽעַצְמוֹתַ֗י	חֵרְפ֥וּנִי צוֹרְרָ֑י	
		בְּאָמְרָ֥ם אֵלַ֥י כָּל־הַ֝יּ֗וֹם	אַיֵּ֥ה אֱלֹהֶֽיךָ׃	
IX	12	מַה־תִּשְׁתּ֬וֹחֲחִ֨י ׀ נַפְשִׁי֮	וּֽמַה־תֶּהֱמִ֪י עָ֫לָ֥י	
		הוֹחִ֣ילִי לֵ֭אלֹהִים	כִּי־ע֣וֹד אוֹדֶ֑נּוּ	יְשׁוּעֹ֥ת פָּ֝נַ֗י וֵאלֹהָֽי׃
X	1	שָׁפְטֵ֤נִי אֱלֹהִ֨ים ׀	וְרִ֘יבָ֤ה רִיבִ֗י	
		מִגּ֥וֹי לֹא־חָסִ֑יד	מֵֽאִישׁ־מִרְמָ֖ה וְעַוְלָ֣ה תְפַלְּטֵֽנִי׃	2 כִּֽי־אַתָּ֤ה ׀ אֱלֹהֵ֣י מָעוּזִּי֮
		לָמָ֪ה זְנַ֫חְתָּ֥נִי	לָֽמָּה־קֹדֵ֥ר אֶתְהַלֵּ֗ךְ בְּלַ֣חַץ אוֹיֵֽב׃	
XI	3	שְׁלַח־אוֹרְךָ֣ וַ֭אֲמִתְּךָ	הֵ֣מָּה יַנְח֑וּנִי	
		יְבִיא֥וּנִי אֶל־הַר־קָ֝דְשְׁךָ֗	וְאֶל־מִשְׁכְּנוֹתֶֽיךָ׃	
	4	וְאָב֤וֹאָה ׀ אֶל־מִזְבַּ֬ח אֱלֹהִ֗ים	אֶל־אֵל֮ שִׂמְחַ֪ת גִּ֫ילִ֥י	וְאוֹדְךָ֥ בְ֝כִנּ֗וֹר אֱלֹהִ֥ים אֱלֹהָֽי׃
XII	5	מַה־תִּשְׁתּ֬וֹחֲחִ֨י ׀ נַפְשִׁי֮	וּֽמַה־תֶּהֱמִ֪י עָ֫לָ֥י	
		הוֹחִ֣ילִי לֵ֭אלֹהִים	כִּי־ע֣וֹד אוֹדֶ֑נּוּ	יְשׁוּעֹ֥ת פָּ֝נַ֗י וֵאלֹהָֽי׃

PSALM 44

1 לַמְנַצֵּ֬חַ לִבְנֵי־קֹ֬רַח מַשְׂכִּֽיל׃

I	2	אֱלֹהִ֤ים ׀ בְּאָזְנֵ֬ינוּ שָׁמַ֗עְנוּ	אֲבוֹתֵ֥ינוּ סִפְּרוּ־לָ֑נוּ
		פֹּ֥עַל פָּעַ֥לְתָּ בִ֝ימֵיהֶ֗ם	בִּ֣ימֵי קֶֽדֶם׃ 3 אַתָּ֤ה ׀ יָדְךָ֡
II		גּוֹיִ֣ם ה֭וֹרַשְׁתָּ וַתִּטָּעֵ֑ם	תָּרַ֥ע לְ֝אֻמִּ֗ים וַֽתְּשַׁלְּחֵֽם׃
	4	כִּ֤י לֹ֪א בְחַרְבָּ֡ם יָ֥רְשׁוּ אָ֗רֶץ	וּזְרוֹעָם֮ לֹא־הוֹשִׁ֪יעָ֫ה לָּ֥מוֹ
		כִּֽי־יְמִינְךָ֣ וּ֭זְרוֹעֲךָ	וְא֣וֹר פָּ֭נֶיךָ כִּ֣י רְצִיתָֽם׃
III	5	אַתָּה־ה֣וּא מַלְכִּ֣י אֱלֹהִ֑ים	מִ֝צְוֵ֗ה יְשׁוּע֥וֹת יַעֲקֹֽב׃
	6	בְּ֭ךָ צָרֵ֣ינוּ נְנַגֵּ֑חַ	בְּ֝שִׁמְךָ֗ נָב֥וּס קָמֵֽינוּ׃
IV	7	כִּ֤י לֹ֣א בְקַשְׁתִּ֣י אֶבְטָ֑ח	וְ֝חַרְבִּ֗י לֹ֣א תוֹשִׁיעֵֽנִי׃
	8	כִּ֣י ה֭וֹשַׁעְתָּנוּ מִצָּרֵ֑ינוּ	וּמְשַׂנְאֵ֥ינוּ הֱבִישֽׁוֹתָ׃
	9	בֵּֽ֭אלֹהִים הִלַּ֣לְנוּ כָל־הַיּ֑וֹם	וְשִׁמְךָ֓ ׀ לְעוֹלָ֖ם נוֹדֶ֣ה׃
V	10	אַף־זָ֭נַחְתָּ וַתַּכְלִימֵ֑נוּ	וְלֹֽא־תֵ֝צֵ֗א בְּצִבְאוֹתֵֽינוּ׃
	11	תְּשִׁיבֵ֣נוּ אָ֭חוֹר מִנִּי־צָ֑ר	וּ֝מְשַׂנְאֵ֗ינוּ שָׁ֣סוּ לָֽמוֹ׃
VI	12	תִּ֭תְּנֵנוּ כְּצֹ֣אן מַאֲכָ֑ל	וּ֝בַגּוֹיִ֗ם זֵרִיתָֽנוּ׃
	13	תִּמְכֹּֽר־עַמְּךָ֥ בְלֹא־ה֑וֹן	וְֽלֹא־רִ֝בִּ֗יתָ בִּמְחִירֵיהֶֽם׃
VII	14	תְּשִׂימֵ֣נוּ חֶ֭רְפָּה לִשְׁכֵנֵ֑ינוּ	לַ֥עַג וָ֝קֶ֗לֶס לִסְבִיבוֹתֵֽינוּ׃
	15	תְּשִׂימֵ֣נוּ מָ֭שָׁל בַּגּוֹיִ֑ם	מְנֽוֹד־רֹ֝֗אשׁ בַּל־אֻמִּֽים׃
VIII	16	כָּל־הַ֭יּוֹם כְּלִמָּתִ֣י נֶגְדִּ֑י	וּבֹ֖שֶׁת פָּנַ֣י כִּסָּֽתְנִי׃
	17	מִ֭קּוֹל מְחָרֵ֣ף וּמְגַדֵּ֑ף	מִפְּנֵ֥י א֝וֹיֵ֗ב וּמִתְנַקֵּֽם׃
IX	18	כָּל־זֹ֣את בָּ֭אַתְנוּ וְלֹ֣א שְׁכַחֲנ֑וּךָ	וְלֹֽא־שִׁ֝קַּ֗רְנוּ בִּבְרִיתֶֽךָ׃
	19	לֹא־נָס֣וֹג אָח֣וֹר לִבֵּ֑נוּ	וַתֵּ֥ט אֲ֝שֻׁרֵ֗ינוּ מִנִּ֥י אָרְחֶֽךָ׃
	20	כִּ֣י דִ֭כִּיתָנוּ בִּמְק֣וֹם תַּנִּ֑ים	וַתְּכַ֖ס עָלֵ֣ינוּ בְצַלְמָֽוֶת׃
X	21	אִם־שָׁ֭כַחְנוּ שֵׁ֣ם אֱלֹהֵ֑ינוּ	וַ֝נִּפְרֹ֗שׂ כַּ֝פֵּ֗ינוּ לְאֵ֣ל זָֽר׃
	22	הֲלֹ֣א אֱ֭לֹהִים יַֽחֲקָר־זֹ֑את	כִּֽי־ה֥וּא יֹ֝דֵ֗עַ תַּעֲלֻמ֥וֹת לֵֽב׃
XI	23	כִּֽי־עָ֭לֶיךָ הֹרַ֣גְנוּ כָל־הַיּ֑וֹם	נֶ֝חְשַׁ֗בְנוּ כְּצֹ֣אן טִבְחָֽה׃
	24	ע֤וּרָה ׀ לָ֖מָּה תִישַׁ֥ן ׀ יהוה	הָ֝קִ֗יצָה אַל־תִּזְנַ֥ח לָנֶֽצַח׃
	25	לָֽמָּה־פָנֶ֥יךָ תַסְתִּ֑יר	תִּשְׁכַּ֖ח עָנְיֵ֣נוּ וְֽלַחֲצֵֽנוּ׃
XII	26	כִּ֤י שָׁ֣חָה לֶעָפָ֣ר נַפְשֵׁ֑נוּ	דָּבְקָ֖ה לָאָ֣רֶץ בִּטְנֵֽנוּ׃
	27	ק֭וּמָה עֶזְרָ֣תָה לָּ֑נוּ	וּ֝פְדֵ֗נוּ לְמַ֣עַן חַסְדֶּֽךָ׃

PSALM 45

1 לַמְנַצֵּחַ עַל־שֹׁשַׁנִּים לִבְנֵי־קֹרַח מַשְׂכִּיל שִׁיר יְדִידֹת:

I	2	רָחַשׁ לִבִּי ׀ דָּבָר טוֹב	אֹמֵר אָנִי מַעֲשַׂי לְמֶלֶךְ	לְשׁוֹנִי עֵט ׀ סוֹפֵר מָהִיר:
	3	יָפְיָפִיתָ מִבְּנֵי אָדָם	הוּצַק חֵן בְּשִׂפְתוֹתֶיךָ	עַל־כֵּן בֵּרַכְךָ אֱלֹהִים לְעוֹלָם:
II	4	חֲגוֹר־חַרְבְּךָ עַל־יָרֵךְ	גִּבּוֹר הוֹדְךָ וַהֲדָרֶךָ:	
	5	וַהֲדָרְךָ ׀ צְלַח רְכַב	עַל־דְּבַר־אֱמֶת וְעַנְוָה־צֶדֶק	וְתוֹרְךָ נוֹרָאוֹת יְמִינֶךָ:
	6	חִצֶּיךָ שְׁנוּנִים	עַמִּים תַּחְתֶּיךָ יִפְּלוּ	בְּלֵב אוֹיְבֵי הַמֶּלֶךְ:
III	7	כִּסְאֲךָ אֱלֹהִים עוֹלָם וָעֶד	שֵׁבֶט מִישֹׁר שֵׁבֶט מַלְכוּתֶךָ:	8 אָהַבְתָּ צֶּדֶק וַתִּשְׂנָא רֶשַׁע
		עַל־כֵּן ׀ מְשָׁחֲךָ אֱלֹהִים אֱלֹהֶיךָ	שֶׁמֶן שָׂשׂוֹן מֵחֲבֵרֶיךָ:	
IV	9	מֹר וַאֲהָלוֹת קְצִיעוֹת כָּל־בִּגְדֹתֶיךָ	מִן־הֵיכְלֵי שֵׁן מִנִּי שִׂמְּחוּךָ:	
	10	בְּנוֹת מְלָכִים בְּיִקְּרוֹתֶיךָ	נִצְּבָה שֵׁגַל לִימִינְךָ בְּכֶתֶם אוֹפִיר:	
V	11	שִׁמְעִי־בַת וּרְאִי	וְהַטִּי אָזְנֵךְ	וְשִׁכְחִי עַמֵּךְ וּבֵית אָבִיךְ:
	12	וְיִתְאָו הַמֶּלֶךְ יָפְיֵךְ	כִּי־הוּא אֲדֹנַיִךְ וְהִשְׁתַּחֲוִי־לוֹ:	
	13	וּבַת־צֹר ׀ בְּמִנְחָה פָּנַיִךְ	יְחַלּוּ עֲשִׁירֵי עָם:	
VI	14	כָּל־כְּבוּדָּה בַת־מֶלֶךְ פְּנִימָה	מִמִּשְׁבְּצוֹת זָהָב לְבוּשָׁהּ:	
	15	לִרְקָמוֹת תּוּבַל לַמֶּלֶךְ	בְּתוּלוֹת אַחֲרֶיהָ	רֵעוֹתֶיהָ מוּבָאוֹת לָךְ:
	16	תּוּבַלְנָה בִּשְׂמָחֹת וָגִיל	תְּבֹאֶינָה בְּהֵיכַל מֶלֶךְ:	
VII	17	תַּחַת אֲבֹתֶיךָ יִהְיוּ בָנֶיךָ	תְּשִׁיתֵמוֹ לְשָׂרִים בְּכָל־הָאָרֶץ:	
	18	אַזְכִּירָה שִׁמְךָ בְּכָל־דֹּר וָדֹר	עַל־כֵּן עַמִּים יְהוֹדֻךָ לְעֹלָם וָעֶד:	

PSALM 46

1 לַמְנַצֵּ֥חַ לִבְנֵי־קֹ֑רַח עַל־עֲלָמ֥וֹת שִֽׁיר׃

I	2	אֱלֹהִ֣ים לָ֭נוּ מַ חֲסֶ֣ה וָעֹ֑ז	עֶזְרָ֥ה בְ֝צָר֗וֹת נִמְצָ֥א מְאֹֽד׃	
	3	עַל־כֵּ֣ן לֹא־נִ֭ירָא בְּהָמִ֣יר אָ֑רֶץ	וּבְמ֥וֹט הָ֝רִ֗ים בְּלֵ֣ב יַמִּֽים׃	
	4	יֶהֱמ֣וּ יֶחְמְר֣וּ מֵימָ֑יו	יִֽרְעֲשֽׁוּ־הָרִ֖ים בְּגַאֲוָת֣וֹ׃	
II	5	נָהָ֗ר פְּלָגָ֗יו יְשַׂמְּח֥וּ עִיר־אֱלֹהִ֑ים	קְ֝דֹ֗שׁ מִשְׁכְּנֵ֥י עֶלְיֽוֹן׃	
	6	אֱלֹהִ֣ים בְּ֭קִרְבָּהּ בַּל־תִּמּ֑וֹט	יַעְזְרֶ֥הָ אֱ֝לֹהִ֗ים לִפְנ֥וֹת בֹּֽקֶר׃	
	7	הָמ֣וּ ג֭וֹיִם מָ֣טוּ מַמְלָכ֑וֹת	נָתַ֥ן בְּ֝קוֹל֗וֹ תָּמ֥וּג אָֽרֶץ׃	
III	8	יְהוָ֣ה צְבָא֣וֹת עִמָּ֑נוּ	מִשְׂגָּֽב־לָ֝נוּ אֱלֹהֵ֖י יַעֲקֹ֣ב׃	
IV	9	לְֽכוּ־חֲ֭זוּ מִפְעֲל֣וֹת יְהוָ֑ה	אֲשֶׁר־שָׂ֖ם שַׁמּ֣וֹת בָּאָֽרֶץ׃	
	10	מַשְׁבִּ֥ית מִלְחָמ֗וֹת עַד־קְצֵ֫ה הָאָ֥רֶץ	קֶ֣שֶׁת יְ֭שַׁבֵּר וְקִצֵּ֣ץ חֲנִ֑ית	עֲ֝גָל֗וֹת יִשְׂרֹ֥ף בָּאֵֽשׁ׃
	11	הַרְפּ֣וּ וּ֭דְעוּ כִּֽי־אָנֹכִ֣י אֱלֹהִ֑ים	אָר֥וּם בַּ֝גּוֹיִ֗ם אָר֥וּם בָּאָֽרֶץ׃	
V	12	יְהוָ֣ה צְבָא֣וֹת עִמָּ֑נוּ	מִשְׂגָּֽב־לָ֝נוּ אֱלֹהֵ֖י יַעֲקֹ֣ב׃	

PSALM 47

1 לַמְנַצֵּ֬חַ ׀ לִבְנֵי־קֹ֬רַח מִזְמֽוֹר׃

I	2	כָּֽל־הָ֭עַמִּים תִּקְעוּ־כָ֑ף	הָרִ֥יעוּ לֵ֝אלֹהִ֗ים בְּק֣וֹל רִנָּֽה׃
	3	כִּֽי־יְהוָ֣ה עֶלְי֣וֹן נוֹרָ֑א	מֶ֥לֶךְ גָּ֝ד֗וֹל עַל־כָּל־הָאָֽרֶץ׃
II	4	יַדְבֵּ֣ר עַמִּ֣ים תַּחְתֵּ֑ינוּ	וּ֝לְאֻמִּ֗ים תַּ֣חַת רַגְלֵֽינוּ׃
	5	יִבְחַר־לָ֥נוּ אֶת־נַחֲלָתֵ֑נוּ	אֶ֥ת גְּא֨וֹן יַעֲקֹ֖ב אֲשֶׁר־אָהֵ֣ב׃
III	6	עָלָ֣ה אֱ֭לֹהִים בִּתְרוּעָ֑ה	יְ֝הוָ֗ה בְּק֣וֹל שׁוֹפָֽר׃
	7	זַמְּר֣וּ אֱלֹהִ֣ים זַמֵּ֑רוּ	זַמְּר֖וּ לְמַלְכֵּ֣נוּ זַמֵּֽרוּ׃
	8	כִּ֤י מֶ֖לֶךְ כָּל־הָאָ֥רֶץ אֱלֹהִ֗ים	זַמְּר֥וּ מַשְׂכִּֽיל׃
IV	9	מָלַ֣ךְ אֱ֭לֹהִים עַל־גּוֹיִ֑ם	אֱ֝לֹהִ֗ים יָשַׁ֤ב ׀ עַל־כִּסֵּ֬א קָדְשֽׁוֹ׃
	10	נְדִ֘יבֵ֤י עַמִּ֨ים ׀ נֶאֱסָ֗פוּ	עַם֮ אֱלֹהֵ֢י אַבְרָ֫הָ֥ם
		כִּ֣י לֵ֭אלֹהִים מָֽגִנֵּי־אֶ֗רֶץ	מְאֹ֣ד נַעֲלָֽה׃

PSALM 48

1 שִׁיר מִזְמוֹר לִבְנֵי־קֹרַח׃

I	2	גָּדוֹל יְהוָה וּמְהֻלָּל מְאֹד	בְּעִיר אֱלֹהֵינוּ
		הַר־קָדְשׁוֹ׃ 3 יְפֵה נוֹף	מְשׂוֹשׂ כָּל־הָאָרֶץ
II		הַר־צִיּוֹן יַרְכְּתֵי צָפוֹן	קִרְיַת מֶלֶךְ רָב׃
	4	אֱלֹהִים בְּאַרְמְנוֹתֶיהָ	נוֹדַע לְמִשְׂגָּב׃
III	5	כִּי־הִנֵּה הַמְּלָכִים נוֹעֲדוּ	עָבְרוּ יַחְדָּו׃
	6	הֵמָּה רָאוּ כֵּן תָּמָהוּ	נִבְהֲלוּ נֶחְפָּזוּ׃
IV	7	רְעָדָה אֲחָזָתַם שָׁם	חִיל כַּיּוֹלֵדָה׃
	8	בְּרוּחַ קָדִים תְּשַׁבֵּר	אֳנִיּוֹת תַּרְשִׁישׁ׃
V	9	כַּאֲשֶׁר שָׁמַעְנוּ ׀	כֵּן רָאִינוּ
		בְּעִיר־יְהוָה צְבָאוֹת	בְּעִיר אֱלֹהֵינוּ
		אֱלֹהִים יְכוֹנְנֶהָ עַד־עוֹלָם׃	
VI	10	דִּמִּינוּ אֱלֹהִים חַסְדֶּךָ	בְּקֶרֶב הֵיכָלֶךָ׃
	11	כְּשִׁמְךָ אֱלֹהִים כֵּן תְּהִלָּתְךָ	עַל־קַצְוֵי־אֶרֶץ
VII		צֶדֶק מָלְאָה יְמִינֶךָ׃	12 יִשְׂמַח ׀ הַר־צִיּוֹן
		תָּגֵלְנָה בְּנוֹת יְהוּדָה	לְמַעַן מִשְׁפָּטֶיךָ׃
VIII	13	סֹבּוּ צִיּוֹן וְהַקִּיפוּהָ	סִפְרוּ מִגְדָּלֶיהָ׃
	14	שִׁיתוּ לִבְּכֶם ׀ לְחֵילָה	פַּסְּגוּ אַרְמְנוֹתֶיהָ
IX		לְמַעַן תְּסַפְּרוּ לְדוֹר אַחֲרוֹן׃	15 כִּי זֶה ׀ אֱלֹהִים
		אֱלֹהֵינוּ עוֹלָם וָעֶד	הוּא יְנַהֲגֵנוּ [..]׃

PSALM 49

1 לַמְנַצֵּ֬חַ ׀ לִבְנֵי־קֹ֬רַח מִזְמֽוֹר׃

I	2	שִׁמְעוּ־זֹ֭את כָּל־הָעַמִּ֑ים	הַ֝אֲזִ֗ינוּ כָּל־יֹ֥שְׁבֵי חָֽלֶד׃	
	3	גַּם־בְּנֵ֣י אָ֭דָם גַּם־בְּנֵי־אִ֑ישׁ	יַ֝֗חַד עָשִׁ֥יר וְאֶבְיֽוֹן׃	
II	4	פִּ֭י יְדַבֵּ֣ר חָכְמ֑וֹת	וְהָג֖וּת לִבִּ֣י תְבוּנֽוֹת׃	
	5	אַטֶּ֣ה לְמָשָׁ֣ל אָזְנִ֑י	אֶפְתַּ֥ח בְּ֝כִנּ֗וֹר חִידָתִֽי׃	
III	6	לָ֣מָּה אִ֭ירָא בִּ֣ימֵי רָ֑ע	עֲוֺ֖ן עֲקֵבַ֣י יְסוּבֵּֽנִי׃	
	7	הַבֹּטְחִ֥ים עַל־חֵילָ֑ם	וּבְרֹ֥ב עָ֝שְׁרָ֗ם יִתְהַלָּֽלוּ׃	
IV	8	אָ֗ח לֹא־פָדֹ֣ה יִפְדֶּ֣ה אִ֑ישׁ	לֹא־יִתֵּ֖ן לֵאלֹהִ֣ים כָּפְרֽוֹ׃	
	9	וְ֭יֵקַר פִּדְי֥וֹן נַפְשָׁ֗ם	וְחָדַ֥ל לְעוֹלָֽם׃	
	10	וִֽיחִי־ע֥וֹד לָנֶ֑צַח	לֹ֖א יִרְאֶ֣ה הַשָּֽׁחַת׃	
V	11	כִּ֥י יִרְאֶ֨ה ׀ חֲכָמִ֬ים יָמ֗וּתוּ	יַ֤חַד כְּסִ֣יל וָבַ֣עַר יֹאבֵ֑דוּ	וְעָזְב֖וּ לַאֲחֵרִ֣ים חֵילָֽם׃
	12	קִרְבָּ֤ם בָּתֵּ֨ימוֹ ׀ לְֽעוֹלָ֗ם	מִ֭שְׁכְּנֹתָם לְדֹ֣ר וָדֹ֑ר	קָרְא֥וּ בִ֝שְׁמוֹתָ֗ם עֲלֵ֣י אֲדָמֽוֹת׃
	13	וְאָדָ֣ם בִּ֭יקָר בַּל־יָלִ֑ין	נִמְשַׁ֖ל כַּבְּהֵמ֣וֹת נִדְמֽוּ׃	
VI	14	זֶ֣ה דַ֭רְכָּם כֵּ֣סֶל לָ֑מוֹ	וְאַחֲרֵיהֶ֓ם ׀ בְּפִיהֶ֖ם יִרְצֽוּ׃	
	15	כַּצֹּ֨אן ׀ לִֽשְׁא֣וֹל שַׁתּוּ֮	מָ֤וֶת יִֽרְעֵ֥ם	
VII		וַיִּרְדּ֤וּ בָ֨ם יְשָׁרִ֨ים ׀ לַבֹּ֗קֶר	וְֽצוּרָם לְבַלּ֥וֹת שְׁא֗וֹל מִזְּבֻ֥ל לֽוֹ׃	
	16	אַךְ־אֱלֹהִ֗ים יִפְדֶּ֣ה נַ֭פְשִׁי	מִֽיַּד־שְׁא֑וֹל כִּ֖י יִקָּחֵֽנִי׃	
VIII	17	אַל־תִּ֭ירָא כִּֽי־יַעֲשִׁ֣ר אִ֑ישׁ	כִּֽי־יִ֝רְבֶּה כְּב֣וֹד בֵּיתֽוֹ׃	
	18	כִּ֤י לֹ֣א בְ֭מוֹתוֹ יִקַּ֣ח הַכֹּ֑ל	לֹא־יֵרֵ֖ד אַחֲרָ֣יו כְּבוֹדֽוֹ׃	
IX	19	כִּֽי־נַ֭פְשׁוֹ בְּחַיָּ֣יו יְבָרֵ֑ךְ	וְ֝יוֹדֻ֗ךָ כִּֽי־תֵיטִ֥יב לָֽךְ׃	
	20	תָּ֭בוֹא עַד־דּ֣וֹר אֲבוֹתָ֑יו	עַד־נֵ֝֗צַח לֹ֣א יִרְאוּ־אֽוֹר׃	
	21	אָדָ֣ם בִּ֭יקָר וְלֹ֣א יָבִ֑ין	נִמְשַׁ֖ל כַּבְּהֵמ֣וֹת נִדְמֽוּ׃	

PSALM 50

1 מִזְמ֗וֹר לְאָ֫סָ֥ף

I		אֵ֤ל ׀ אֱלֹהִ֣ים יְהוָ֭ה	דִּבֶּ֣ר וַיִּקְרָא־אָ֑רֶץ	מִמִּזְרַח־שֶׁ֝֗מֶשׁ עַד־מְבֹאֽוֹ׃
	2	מִצִּיּ֥וֹן מִכְלַל־יֹ֗פִי	אֱלֹהִ֥ים הוֹפִֽיעַ׃	3 יָ֤בֹא אֱלֹהֵ֗ינוּ וְֽאַל־יֶ֫חֱרַ֥שׁ
		אֵשׁ־לְפָנָ֥יו תֹּאכֵ֑ל	וּ֝סְבִיבָ֗יו נִשְׂעֲרָ֥ה מְאֹֽד׃	
II	4	יִקְרָ֣א אֶל־הַשָּׁמַ֣יִם מֵעָ֑ל	וְאֶל־הָ֝אָ֗רֶץ לָדִ֥ין עַמּֽוֹ׃	
	5	אִסְפוּ־לִ֥י חֲסִידָ֑י	כֹּרְתֵ֖י בְרִיתִ֣י עֲלֵי־זָֽבַח׃	
	6	וַיַּגִּ֣ידוּ שָׁמַ֣יִם צִדְק֑וֹ	כִּֽי־אֱלֹהִ֓ים ׀ שֹׁפֵ֖ט הֽוּא׃	
III	7	שִׁמְעָ֤ה עַמִּ֨י ׀ וַאֲדַבֵּ֗רָה	יִ֭שְׂרָאֵל וְאָעִ֣ידָה בָּ֑ךְ	אֱלֹהִ֖ים אֱלֹהֶ֣יךָ אָנֹֽכִי׃
IV	8	לֹ֣א עַל־זְ֭בָחֶיךָ אוֹכִיחֶ֑ךָ	וְעוֹלֹתֶ֖יךָ לְנֶגְדִּ֣י תָמִֽיד׃	
	9	לֹא־אֶקַּ֣ח מִבֵּיתְךָ֣ פָ֑ר	מִ֝מִּכְלְאֹתֶ֗יךָ עַתּוּדִֽים׃	
V	10	כִּי־לִ֥י כָל־חַיְתוֹ־יָ֑עַר	בְּ֝הֵמ֗וֹת בְּהַרְרֵי־אָֽלֶף׃	
	11	יָ֭דַעְתִּי כָּל־ע֣וֹף הָרִ֑ים	וְזִ֥יז שָׂ֝דַ֗י עִמָּדִֽי׃	
VI	12	אִם־אֶ֭רְעַב לֹא־אֹ֣מַר לָ֑ךְ	כִּי־לִ֥י תֵ֝בֵ֗ל וּמְלֹאָֽהּ׃	
	13	הַֽ֭אוֹכַל בְּשַׂ֣ר אַבִּירִ֑ים	וְדַ֖ם עַתּוּדִ֣ים אֶשְׁתֶּֽה׃	
VII	14	זְבַ֣ח לֵאלֹהִ֣ים תּוֹדָ֑ה	וְשַׁלֵּ֖ם לְעֶלְי֣וֹן נְדָרֶֽיךָ׃	
	15	וּ֭קְרָאֵנִי בְּי֣וֹם צָרָ֑ה	אֲ֝חַלֶּצְךָ֗ וּֽתְכַבְּדֵֽנִי׃	
VIII	16	וְלָ֤רָשָׁ֨ע ׀ אָ֘מַ֤ר אֱלֹהִ֗ים	מַה־לְּ֭ךָ לְסַפֵּ֣ר חֻקָּ֑י	וַתִּשָּׂ֖א בְרִיתִ֣י עֲלֵי־פִֽיךָ׃
IX	17	וְ֭אַתָּה שָׂנֵ֣אתָ מוּסָ֑ר	וַתַּשְׁלֵ֖ךְ דְּבָרַ֣י אַחֲרֶֽיךָ׃	
	18	אִם־רָאִ֣יתָ גַ֭נָּב וַתִּ֣רֶץ עִמּ֑וֹ	וְעִ֖ם מְנָאֲפִ֣ים חֶלְקֶֽךָ׃	
X	19	פִּ֭יךָ שָׁלַ֣חְתָּ בְרָעָ֑ה	וּ֝לְשׁוֹנְךָ֗ תַּצְמִ֥יד מִרְמָֽה׃	
	20	תֵּ֭שֵׁב בְּאָחִ֣יךָ תְדַבֵּ֑ר	בְּבֶֽן־אִ֝מְּךָ֗ תִּתֶּן־דֹּֽפִי׃	
XI	21	אֵ֤לֶּה עָשִׂ֨יתָ ׀ וְֽהֶחֱרַ֗שְׁתִּי	דִּמִּ֗יתָ הֱֽיוֹת־אֶֽהְיֶ֥ה כָמ֑וֹךָ	
		אוֹכִיחֲךָ֖ וְאֶֽעֶרְכָ֣ה לְעֵינֶֽיךָ׃		
XII	22	בִּֽינוּ־נָ֣א זֹ֭את שֹׁכְחֵ֣י אֱל֑וֹהַּ	פֶּן־אֶ֝טְרֹ֗ף וְאֵ֣ין מַצִּֽיל׃	
	23	זֹבֵ֥חַ תּוֹדָ֗ה יְֽכַ֫בְּדָ֥נְנִי	וְשָׂ֥ם דֶּ֑רֶךְ אַ֝רְאֶ֗נּוּ בְּיֵ֣שַׁע אֱלֹהִֽים׃	

PSALM 51

1 לַמְנַצֵּחַ מִזְמוֹר לְדָוִד:
2 בְּבוֹא־אֵלָיו נָתָן הַנָּבִיא כַּאֲשֶׁר־בָּא אֶל־בַּת־שָׁבַע:

I	3	חָנֵּנִי אֱלֹהִים כְּחַסְדֶּךָ	כְּרֹב רַחֲמֶיךָ מְחֵה פְשָׁעָי:
	4	הרבה כַּבְּסֵנִי מֵעֲוֹנִי	וּמֵחַטָּאתִי טַהֲרֵנִי:
	5	כִּי־פְשָׁעַי אֲנִי אֵדָע	וְחַטָּאתִי נֶגְדִּי תָמִיד:
II	6	לְךָ לְבַדְּךָ ׀ חָטָאתִי	וְהָרַע בְּעֵינֶיךָ עָשִׂיתִי
		לְמַעַן תִּצְדַּק בְּדָבְרֶךָ	תִּזְכֶּה בְשָׁפְטֶךָ:
III	7	הֵן־בְּעָווֹן חוֹלָלְתִּי	וּבְחֵטְא יֶחֱמַתְנִי אִמִּי:
	8	הֵן־אֱמֶת חָפַצְתָּ בַטֻּחוֹת	וּבְסָתֻם חָכְמָה תוֹדִיעֵנִי:
IV	9	תְּחַטְּאֵנִי בְאֵזוֹב וְאֶטְהָר	תְּכַבְּסֵנִי וּמִשֶּׁלֶג אַלְבִּין:
	10	תַּשְׁמִיעֵנִי שָׂשׂוֹן וְשִׂמְחָה	תָּגֵלְנָה עֲצָמוֹת דִּכִּיתָ:
	11	הַסְתֵּר פָּנֶיךָ מֵחֲטָאָי	וְכָל־עֲוֹנֹתַי מְחֵה:
V	12	לֵב טָהוֹר בְּרָא־לִי אֱלֹהִים	וְרוּחַ נָכוֹן חַדֵּשׁ בְּקִרְבִּי:
	13	אַל־תַּשְׁלִיכֵנִי מִלְּפָנֶיךָ	וְרוּחַ קָדְשְׁךָ אַל־תִּקַּח מִמֶּנִּי:
VI	14	הָשִׁיבָה לִּי שְׂשׂוֹן יִשְׁעֶךָ	וְרוּחַ נְדִיבָה תִסְמְכֵנִי:
	15	אֲלַמְּדָה פֹשְׁעִים דְּרָכֶיךָ	וְחַטָּאִים אֵלֶיךָ יָשׁוּבוּ:
VII	16	הַצִּילֵנִי מִדָּמִים ׀ אֱלֹהִים	אֱלֹהֵי תְּשׁוּעָתִי
		תְּרַנֵּן לְשׁוֹנִי צִדְקָתֶךָ:	
	17	אֲדֹנָי שְׂפָתַי תִּפְתָּח	וּפִי יַגִּיד תְּהִלָּתֶךָ:
VIII	18	כִּי ׀ לֹא־תַחְפֹּץ זֶבַח	וְאֶתֵּנָה עוֹלָה לֹא תִרְצֶה:
	19	זִבְחֵי אֱלֹהִים רוּחַ נִשְׁבָּרָה	לֵב־נִשְׁבָּר וְנִדְכֶּה אֱלֹהִים לֹא תִבְזֶה:
IX	20	הֵיטִיבָה בִרְצוֹנְךָ אֶת־צִיּוֹן	תִּבְנֶה חוֹמוֹת יְרוּשָׁלִָם:
	21	אָז תַּחְפֹּץ זִבְחֵי־צֶדֶק	עוֹלָה וְכָלִיל אָז יַעֲלוּ עַל־מִזְבַּחֲךָ פָרִים:

PSALM 52

1 לַמְנַצֵּחַ מַשְׂכִּיל לְדָוִד׃

2 בְּבוֹא ׀ דּוֹאֵג הָאֲדֹמִי וַיַּגֵּד לְשָׁאוּל וַיֹּאמֶר לוֹ בָּא דָוִד אֶל־בֵּית אֲחִימֶלֶךְ׃

I	3	מַה־תִּתְהַלֵּל בְּרָעָה הַגִּבּוֹר	חֶסֶד אֵל כָּל־הַיּוֹם׃	
	4	הַוּוֹת תַּחְשֹׁב לְשׁוֹנֶךָ	כְּתַעַר מְלֻטָּשׁ עֹשֵׂה רְמִיָּה׃	
II	5	אָהַבְתָּ רָּע מִטּוֹב	שֶׁקֶר ׀ מִדַּבֵּר צֶדֶק׃	
	6	אָהַבְתָּ כָל־דִּבְרֵי־בָלַע	לְשׁוֹן מִרְמָה׃	
	7	גַּם־אֵל יִתָּצְךָ לָנֶצַח	יַחְתְּךָ וְיִסָּחֲךָ מֵאֹהֶל	וְשֵׁרֶשְׁךָ מֵאֶרֶץ חַיִּים׃
III	8	וְיִרְאוּ צַדִּיקִים וְיִירָאוּ	וְעָלָיו יִשְׂחָקוּ׃	
	9	הִנֵּה הַגֶּבֶר	לֹא יָשִׂים אֱלֹהִים מָעוּזּוֹ	וַיִּבְטַח בְּעָשְׁרוֹ יָעֹז בְּהַוָּתוֹ׃
IV	10	וַאֲנִי ׀ כְּזַיִת רַעֲנָן	בְּבֵית אֱלֹהִים	
		בָּטַחְתִּי בְחֶסֶד־אֱלֹהִים	עוֹלָם וָעֶד׃	
V	11	אוֹדְךָ לְעוֹלָם	כִּי עָשִׂיתָ	
		וַאֲקַוֶּה שִׁמְךָ	כִי־טוֹב נֶגֶד חֲסִידֶיךָ׃	

PSALM 53

1 לַמְנַצֵּחַ עַל־מָחֲלַת מַשְׂכִּיל לְדָוִד׃

I	2	אָמַר נָבָל בְּלִבּוֹ אֵין אֱלֹהִים	הִשְׁחִיתוּ וְהִתְעִיבוּ עָוֶל	אֵין עֹשֵׂה־טוֹב׃
	3	אֱלֹהִים מִשָּׁמַיִם הִשְׁקִיף עַל־בְּנֵי אָדָם	לִרְאוֹת הֲיֵשׁ מַשְׂכִּיל	דֹּרֵשׁ אֶת־אֱלֹהִים׃
II	4	כֻּלּוֹ סָג יַחְדָּו נֶאֱלָחוּ	אֵין עֹשֵׂה־טוֹב אֵין גַּם־אֶחָד׃	
	5	הֲלֹא יָדְעוּ פֹּעֲלֵי אָוֶן	אֹכְלֵי עַמִּי אָכְלוּ לֶחֶם	אֱלֹהִים לֹא קָרָאוּ׃
III	6	שָׁם ׀ פָּחֲדוּ־פַחַד	לֹא־הָיָה פָחַד	
		כִּי־אֱלֹהִים פִּזַּר עַצְמוֹת חֹנָךְ	הֱבִשֹׁתָה כִּי־אֱלֹהִים מְאָסָם׃	
IV	7	מִי יִתֵּן מִצִּיּוֹן יְשֻׁעוֹת יִשְׂרָאֵל		
		בְּשׁוּב אֱלֹהִים שְׁבוּת עַמּוֹ	יָגֵל יַעֲקֹב יִשְׂמַח יִשְׂרָאֵל׃	

PSALM 54

1 לַמְנַצֵּחַ בִּנְגִינֹת מַשְׂכִּיל לְדָוִד׃
2 בְּבוֹא הַזִּיפִים וַיֹּאמְרוּ לְשָׁאוּל הֲלֹא דָוִד מִסְתַּתֵּר עִמָּנוּ׃

I	3	אֱלֹהִים בְּשִׁמְךָ הוֹשִׁיעֵנִי	וּבִגְבוּרָתְךָ תְדִינֵנִי׃	
	4	אֱלֹהִים שְׁמַע תְּפִלָּתִי	הַאֲזִינָה לְאִמְרֵי־פִי׃	
	5	כִּי זָרִים ׀ קָמוּ עָלַי	וְעָרִיצִים בִּקְשׁוּ נַפְשִׁי	לֹא שָׂמוּ אֱלֹהִים לְנֶגְדָּם׃
II	6	הִנֵּה אֱלֹהִים עֹזֵר לִי	אֲדֹנָי בְּסֹמְכֵי נַפְשִׁי׃	
	7	יָשִׁיב הָרַע לְשֹׁרְרָי	בַּאֲמִתְּךָ הַצְמִיתֵם׃	
III	8	בִּנְדָבָה אֶזְבְּחָה־לָּךְ	אוֹדֶה שִּׁמְךָ יְהוָה כִּי־טוֹב׃	
	9	כִּי מִכָּל־צָרָה הִצִּילָנִי	וּבְאֹיְבַי רָאֲתָה עֵינִי׃	

PSALM 55

1 לַמְנַצֵּחַ בִּנְגִינֹת מַשְׂכִּיל לְדָוִד׃

I	2	הַאֲזִינָה אֱלֹהִים תְּפִלָּתִי	וְאַל־תִּתְעַלַּם מִתְּחִנָּתִי׃	
	3	הַקְשִׁיבָה לִּי וַעֲנֵנִי	אָרִיד בְּשִׂיחִי וְאָהִימָה׃	
	4	מִקּוֹל אוֹיֵב	מִפְּנֵי עָקַת רָשָׁע	
II		כִּי־יָמִיטוּ עָלַי אָוֶן	וּבְאַף יִשְׂטְמוּנִי׃	
	5	לִבִּי יָחִיל בְּקִרְבִּי	וְאֵימוֹת מָוֶת נָפְלוּ עָלָי׃	
	6	יִרְאָה וָרַעַד יָבֹא בִי	וַתְּכַסֵּנִי פַּלָּצוּת׃	
III	7	וָאֹמַר		
		מִי־יִתֶּן־לִּי אֵבֶר כַּיּוֹנָה	אָעוּפָה וְאֶשְׁכֹּנָה׃	
	8	הִנֵּה אַרְחִיק נְדֹד	אָלִין בַּמִּדְבָּר׃	
	9	אָחִישָׁה מִפְלָט לִי	מֵרוּחַ סֹעָה מִסָּעַר׃	
IV	10	בַּלַּע אֲדֹנָי	פַּלַּג לְשׁוֹנָם	כִּי־רָאִיתִי חָמָס וְרִיב בָּעִיר׃
	11	יוֹמָם וָלַיְלָה יְסוֹבְבֻהָ	עַל־חוֹמֹתֶיהָ	וְאָוֶן וְעָמָל בְּקִרְבָּהּ׃
	12	הַוּוֹת בְּקִרְבָּהּ	וְלֹא־יָמִישׁ מֵרְחֹבָהּ	תֹּךְ וּמִרְמָה׃
V	13	כִּי לֹא־אוֹיֵב יְחָרְפֵנִי	וְאֶשָּׂא	
		לֹא־מְשַׂנְאִי עָלַי הִגְדִּיל	וְאֶסָּתֵר מִמֶּנּוּ׃	
VI	14	וְאַתָּה אֱנוֹשׁ כְּעֶרְכִּי	אַלּוּפִי וּמְיֻדָּעִי׃	
	15	אֲשֶׁר יַחְדָּו נַמְתִּיק סוֹד	בְּבֵית אֱלֹהִים נְהַלֵּךְ בְּרָגֶשׁ׃	
	16	יַשִּׁי מָוֶת ׀ עָלֵימוֹ	יֵרְדוּ שְׁאוֹל חַיִּים	כִּי־רָעוֹת בִּמְגוּרָם בְּקִרְבָּם׃
VII	17	אֲנִי אֶל־אֱלֹהִים אֶקְרָא	וַיהוָה יוֹשִׁיעֵנִי׃	
	18	עֶרֶב וָבֹקֶר וְצָהֳרַיִם	אָשִׂיחָה וְאֶהֱמֶה	
VIII		וַיִּשְׁמַע קוֹלִי׃	19 פָּדָה בְשָׁלוֹם נַפְשִׁי	
		מִקֲּרָב־לִי	כִּי־בְרַבִּים הָיוּ עִמָּדִי׃	
IX	20	יִשְׁמַע ׀ אֵל ׀ וְיַעֲנֵם	וְיֹשֵׁב קֶדֶם	
		אֲשֶׁר אֵין חֲלִיפוֹת לָמוֹ	וְלֹא יָרְאוּ אֱלֹהִים׃	
X	21	שָׁלַח יָדָיו בִּשְׁלֹמָיו	חִלֵּל בְּרִיתוֹ׃	
	22	חָלְקוּ ׀ מַחְמָאֹת פִּיו	וּקְרָב־לִבּוֹ	
		רַכּוּ דְבָרָיו מִשֶּׁמֶן	וְהֵמָּה פְתִחוֹת׃	

XI 23 הַשְׁלֵךְ עַל־יְהוָה ׀ יְהָבְךָ   וְהוּא יְכַלְכְּלֶךָ   לֹא־יִתֵּן לְעוֹלָם מוֹט לַצַּדִּיק׃

XII 24 וְאַתָּה אֱלֹהִים ׀   תּוֹרִדֵם ׀ לִבְאֵר שַׁחַת
אַנְשֵׁי דָמִים וּמִרְמָה   לֹא־יֶחֱצוּ יְמֵיהֶם
וַאֲנִי אֶבְטַח־בָּךְ׃

PSALM 56

1 לַמְנַצֵּחַ ׀ עַל־יוֹנַת אֵלֶם רְחֹקִים
לְדָוִד מִכְתָּם בֶּאֱחֹז אֹתוֹ פְלִשְׁתִּים בְּגַת׃

I 2 חָנֵּנִי אֱלֹהִים   כִּי־שְׁאָפַנִי אֱנוֹשׁ   כָּל־הַיּוֹם לֹחֵם יִלְחָצֵנִי׃
3 שָׁאֲפוּ שׁוֹרְרַי כָּל־הַיּוֹם   כִּי־רַבִּים לֹחֲמִים לִי מָרוֹם׃

II 4 יוֹם אִירָא אֲנִי אֵלֶיךָ אֶבְטָח׃   5 בֵּאלֹהִים אֲהַלֵּל דְּבָרוֹ
בֵּאלֹהִים בָּטַחְתִּי לֹא אִירָא   מַה־יַּעֲשֶׂה בָשָׂר לִי׃

III 6 כָּל־הַיּוֹם דְּבָרַי יְעַצֵּבוּ   עָלַי כָּל־מַחְשְׁבֹתָם לָרָע׃
7 יָגוּרוּ ׀ יִצְפּוֹנוּ הֵמָּה   עֲקֵבַי יִשְׁמֹרוּ כַּאֲשֶׁר קִוּוּ נַפְשִׁי׃
8 עַל־אָוֶן פַּלֶּט־לָמוֹ   בְּאַף עַמִּים ׀ הוֹרֵד אֱלֹהִים׃

IV 9 נֹדִי סָפַרְתָּה אָתָּה   שִׂימָה דִמְעָתִי בְנֹאדֶךָ   הֲלֹא בְּסִפְרָתֶךָ׃
10 אָז יָשׁוּבוּ אוֹיְבַי אָחוֹר   בְּיוֹם אֶקְרָא זֶה־יָדַעְתִּי   כִּי־אֱלֹהִים לִי׃

V 11 בֵּאלֹהִים אֲהַלֵּל דָּבָר   בַּיהוָה אֲהַלֵּל דָּבָר׃
12 בֵּאלֹהִים בָּטַחְתִּי לֹא אִירָא   מַה־יַּעֲשֶׂה אָדָם לִי׃

VI 13 עָלַי אֱלֹהִים נְדָרֶיךָ   אֲשַׁלֵּם תּוֹדֹת לָךְ׃
14 כִּי הִצַּלְתָּ נַפְשִׁי מִמָּוֶת   הֲלֹא רַגְלַי מִדֶּחִי
לְהִתְהַלֵּךְ לִפְנֵי אֱלֹהִים   בְּאוֹר הַחַיִּים׃

PSALM 57

1 לַמְנַצֵּ֥חַ אַל־תַּשְׁחֵ֗ת
לְדָוִ֥ד מִכְתָּ֑ם בְּבָרְח֥וֹ מִפְּנֵי־שָׁ֝א֗וּל בַּמְּעָרָֽה׃

I	2	חָנֵּ֤נִי אֱלֹהִ֨ים ׀ חָנֵּ֗נִי		
		כִּ֥י בְךָ֮ חָסָ֪יָה נַ֫פְשִׁ֥י	וּבְצֵֽל־כְּנָפֶ֥יךָ אֶחְסֶ֑ה	עַ֝֗ד יַעֲבֹ֥ר הַוּֽוֹת׃
II	3	אֶ֭קְרָא לֵאלֹהִ֣ים עֶלְי֑וֹן	לָ֝אֵ֗ל גֹּמֵ֥ר עָלָֽי׃	
	4	יִשְׁלַ֤ח מִשָּׁמַ֨יִם ׀ וְֽיוֹשִׁיעֵ֗נִי	חֵרֵ֣ף שֹׁאֲפִ֣י	יִשְׁלַ֥ח אֱ֝לֹהִ֗ים חַסְדּ֥וֹ וַאֲמִתּֽוֹ׃
III	5	נַפְשִׁ֤י ׀ בְּת֬וֹךְ לְבָאִ֗ם	אֶשְׁכְּבָ֥ה לֹ֫הֲטִ֥ים בְּֽנֵי־אָדָ֗ם	
		שִׁ֭נֵּיהֶם חֲנִ֣ית וְחִצִּ֑ים	וּ֝לְשׁוֹנָ֗ם חֶ֣רֶב חַדָּֽה׃	
IV	6	ר֣וּמָה עַל־הַשָּׁמַ֣יִם אֱלֹהִ֑ים	עַ֖ל כָּל־הָאָ֣רֶץ כְּבוֹדֶֽךָ׃	
V	7	רֶ֤שֶׁת ׀ הֵכִ֣ינוּ לִפְעָמַי֮	כָּפַ֪ף נַ֫פְשִׁ֥י	
		כָּר֣וּ לְפָנַ֣י שִׁיחָ֑ה	נָפְל֖וּ בְתוֹכָ֣הּ׃	
VI	8	נָכ֣וֹן לִבִּ֣י אֱ֭לֹהִים	נָכ֣וֹן לִבִּ֑י	אָ֝שִׁ֗ירָה וַאֲזַמֵּֽרָה׃
	9	ע֤וּרָה כְבוֹדִ֗י	ע֭וּרָֽה הַנֵּ֥בֶל וְכִנּ֗וֹר	אָעִ֥ירָה שָּֽׁחַר׃
VII	10	אוֹדְךָ֖ בָעַמִּ֥ים ׀ אֲדֹנָ֑י	אֲ֝זַמֶּרְךָ֗ בַּל־אֻמִּֽים׃	
	11	כִּֽי־גָדֹ֣ל עַד־שָׁמַ֣יִם חַסְדֶּ֑ךָ	וְֽעַד־שְׁחָקִ֥ים אֲמִתֶּֽךָ׃	
VIII	12	ר֣וּמָה עַל־שָׁמַ֣יִם אֱלֹהִ֑ים	עַ֖ל כָּל־הָאָ֣רֶץ כְּבוֹדֶֽךָ׃	

PSALM 58

1 לַמְנַצֵּ֣חַ אַל־תַּשְׁחֵ֑ת לְדָוִ֥ד מִכְתָּֽם׃

I 2 הַֽאֻמְנָ֗ם אֵ֣לֶם צֶ֭דֶק תְּדַבֵּר֑וּן   מֵישָׁרִ֥ים תִּ֝שְׁפְּט֗וּ בְּנֵ֣י אָדָֽם׃
   3 אַף־בְּלֵב֮ עוֹלֹ֢ת תִּפְעָ֫ל֥וּן   בָּאָ֗רֶץ חֲמַ֥ס יְ֝דֵיכֶ֗ם תְּפַלֵּסֽוּן׃

II 4 זֹ֣רוּ רְשָׁעִ֣ים מֵרָ֑חֶם   תָּע֥וּ מִ֝בֶּ֗טֶן דֹּבְרֵ֥י כָזָֽב׃
   5 חֲמַת־לָ֗מוֹ כִּדְמ֥וּת חֲמַת־נָחָ֑שׁ   כְּמוֹ־פֶ֥תֶן חֵ֝רֵ֗שׁ יַאְטֵ֥ם אָזְנֽוֹ׃
   6 אֲשֶׁ֣ר לֹא־יִ֭שְׁמַע לְק֣וֹל מְלַחֲשִׁ֑ים   חוֹבֵ֖ר חֲבָרִ֣ים מְחֻכָּֽם׃

III 7 אֱֽלֹהִ֗ים הֲרָס־שִׁנֵּ֥ימוֹ בְּפִ֑ימוֹ   מַלְתְּע֥וֹת כְּ֝פִירִ֗ים נְתֹ֤ץ ׀ יְהוָֽה׃
   8 יִמָּאֲס֣וּ כְמוֹ־מַ֭יִם   יִתְהַלְּכוּ־לָ֑מוֹ
      יִדְרֹ֥ךְ חִצָּ֗יו   כְּמ֣וֹ יִתְמֹלָֽלוּ׃

IV 9 כְּמ֤וֹ שַׁבְּל֣וּל תֶּ֣מֶס יַהֲלֹ֑ךְ   נֵ֥פֶל אֵ֝֗שֶׁת בַּל־חָ֥זוּ שָֽׁמֶשׁ׃
   10 בְּטֶ֤רֶם יָבִ֣ינוּ סִּֽירֹתֵיכֶ֣ם אָטָ֑ד   כְּמוֹ־חַ֥י כְּמוֹ־חָ֝ר֗וֹן יִשְׂעָרֶֽנּוּ׃

V 11 יִשְׂמַ֣ח צַ֭דִּיק כִּי־חָזָ֣ה נָקָ֑ם   פְּעָמָ֥יו יִ֝רְחַ֗ץ בְּדַ֣ם הָרָשָֽׁע׃
   12 וְיֹאמַ֣ר אָ֭דָם אַךְ־פְּרִ֣י לַצַּדִּ֑יק   אַ֥ךְ יֵשׁ־אֱ֝לֹהִ֗ים שֹׁפְטִ֥ים בָּאָֽרֶץ׃

PSALM 59

1 לַמְנַצֵּחַ אַל־תַּשְׁחֵת
לְדָוִד מִכְתָּם בִּשְׁלֹחַ שָׁאוּל וַיִּשְׁמְרוּ אֶת־הַבַּיִת לַהֲמִיתוֹ׃

I	2	הַצִּילֵנִי מֵאֹיְבַי ׀ אֱלֹהָי	מִמִּתְקוֹמְמַי תְּשַׂגְּבֵנִי׃	
	3	הַצִּילֵנִי מִפֹּעֲלֵי אָוֶן	וּמֵאַנְשֵׁי דָמִים הוֹשִׁיעֵנִי׃	
II	4	כִּי הִנֵּה אָרְבוּ לְנַפְשִׁי	יָגוּרוּ עָלַי עַזִּים	
		לֹא־פִשְׁעִי וְלֹא־חַטָּאתִי יְהוָה׃	5 בְּלִי־עָוֺן יְרוּצוּן וְיִכּוֹנָנוּ	
III		עוּרָה לִקְרָאתִי וּרְאֵה׃	6 וְאַתָּה יְהוָה־אֱלֹהִים ׀ צְבָאוֹת	אֱלֹהֵי יִשְׂרָאֵל
		הָקִיצָה לִפְקֹד כָּל־הַגּוֹיִם	אַל־תָּחֹן כָּל־בֹּגְדֵי אָוֶן׃	
IV	7	יָשׁוּבוּ לָעֶרֶב	יֶהֱמוּ כַכָּלֶב	וִיסוֹבְבוּ עִיר׃
V	8	הִנֵּה ׀ יַבִּיעוּן בְּפִיהֶם	חֲרָבוֹת בְּשִׂפְתוֹתֵיהֶם	כִּי־מִי שֹׁמֵעַ׃
	9	וְאַתָּה יְהוָה תִּשְׂחַק־לָמוֹ	תִּלְעַג לְכָל־גּוֹיִם׃	
VI	10	עֻזּוֹ אֵלֶיךָ אֶשְׁמֹרָה	כִּי־אֱלֹהִים מִשְׂגַּבִּי׃	11 אֱלֹהֵי חַסְדִי
VII		יְקַדְּמֵנִי אֱלֹהִים	יַרְאֵנִי בְשֹׁרְרָי׃	
	12	אַל־תַּהַרְגֵם ׀ פֶּן־יִשְׁכְּחוּ עַמִּי	הֲנִיעֵמוֹ בְחֵילְךָ וְהוֹרִידֵמוֹ	מָגִנֵּנוּ אֲדֹנָי׃
VIII	13	חַטַּאת־פִּימוֹ דְּבַר־שְׂפָתֵימוֹ	וְיִלָּכְדוּ בִגְאוֹנָם	וּמֵאָלָה וּמִכַּחַשׁ יְסַפֵּרוּ׃
	14	כַּלֵּה בְחֵמָה כַּלֵּה וְאֵינֵמוֹ	וְיֵדְעוּ כִּי־אֱלֹהִים	מֹשֵׁל בְּיַעֲקֹב לְאַפְסֵי הָאָרֶץ׃
IX	15	וְיָשֻׁבוּ לָעֶרֶב	יֶהֱמוּ כַכָּלֶב	וִיסוֹבְבוּ עִיר׃
X	16	הֵמָּה יְנִיעוּן לֶאֱכֹל	אִם־לֹא יִשְׂבְּעוּ וַיָּלִינוּ׃	
	17	וַאֲנִי ׀ אָשִׁיר עֻזֶּךָ	וַאֲרַנֵּן לַבֹּקֶר חַסְדֶּךָ	
XI		כִּי־הָיִיתָ מִשְׂגָּב לִי	וּמָנוֹס בְּיוֹם צַר־לִי׃	
	18	עֻזִּי אֵלֶיךָ אֲזַמֵּרָה	כִּי־אֱלֹהִים מִשְׂגַּבִּי	אֱלֹהֵי חַסְדִּי׃

PSALM 60

1 לַמְנַצֵּחַ עַל־שׁוּשַׁן עֵדוּת מִכְתָּם
לְדָוִד לְלַמֵּד׃ 2 בְּהַצּוֹתוֹ ׀ אֶת אֲרַם נַהֲרַיִם וְאֶת־אֲרַם צוֹבָה
וַיָּשָׁב יוֹאָב וַיַּךְ אֶת־אֱדוֹם בְּגֵיא־מֶלַח שְׁנֵים עָשָׂר אָלֶף׃

I	3	אֱלֹהִים זְנַחְתָּנוּ פְרַצְתָּנוּ	אָנַפְתָּ תְּשׁוֹבֵב לָנוּ׃	
	4	הִרְעַשְׁתָּה אֶרֶץ פְּצַמְתָּהּ	רְפָה שְׁבָרֶיהָ כִי־מָטָה׃	
	5	הִרְאִיתָה עַמְּךָ קָשָׁה	הִשְׁקִיתָנוּ יַיִן תַּרְעֵלָה׃	
II	6	נָתַתָּה לִּירֵאֶיךָ נֵּס	לְהִתְנוֹסֵס מִפְּנֵי קֹשֶׁט׃	
	7	לְמַעַן יֵחָלְצוּן יְדִידֶיךָ	הוֹשִׁיעָה יְמִינְךָ וַעֲנֵנוּ׃	
III	8	אֱלֹהִים ׀ דִּבֶּר בְּקָדְשׁוֹ	אֶעְלֹזָה אֲחַלְּקָה שְׁכֶם	וְעֵמֶק סֻכּוֹת אֲמַדֵּד׃
	9	לִי גִלְעָד ׀ וְלִי מְנַשֶּׁה	וְאֶפְרַיִם מָעוֹז רֹאשִׁי	יְהוּדָה מְחֹקְקִי׃
IV	10	מוֹאָב ׀ סִיר רַחְצִי	עַל־אֱדוֹם אַשְׁלִיךְ נַעֲלִי	עָלַי פְּלֶשֶׁת הִתְרֹעָעִי׃
	11	מִי יֹבִלֵנִי עִיר מָצוֹר	מִי נָחַנִי עַד־אֱדוֹם׃	
V	12	הֲלֹא־אַתָּה אֱלֹהִים זְנַחְתָּנוּ	וְלֹא־תֵצֵא אֱלֹהִים בְּצִבְאוֹתֵינוּ׃	
	13	הָבָה־לָּנוּ עֶזְרָת מִצָּר	וְשָׁוְא תְּשׁוּעַת אָדָם׃	
	14	בֵּאלֹהִים נַעֲשֶׂה־חָיִל	וְהוּא יָבוּס צָרֵינוּ׃	

PSALM 61

1 לַמְנַצֵּחַ ׀ עַל־נְגִינַת לְדָוִד׃

I	2	שִׁמְעָה אֱלֹהִים רִנָּתִי	הַקְשִׁיבָה תְּפִלָּתִי׃	
	3	מִקְצֵה הָאָרֶץ ׀ אֵלֶיךָ אֶקְרָא	בַּעֲטֹף לִבִּי	בְּצוּר־יָרוּם מִמֶּנִּי תַנְחֵנִי׃
II	4	כִּי־הָיִיתָ מַחְסֶה לִי	מִגְדַּל־עֹז מִפְּנֵי אוֹיֵב׃	
	5	אָגוּרָה בְאָהָלְךָ עוֹלָמִים	אֶחֱסֶה בְסֵתֶר כְּנָפֶיךָ׃	
III	6	כִּי־אַתָּה אֱלֹהִים שָׁמַעְתָּ לִנְדָרָי	נָתַתָּ יְרֻשַּׁת יִרְאֵי שְׁמֶךָ׃	
	7	יָמִים עַל־יְמֵי־מֶלֶךְ תּוֹסִיף	שְׁנוֹתָיו כְּמוֹ־דֹר וָדֹר׃	
IV	8	יֵשֵׁב עוֹלָם לִפְנֵי אֱלֹהִים	חֶסֶד וֶאֱמֶת מַן יִנְצְרֻהוּ׃	
	9	כֵּן אֲזַמְּרָה שִׁמְךָ לָעַד	לְשַׁלְּמִי נְדָרַי יוֹם ׀ יוֹם׃	

PSALM 62

1 לַמְנַצֵּ֥חַ עַֽל־יְדוּת֗וּן מִזְמ֥וֹר לְדָוִֽד׃

I	2	אַ֣ךְ אֶל־אֱ֭לֹהִים דּֽוּמִיָּ֣ה נַפְשִׁ֑י	מִ֝מֶּ֗נּוּ יְשׁוּעָתִֽי׃	
	3	אַךְ־ה֣וּא צ֭וּרִי וִישׁוּעָתִ֑י	מִ֝שְׂגַּבִּ֗י לֹא־אֶמּ֥וֹט [..]׃	
II	4	עַד־אָ֤נָה ׀ תְּהוֹתְת֣וּ עַל־אִישׁ֮	תְּרָצְּח֪וּ כֻ֫לְּכֶ֥ם	
		כְּקִ֥יר נָט֑וּי	גדרה דחויה׃	
III	5	אַ֤ךְ מִשְּׂאֵת֨וֹ ׀ יָעֲצ֬וּ לְהַדִּ֗יחַ	יִרְצ֫וּ כָזָ֥ב	
		בְּפִ֥יו יְבָרֵ֑כוּ	וּ֝בְקִרְבָּ֗ם יְקַלְלוּ׃	
IV	6	אַ֣ךְ לֵ֭אלֹהִים דּ֣וֹמִּי נַפְשִׁ֑י	כִּֽי־מִ֝מֶּ֗נּוּ תִּקְוָתִֽי׃	
	7	אַךְ־ה֣וּא צ֭וּרִי וִישׁוּעָתִ֑י	מִ֝שְׂגַּבִּ֗י לֹ֣א אֶמּֽוֹט׃	
V	8	עַל־אֱ֭לֹהִים יִשְׁעִ֣י וּכְבוֹדִ֑י	צוּר־עֻזִּ֥י מַ֝חְסִ֗י בֵּאלֹהִֽים׃	
	9	בִּטְח֬וּ ב֨וֹ בְכָל־עֵ֨ת ׀ עָ֗ם	שִׁפְכֽוּ־לְפָנָ֥יו לְבַבְכֶ֑ם	אֱלֹהִ֖ים מַחֲסֶה־לָּ֣נוּ׃
VI	10	אַ֤ךְ ׀ הֶ֥בֶל בְּנֵֽי־אָדָם֮	כָּזָ֪ב בְּנֵ֫י אִ֥ישׁ	
		בְּמֹאזְנַ֥יִם לַעֲל֑וֹת	הֵ֝֗מָּה מֵהֶ֥בֶל יָֽחַד׃	
VII	11	אַל־תִּבְטְח֣וּ בְעֹשֶׁק֮	וּבְגָזֵ֪ל אַל־תֶּ֫הְבָּ֥לוּ	
		חַ֤יִל ׀ כִּֽי־יָנ֑וּב	אַל־תָּשִׁ֥יתוּ לֵֽב׃	
VIII	12	אַחַ֤ת ׀ דִּבֶּ֬ר אֱלֹהִ֗ים	שְׁתַּֽיִם־ז֥וּ שָׁמָ֑עְתִּי	כִּ֥י עֹ֝֗ז לֵאלֹהִֽים׃
	13	וּלְךָֽ־אֲדֹנָ֥י חָ֑סֶד	כִּֽי־אַתָּ֨ה תְשַׁלֵּ֖ם לְאִ֣ישׁ כְּֽמַעֲשֵֽׂהוּ׃	

PSALM 63

1 מִזְמ֥וֹר לְדָוִ֑ד בִּ֝הְיוֹת֗וֹ בְּמִדְבַּ֥ר יְהוּדָֽה׃

I	2	אֱלֹהִ֤ים ׀ אֵלִ֥י אַתָּ֗ה	אֲֽשַׁחֲ֫רֶ֥ךָּ צָמְאָ֬ה לְךָ֨ ׀ נַפְשִׁ֗י
		כָּמַ֣הּ לְךָ֣ בְשָׂרִ֑י	בְּאֶֽרֶץ־צִיָּ֖ה ועיפה בְּלִי־מָֽיִם׃
	3	כֵּ֭ן בַּקֹּ֣דֶשׁ חֲזִיתִ֑יךָ	לִרְא֥וֹת עֻ֝זְּךָ֗ וּכְבוֹדֶֽךָ׃
II	4	כִּי־ט֣וֹב חַ֭סְדְּךָ מֵֽחַיִּ֗ים	שְׂפָתַ֥י יְשַׁבְּחֽוּנְךָ׃
	5	כֵּ֣ן אֲבָרֶכְךָ֣ בְחַיָּ֑י	בְּ֝שִׁמְךָ֗ אֶשָּׂ֥א כַפָּֽי׃
III	6	כְּמ֤וֹ חֵ֣לֶב וָ֭דֶשֶׁן תִּשְׂבַּ֣ע נַפְשִׁ֑י	וְשִׂפְתֵ֥י רְ֝נָנ֗וֹת יְהַלֶּל־פִּֽי׃
	7	אִם־זְכַרְתִּ֥יךָ עַל־יְצוּעָ֑י	בְּ֝אַשְׁמֻר֗וֹת אֶהְגֶּה־בָּֽךְ׃
IV	8	כִּֽי־הָיִ֣יתָ עֶזְרָ֣תָה לִּ֑י	וּבְצֵ֖ל כְּנָפֶ֣יךָ אֲרַנֵּֽן׃
	9	דָּבְקָ֣ה נַפְשִׁ֣י אַחֲרֶ֑יךָ	בִּ֝֗י תָּמְכָ֥ה יְמִינֶֽךָ׃
V	10	וְהֵ֗מָּה לְ֭שׁוֹאָה יְבַקְשׁ֣וּ נַפְשִׁ֑י	יָ֝בֹ֗אוּ בְּֽתַחְתִּיּ֥וֹת הָאָֽרֶץ׃
	11	יַגִּירֻ֥הוּ עַל־יְדֵי־חָ֑רֶב	מְנָ֖ת שֻׁעָלִ֣ים יִהְיֽוּ׃
VI	12	וְהַמֶּ֗לֶךְ יִשְׂמַ֫ח בֵּאלֹ֥הִ֑ים	יִ֭תְהַלֵּל כָּל־הַנִּשְׁבָּ֣ע בּ֑וֹ
		כִּ֥י יִ֝סָּכֵ֗ר פִּ֣י דֽוֹבְרֵי־שָֽׁקֶר׃	

PSALM 64

1 לַמְנַצֵּ֗חַ מִזְמ֥וֹר לְדָוִֽד׃

I	2	שְׁמַע־אֱלֹהִ֣ים קוֹלִ֣י בְשִׂיחִ֑י	מִפַּ֥חַד א֝וֹיֵ֗ב תִּצֹּ֥ר חַיָּֽי׃
	3	תַּ֭סְתִּירֵנִי מִסּ֣וֹד מְרֵעִ֑ים	מֵ֝רִגְשַׁ֗ת פֹּ֣עֲלֵי אָֽוֶן׃
II	4	אֲשֶׁ֤ר שָׁנְנ֣וּ כַחֶ֣רֶב לְשׁוֹנָ֑ם	דָּרְכ֥וּ חִ֝צָּ֗ם דָּבָ֥ר מָֽר׃
	5	לִיר֣וֹת בַּמִּסְתָּרִ֣ים תָּ֑ם	פִּתְאֹ֥ם יֹ֝רֻ֗הוּ וְלֹ֣א יִירָֽאוּ׃

III	6	יְחַזְּקוּ־לָ֨מוֹ ׀ דָּבָ֣ר רָ֗ע	יְֽ֭סַפְּרוּ לִטְמ֣וֹן מוֹקְשִׁ֑ים	אָ֝מְר֗וּ מִ֣י יִרְאֶה־לָּֽמוֹ׃
	7	יַֽחְפְּֽשׂוּ־עוֹלֹ֗ת	תַּ֭מְנוּ חֵ֣פֶשׂ מְחֻפָּ֑שׂ	וְקֶ֥רֶב אִ֝֗ישׁ וְלֵ֣ב עָמֹֽק׃

IV	8	וַיֹּרֵ֗ם אֱלֹ֫הִ֥ים חֵ֑ץ	פִּ֝תְא֗וֹם הָי֥וּ מַכּוֹתָֽם׃
	9	וַיַּכְשִׁיל֣וּהוּ עָלֵ֣ימוֹ לְשׁוֹנָ֑ם	יִ֝תְנֹדֲד֗וּ כָּל־רֹ֥אֵה בָֽם׃

V	10	וַיִּֽירְא֗וּ כָּל־אָ֫דָ֥ם	וַ֭יַּגִּידוּ פֹּ֥עַל אֱלֹהִ֗ים	וּֽמַעֲשֵׂ֥הוּ הִשְׂכִּֽילוּ׃
	11	יִשְׂמַ֬ח צַדִּ֣יק בַּ֭יהוָה	וְחָ֣סָה ב֑וֹ	וְ֝יִתְהַֽלְל֗וּ כָּל־יִשְׁרֵי־לֵֽב׃

PSALM 65

1 לַמְנַצֵּ֗חַ מִזְמ֥וֹר לְדָוִ֗ד שִֽׁיר׃

I
2 לְךָ֤ דֻֽמִיָּ֨ה תְהִלָּ֗ה | אֱלֹהִ֣ים בְּצִיּ֑וֹן | וּ֝לְךָ֗ יְשֻׁלַּם־נֶֽדֶר׃
3 שֹׁמֵ֥עַ תְּפִלָּ֑ה | עָ֝דֶ֗יךָ כָּל־בָּשָׂ֥ר יָבֹֽאוּ׃
4 דִּבְרֵ֣י עֲ֭וֺנֹת גָּ֣בְרוּ מנו | פְּ֝שָׁעֵ֗ינוּ אַתָּ֥ה תְכַפְּרֵֽם׃

II
5 אַשְׁרֵ֤י ׀ תִּֽבְחַ֣ר וּתְקָרֵב֮ | יִשְׁכֹּ֪ן חֲצֵ֫רֶ֥יךָ
נִ֭שְׂבְּעָה בְּט֣וּב בֵּיתֶ֑ךָ | קְ֝דֹ֗שׁ הֵיכָלֶֽךָ׃

III
6 נ֤וֹרָא֨וֹת ׀ בְּצֶ֣דֶק תַּ֭עֲנֵנוּ | אֱלֹהֵ֣י יִשְׁעֵ֑נוּ
מִבְטָ֥ח כָּל־קַצְוֵי־אֶ֝֗רֶץ | וְיָ֣ם רְחֹקִֽים׃

IV
7 מֵכִ֣ין הָרִ֣ים בְּכֹח֑וֹ | נֶ֝אְזָ֗ר בִּגְבוּרָֽה׃
8 מַשְׁבִּ֤יחַ ׀ שְׁא֣וֹן יַ֭מִּים | שְׁא֣וֹן גַּלֵּיהֶ֑ם וַהֲמ֥וֹן לְאֻמִּֽים׃
9 וַיִּֽירְא֤וּ ׀ יֹשְׁבֵ֣י קְ֭צָוֺת מֵאוֹתֹתֶ֑יךָ | מ֤וֹצָאֵי־בֹ֖קֶר וָעֶ֣רֶב תַּרְנִֽין׃

V
10 פָּקַ֥דְתָּ הָאָ֨רֶץ ׀ וַתְּשֹׁ֘קְקֶ֤הָ | רַבַּ֬ת תַּעְשְׁרֶ֗נָּה
פֶּ֣לֶג אֱ֭לֹהִים מָ֣לֵא מָ֑יִם | תָּכִ֥ין דְּ֝גָנָ֗ם | כִּי־כֵ֥ן תְּכִינֶֽהָ׃

VI
11 תְּלָמֶ֣יהָ רַ֭וֵּה נַחֵ֣ת גְּדוּדֶ֑יהָ | בִּרְבִיבִ֥ים תְּ֝מֹגְגֶ֗נָּה | צִמְחָ֥הּ תְּבָרֵֽךְ׃
12 עִ֭טַּרְתָּ שְׁנַ֣ת טוֹבָתֶ֑ךָ | וּ֝מַעְגָּלֶ֗יךָ יִרְעֲפ֥וּן דָּֽשֶׁן׃

VII
13 יִ֭רְעֲפוּ נְא֣וֹת מִדְבָּ֑ר | וְ֝גִ֗יל גְּבָע֥וֹת תַּחְגֹּֽרְנָה׃
14 לָבְשׁ֬וּ כָרִ֨ים ׀ הַצֹּ֗אן | וַעֲמָקִ֥ים יַֽעַטְפוּ־בָ֑ר | יִ֝תְרוֹעֲע֗וּ אַף־יָשִֽׁירוּ׃

PSALM 66

1 לַמְנַצֵּחַ שִׁיר מִזְמוֹר

I		הָרִיעוּ לֵאלֹהִים כָּל־הָאָרֶץ׃	2 זַמְּרוּ כְבוֹד־שְׁמוֹ	שִׂימוּ כָבוֹד תְּהִלָּתוֹ׃
	3	אִמְרוּ לֵאלֹהִים	מַה־נּוֹרָא מַעֲשֶׂיךָ בְּרֹב עֻזְּךָ	יְכַחֲשׁוּ לְךָ אֹיְבֶיךָ׃
	4	כָּל־הָאָרֶץ ׀ יִשְׁתַּחֲווּ לְךָ	וִיזַמְּרוּ־לָךְ	יְזַמְּרוּ שִׁמְךָ׃
II	5	לְכוּ וּרְאוּ מִפְעֲלוֹת אֱלֹהִים	נוֹרָא עֲלִילָה עַל־בְּנֵי אָדָם׃	
	6	הָפַךְ יָם ׀ לְיַבָּשָׁה	בַּנָּהָר יַעַבְרוּ בְרָגֶל	שָׁם נִשְׂמְחָה־בּוֹ׃
	7	מֹשֵׁל בִּגְבוּרָתוֹ ׀ עוֹלָם	עֵינָיו בַּגּוֹיִם תִּצְפֶּינָה	הַסּוֹרְרִים ׀ אַל־יָרוּמוּ [..]׃
III	8	בָּרְכוּ עַמִּים ׀ אֱלֹהֵינוּ	וְהַשְׁמִיעוּ קוֹל תְּהִלָּתוֹ׃	
	9	הַשָּׂם נַפְשֵׁנוּ בַּחַיִּים	וְלֹא־נָתַן לַמּוֹט רַגְלֵנוּ׃	
IV	10	כִּי־בְחַנְתָּנוּ אֱלֹהִים	צְרַפְתָּנוּ כִּצְרָף־כָּסֶף׃	
	11	הֲבֵאתָנוּ בַמְּצוּדָה	שַׂמְתָּ מוּעָקָה בְמָתְנֵינוּ׃	
	12	הִרְכַּבְתָּ אֱנוֹשׁ לְרֹאשֵׁנוּ	בָּאנוּ־בָאֵשׁ וּבַמַּיִם	וַתּוֹצִיאֵנוּ לָרְוָיָה׃
V	13	אָבוֹא בֵיתְךָ בְעוֹלוֹת	אֲשַׁלֵּם לְךָ נְדָרָי׃	
	14	אֲשֶׁר־פָּצוּ שְׂפָתָי	וְדִבֶּר־פִּי בַּצַּר־לִי׃	
	15	עֹלוֹת מֵחִים אַעֲלֶה־לָּךְ	עִם־קְטֹרֶת אֵילִים	אֶעֱשֶׂה בָקָר עִם־עַתּוּדִים׃
VI	16	לְכוּ־שִׁמְעוּ וַאֲסַפְּרָה	כָּל־יִרְאֵי אֱלֹהִים אֲשֶׁר עָשָׂה לְנַפְשִׁי׃	
	17	אֵלָיו פִּי־קָרָאתִי	וְרוֹמַם תַּחַת לְשׁוֹנִי׃	
	18	אָוֶן אִם־רָאִיתִי בְלִבִּי	לֹא יִשְׁמַע ׀ אֲדֹנָי׃	
VII	19	אָכֵן שָׁמַע אֱלֹהִים	הִקְשִׁיב בְּקוֹל תְּפִלָּתִי׃	
	20	בָּרוּךְ אֱלֹהִים אֲשֶׁר	לֹא־הֵסִיר תְּפִלָּתִי וְחַסְדּוֹ מֵאִתִּי׃	

PSALM 67

1 לַמְנַצֵּחַ בִּנְגִינֹת מִזְמוֹר שִׁיר׃

I
2 אֱלֹהִים יְחָנֵּנוּ וִיבָרְכֵנוּ יָאֵר פָּנָיו אִתָּנוּ׃
3 לָדַעַת בָּאָרֶץ דַּרְכֶּךָ בְּכָל־גּוֹיִם יְשׁוּעָתֶךָ׃
4 יוֹדוּךָ עַמִּים ׀ אֱלֹהִים יוֹדוּךָ עַמִּים כֻּלָּם׃

II
5 יִשְׂמְחוּ וִירַנְּנוּ לְאֻמִּים כִּי־תִשְׁפֹּט עַמִּים מִישֹׁור וּלְאֻמִּים ׀ בָּאָרֶץ תַּנְחֵם׃
6 יוֹדוּךָ עַמִּים ׀ אֱלֹהִים יוֹדוּךָ עַמִּים כֻּלָּם׃

III
7 אֶרֶץ נָתְנָה יְבוּלָהּ יְבָרְכֵנוּ אֱלֹהִים אֱלֹהֵינוּ׃
8 יְבָרְכֵנוּ אֱלֹהִים וְיִירְאוּ אֹתוֹ כָּל־אַפְסֵי־אָרֶץ׃

PSALM 68

1 לַמְנַצֵּחַ לְדָוִד מִזְמוֹר שִׁיר׃

I
2 יָקוּם אֱלֹהִים יָפוּצוּ אוֹיְבָיו וְיָנוּסוּ מְשַׂנְאָיו מִפָּנָיו׃
3 כְּהִנְדֹּף עָשָׁן תִּנְדֹּף כְּהִמֵּס דּוֹנַג מִפְּנֵי־אֵשׁ יֹאבְדוּ רְשָׁעִים מִפְּנֵי אֱלֹהִים׃
4 וְצַדִּיקִים יִשְׂמְחוּ יַעַלְצוּ לִפְנֵי אֱלֹהִים וְיָשִׂישׂוּ בְשִׂמְחָה׃

II
5 שִׁירוּ ׀ לֵאלֹהִים זַמְּרוּ שְׁמוֹ סֹלּוּ לָרֹכֵב בָּעֲרָבוֹת בְּיָהּ שְׁמוֹ וְעִלְזוּ לְפָנָיו׃
6 אֲבִי יְתוֹמִים וְדַיַּן אַלְמָנוֹת אֱלֹהִים בִּמְעוֹן קָדְשׁוֹ׃
7 אֱלֹהִים ׀ מוֹשִׁיב יְחִידִים ׀ בַּיְתָה מוֹצִיא אֲסִירִים בַּכּוֹשָׁרוֹת אַךְ סוֹרְרִים שָׁכְנוּ צְחִיחָה׃

III
8 אֱלֹהִים בְּצֵאתְךָ לִפְנֵי עַמֶּךָ בְּצַעְדְּךָ בִישִׁימוֹן׃ 9 אֶרֶץ רָעָשָׁה ׀
אַף־שָׁמַיִם נָטְפוּ מִפְּנֵי אֱלֹהִים זֶה סִינַי מִפְּנֵי אֱלֹהִים אֱלֹהֵי יִשְׂרָאֵל׃

IV
10 גֶּשֶׁם נְדָבוֹת תָּנִיף אֱלֹהִים נַחֲלָתְךָ וְנִלְאָה אַתָּה כוֹנַנְתָּהּ׃
11 חַיָּתְךָ יָשְׁבוּ־בָהּ תָּכִין בְּטוֹבָתְךָ לֶעָנִי אֱלֹהִים׃

V
12 אֲדֹנָי יִתֶּן־אֹמֶר הַמְבַשְּׂרוֹת צָבָא רָב׃
13 מַלְכֵי צְבָאוֹת יִדֹּדוּן יִדֹּדוּן וּנְוַת בַּיִת תְּחַלֵּק שָׁלָל׃ 14 אִם־תִּשְׁכְּבוּן בֵּין שְׁפַתָּיִם

VI כַּנְפֵי יוֹנָה נֶחְפָּה בַכֶּסֶף וְאֶבְרוֹתֶיהָ בִּירַקְרַק חָרוּץ׃
15 בְּפָרֵשׂ שַׁדַּי מְלָכִים בָּהּ תַּשְׁלֵג בְּצַלְמוֹן׃

VII 16 הַר־אֱלֹהִים הַר־בָּשָׁן הַר גַּבְנֻנִּים הַר־בָּשָׁן׃
17 לָמָּה ׀ תְּרַצְּדוּן הָרִים גַּבְנֻנִּים הָהָר חָמַד אֱלֹהִים לְשִׁבְתּוֹ אַף־יְהוָה יִשְׁכֹּן לָנֶצַח׃

VIII 18 רֶכֶב אֱלֹהִים רִבֹּתַיִם אַלְפֵי שִׁנְאָן אֲדֹנָי בא מסִינַי בַּקֹּדֶשׁ׃
19 עָלִיתָ לַמָּרוֹם ׀ שָׁבִיתָ שֶּׁבִי לָקַחְתָּ מַתָּנוֹת בָּאָדָם וְאַף סוֹרְרִים לִשְׁכֹּן ׀ יָהּ אֱלֹהִים׃

IX 20 בָּרוּךְ אֲדֹנָי יוֹם ׀ יוֹם יַעֲמָס־לָנוּ הָאֵל יְשׁוּעָתֵנוּ׃
21 הָאֵל ׀ לָנוּ אֵל לְמוֹשָׁעוֹת וְלֵיהוִה אֲדֹנָי לַמָּוֶת תּוֹצָאוֹת׃

X 22 אַךְ־אֱלֹהִים יִמְחַץ רֹאשׁ אֹיְבָיו קָדְקֹד שֵׂעָר מִתְהַלֵּךְ בַּאֲשָׁמָיו׃
23 אָמַר אֲדֹנָי מִבָּשָׁן אָשִׁיב אָשִׁיב מִמְּצֻלוֹת יָם׃
24 לְמַעַן ׀ תִּמְחַץ רַגְלְךָ בְּדָם לְשׁוֹן כְּלָבֶיךָ מֵאֹיְבִים מִנֵּהוּ׃

XI 25 רָאוּ הֲלִיכוֹתֶיךָ אֱלֹהִים הֲלִיכוֹת אֵלִי מַלְכִּי בַקֹּדֶשׁ׃
26 קִדְּמוּ שָׁרִים אַחַר נֹגְנִים בְּתוֹךְ עֲלָמוֹת תּוֹפֵפוֹת׃

XII 27 בְּמַקְהֵלוֹת בָּרְכוּ אֱלֹהִים יְהוָה מִמְּקוֹר יִשְׂרָאֵל׃
28 שָׁם בִּנְיָמִן ׀ צָעִיר רֹדֵם שָׂרֵי יְהוּדָה רִגְמָתָם שָׂרֵי זְבֻלוּן שָׂרֵי נַפְתָּלִי׃

XIII 29 צוה אלהים עֻזֶּךָ עוּז הָאֱלֹהִים זוּ פָּעַלְתָּ לָּנוּ׃
30 מֵהֵיכָלֶךָ עַל־יְרוּשָׁלָםִ לְךָ יוֹבִילוּ מְלָכִים שָׁי׃

XIV 31 גְּעַר חַיַּת קָנֶה עֲדַת אַבִּירִים ׀ בְּעֶגְלֵי עַמִּים
מִתְרַפֵּס בְּרַצֵּי־כָסֶף בזר עַמִּים קְרָבוֹת יֶחְפָּצוּ׃
32 יאתיו חַשְׁמַנִּים מִנִּי מִצְרָיִם כּוּשׁ יתרץ יָדָיו לֵאלֹהִים׃

XV 33 מַמְלְכוֹת הָאָרֶץ שִׁירוּ לֵאלֹהִים זַמְּרוּ אֲדֹנָי׃
34 לָרֹכֵב בִּשְׁמֵי שְׁמֵי־קֶדֶם הֵן יִתֵּן בְּקוֹלוֹ קוֹל עֹז׃

XVI 35 תְּנוּ עֹז לֵאלֹהִים עַל־יִשְׂרָאֵל גַּאֲוָתוֹ וְעֻזּוֹ בַּשְּׁחָקִים׃
36 נוֹרָא אֱלֹהִים מִמִּקְדָּשֶׁיךָ אֵל יִשְׂרָאֵל הוּא נֹתֵן ׀ עֹז וְתַעֲצֻמוֹת לָעָם

בָּרוּךְ אֱלֹהִים׃

PSALM 69

1 לַמְנַצֵּחַ עַל־שׁוֹשַׁנִּים לְדָוִד׃

I	2	הוֹשִׁיעֵנִי אֱלֹהִים	כִּי בָאוּ מַיִם עַד־נָפֶשׁ׃	
	3	טָבַעְתִּי ׀ בִּיוֵן מְצוּלָה	וְאֵין מָעֳמָד	
		בָּאתִי בְמַעֲמַקֵּי־מַיִם	וְשִׁבֹּלֶת שְׁטָפָתְנִי׃	
II	4	יָגַעְתִּי בְקָרְאִי נִחַר גְּרוֹנִי	כָּלוּ עֵינַי מְיַחֵל לֵאלֹהָי׃	
	5	רַבּוּ ׀ מִשַּׂעֲרוֹת רֹאשִׁי שֹׂנְאַי חִנָּם	עָצְמוּ מַצְמִיתַי אֹיְבַי שֶׁקֶר	אֲשֶׁר לֹא־גָזַלְתִּי אָז אָשִׁיב׃
III	6	אֱלֹהִים אַתָּה יָדַעְתָּ לְאִוַּלְתִּי	וְאַשְׁמוֹתַי מִמְּךָ לֹא־נִכְחָדוּ׃	
	7	אַל־יֵבֹשׁוּ בִי ׀ קֹוֶיךָ	אֲדֹנָי יְהוִה צְבָאוֹת	
		אַל־יִכָּלְמוּ בִי מְבַקְשֶׁיךָ	אֱלֹהֵי יִשְׂרָאֵל׃	
IV	8	כִּי־עָלֶיךָ נָשָׂאתִי חֶרְפָּה	כִּסְּתָה כְלִמָּה פָנָי׃	
	9	מוּזָר הָיִיתִי לְאֶחָי	וְנָכְרִי לִבְנֵי אִמִּי׃	
	10	כִּי־קִנְאַת בֵּיתְךָ אֲכָלָתְנִי	וְחֶרְפּוֹת חוֹרְפֶיךָ נָפְלוּ עָלָי׃	
V	11	וָאֶבְכֶּה בַצּוֹם נַפְשִׁי	וַתְּהִי לַחֲרָפוֹת לִי׃	
	12	וָאֶתְּנָה לְבוּשִׁי שָׂק	וָאֱהִי לָהֶם לְמָשָׁל׃	
	13	יָשִׂיחוּ בִי יֹשְׁבֵי שָׁעַר	וּנְגִינוֹת שׁוֹתֵי שֵׁכָר׃	
VI	14	וַאֲנִי תְפִלָּתִי־לְךָ ׀	יְהוָה עֵת רָצוֹן	
		אֱלֹהִים בְּרָב־חַסְדֶּךָ עֲנֵנִי	בֶּאֱמֶת יִשְׁעֶךָ׃	
VII	15	הַצִּילֵנִי מִטִּיט וְאַל־אֶטְבָּעָה	אִנָּצְלָה מִשֹּׂנְאַי וּמִמַּעֲמַקֵּי־מָיִם׃	
	16	אַל־תִּשְׁטְפֵנִי ׀ שִׁבֹּלֶת מַיִם	וְאַל־תִּבְלָעֵנִי מְצוּלָה	וְאַל־תֶּאְטַר־עָלַי בְּאֵר פִּיהָ׃
VIII	17	עֲנֵנִי יְהוָה כִּי־טוֹב חַסְדֶּךָ	כְּרֹב רַחֲמֶיךָ פְּנֵה אֵלָי׃	
	18	וְאַל־תַּסְתֵּר פָּנֶיךָ מֵעַבְדֶּךָ	כִּי־צַר־לִי מַהֵר עֲנֵנִי׃	
	19	קָרְבָה אֶל־נַפְשִׁי גְאָלָהּ	לְמַעַן אֹיְבַי פְּדֵנִי׃	
IX	20	אַתָּה יָדַעְתָּ חֶרְפָּתִי	וּבָשְׁתִּי וּכְלִמָּתִי	נֶגְדְּךָ כָּל־צוֹרְרָי׃
	21	חֶרְפָּה ׀ שָׁבְרָה לִבִּי וָאָנוּשָׁה	וָאֲקַוֶּה לָנוּד וָאַיִן	וְלַמְנַחֲמִים וְלֹא מָצָאתִי׃
X	22	וַיִּתְּנוּ בְּבָרוּתִי רֹאשׁ	וְלִצְמָאִי יַשְׁקוּנִי חֹמֶץ׃	
	23	יְהִי־שֻׁלְחָנָם לִפְנֵיהֶם לְפָח	וְלִשְׁלוֹמִים לְמוֹקֵשׁ׃	
XI	24	תֶּחְשַׁכְנָה עֵינֵיהֶם מֵרְאוֹת	וּמָתְנֵיהֶם תָּמִיד הַמְעַד׃	
	25	שְׁפָךְ־עֲלֵיהֶם זַעְמֶךָ	וַחֲרוֹן אַפְּךָ יַשִּׂיגֵם׃	

XII	26	תְּהִי־טִירָתָם נְשַׁמָּה	בְּאָהֳלֵיהֶם אַל־יְהִי יֹשֵׁב׃	
	27	כִּי־אַתָּה אֲשֶׁר־הִכִּיתָ רָדָפוּ	וְאֶל־מַכְאוֹב חֲלָלֶיךָ יְסַפֵּרוּ׃	
XIII	28	תְּנָה־עָוֺן עַל־עֲוֺנָם	וְאַל־יָבֹאוּ בְּצִדְקָתֶךָ׃	
	29	יִמָּחוּ מִסֵּפֶר חַיִּים	וְעִם צַדִּיקִים אַל־יִכָּתֵבוּ׃	
XIV	30	וַאֲנִי עָנִי וְכוֹאֵב	יְשׁוּעָתְךָ אֱלֹהִים תְּשַׂגְּבֵנִי׃	
	31	אֲהַלְלָה שֵׁם־אֱלֹהִים בְּשִׁיר	וַאֲגַדְּלֶנּוּ בְתוֹדָה׃	
	32	וְתִיטַב לַיהוָה מִשּׁוֹר	פָּר מַקְרִן מַפְרִיס׃	
XV	33	רָאוּ עֲנָוִים יִשְׂמָחוּ	דֹּרְשֵׁי אֱלֹהִים וִיחִי לְבַבְכֶם׃	
	34	כִּי־שֹׁמֵעַ אֶל־אֶבְיוֹנִים יְהוָה	וְאֶת־אֲסִירָיו לֹא בָזָה׃	
XVI	35	יְהַלְלוּהוּ שָׁמַיִם וָאָרֶץ	יַמִּים וְכָל־רֹמֵשׂ בָּם׃	
	36	כִּי אֱלֹהִים ׀ יוֹשִׁיעַ צִיּוֹן	וְיִבְנֶה עָרֵי יְהוּדָה	
		וְיָשְׁבוּ שָׁם וִירֵשׁוּהָ׃	37 וְזֶרַע עֲבָדָיו יִנְחָלוּהָ	וְאֹהֲבֵי שְׁמוֹ יִשְׁכְּנוּ־בָהּ׃

PSALM 70

1 לַמְנַצֵּחַ לְדָוִד לְהַזְכִּיר׃

I	2	אֱלֹהִים לְהַצִּילֵנִי	יְהוָה לְעֶזְרָתִי חוּשָׁה׃	
II	3	יֵבֹשׁוּ וְיַחְפְּרוּ	מְבַקְשֵׁי נַפְשִׁי	
		יִסֹּגוּ אָחוֹר וְיִכָּלְמוּ	חֲפֵצֵי רָעָתִי׃	
	4	יָשׁוּבוּ עַל־עֵקֶב בָּשְׁתָּם	הָאֹמְרִים הֶאָח ׀ הֶאָח׃	
III	5	יָשִׂישׂוּ וְיִשְׂמְחוּ ׀ בְּךָ	כָּל־מְבַקְשֶׁיךָ	
		וְיֹאמְרוּ תָמִיד	יִגְדַּל יהוה	אֹהֲבֵי יְשׁוּעָתֶךָ׃
IV	6	וַאֲנִי ׀ עָנִי וְאֶבְיוֹן	אֱלֹהִים חוּשָׁה־לִּי	
		עֶזְרִי וּמְפַלְטִי אַתָּה	יְהוָה אַל־תְּאַחַר׃	

PSALM 71

I	1	בְּךָ־יְהוָה חָסִיתִי	אַל־אֵבוֹשָׁה לְעוֹלָם׃	
	2	בְּצִדְקָתְךָ תַּצִּילֵנִי	וּתְפַלְּטֵנִי	
		הַטֵּה־אֵלַי אָזְנְךָ	וְהוֹשִׁיעֵנִי׃	
II	3	הֱיֵה לִי ׀ לְצוּר	מָעוֹן לָבוֹא תָּמִיד	
		צִוִּיתָ לְהוֹשִׁיעֵנִי	כִּי־סַלְעִי וּמְצוּדָתִי אָתָּה׃	
	4	אֱלֹהַי פַּלְּטֵנִי מִיַּד רָשָׁע	מִכַּף מְעַוֵּל וְחוֹמֵץ׃	
III	5	כִּי־אַתָּה תִקְוָתִי אֲדֹנָי	יְהוִה מִבְטַחִי מִנְּעוּרָי׃	
	6	עָלֶיךָ ׀ נִסְמַכְתִּי מִבֶּטֶן	מִמְּעֵי אִמִּי אַתָּה גוֹזִי	בְּךָ תְהִלָּתִי תָמִיד׃
IV	7	כְּמוֹפֵת הָיִיתִי לְרַבִּים	וְאַתָּה מַחֲסִי־עֹז׃	
	8	יִמָּלֵא פִי תְּהִלָּתֶךָ	כָּל־הַיּוֹם תִּפְאַרְתֶּךָ׃	
V	9	אַל־תַּשְׁלִיכֵנִי לְעֵת זִקְנָה	כִּכְלוֹת כֹּחִי אַל־תַּעַזְבֵנִי׃	
	10	כִּי־אָמְרוּ אוֹיְבַי לִי	וְשֹׁמְרֵי נַפְשִׁי נוֹעֲצוּ יַחְדָּו׃	
	11	לֵאמֹר אֱלֹהִים עֲזָבוֹ	רִדְפוּ וְתִפְשׂוּהוּ	כִּי־אֵין מַצִּיל׃
VI	12	אֱלֹהִים אַל־תִּרְחַק מִמֶּנִּי	אֱלֹהַי לְעֶזְרָתִי חוּשָׁה׃	
	13	יֵבֹשׁוּ יִכְלוּ שֹׂטְנֵי נַפְשִׁי	יַעֲטוּ חֶרְפָּה וּכְלִמָּה	מְבַקְשֵׁי רָעָתִי׃
VII	14	וַאֲנִי תָּמִיד אֲיַחֵל	וְהוֹסַפְתִּי עַל־כָּל־תְּהִלָּתֶךָ׃	
	15	פִּי ׀ יְסַפֵּר צִדְקָתֶךָ	כָּל־הַיּוֹם תְּשׁוּעָתֶךָ	כִּי לֹא יָדַעְתִּי סְפֹרוֹת׃
	16	אָבוֹא בִּגְבֻרוֹת אֲדֹנָי יְהוִה	אַזְכִּיר צִדְקָתְךָ לְבַדֶּךָ׃	
VIII	17	אֱלֹהִים לִמַּדְתַּנִי מִנְּעוּרָי	וְעַד־הֵנָּה אַגִּיד נִפְלְאוֹתֶיךָ׃	
	18	וְגַם עַד־זִקְנָה ׀ וְשֵׂיבָה	אֱלֹהִים אַל־תַּעַזְבֵנִי	
		עַד־אַגִּיד זְרוֹעֲךָ לְדוֹר	לְכָל־יָבוֹא גְּבוּרָתֶךָ׃	
IX	19	וְצִדְקָתְךָ אֱלֹהִים עַד־מָרוֹם	אֲשֶׁר־עָשִׂיתָ גְדֹלוֹת	
		אֱלֹהִים מִי כָמוֹךָ׃	20 אֲשֶׁר הִרְאִיתַנִי ׀	צָרוֹת רַבּוֹת וְרָעוֹת
X		תָּשׁוּב תְּחַיֵּינוּ	וּמִתְּהֹמוֹת הָאָרֶץ תָּשׁוּב תַּעֲלֵנוּ׃	
	21	תֶּרֶב ׀ גְּדֻלָּתִי	וְתִסֹּב תְּנַחֲמֵנִי׃	
XI	22	גַּם־אֲנִי ׀ אוֹדְךָ	בִכְלִי־נֶבֶל אֲמִתְּךָ אֱלֹהָי	
		אֲזַמְּרָה לְךָ	בְכִנּוֹר קְדוֹשׁ יִשְׂרָאֵל׃	
XII	23	תְּרַנֵּנָּה שְׂפָתַי	כִּי אֲזַמְּרָה־לָּךְ	וְנַפְשִׁי אֲשֶׁר פָּדִיתָ׃
	24	גַּם־לְשׁוֹנִי כָּל־הַיּוֹם	תֶּהְגֶּה צִדְקָתֶךָ	
		כִּי־בֹשׁוּ כִי־חָפְרוּ	מְבַקְשֵׁי רָעָתִי׃	

PSALM 72

1 לִשְׁלֹמֹ֨ה ׀

I	1	אֱלֹהִ֗ים מִ֭שְׁפָּטֶיךָ לְמֶ֣לֶךְ תֵּ֑ן	וְצִדְקָתְךָ֥ לְבֶן־מֶֽלֶךְ׃
	2	יָדִ֣ין עַמְּךָ֣ בְצֶ֑דֶק	וַעֲנִיֶּ֥יךָ בְמִשְׁפָּֽט׃
II	3	יִשְׂא֤וּ הָרִ֓ים שָׁ֘ל֥וֹם לָעָ֑ם	וּ֝גְבָע֗וֹת בִּצְדָקָֽה׃
	4	יִשְׁפֹּ֤ט ׀ עֲֽנִיֵּי־עָ֗ם	י֭וֹשִׁיעַ לִבְנֵ֣י אֶבְי֑וֹן וִֽידַכֵּ֣א עוֹשֵֽׁק׃
III	5	יִֽירָא֥וּךָ עִם־שָׁ֑מֶשׁ	וְלִפְנֵ֥י יָ֝רֵ֗חַ דּ֣וֹר דּוֹרִֽים׃
	6	יֵ֭רֵד כְּמָטָ֣ר עַל־גֵּ֑ז	כִּ֝רְבִיבִ֗ים זַרְזִ֥יף אָֽרֶץ׃
IV	7	יִֽפְרַח־בְּיָמָ֥יו צַדִּ֑יק	וְרֹ֥ב שָׁ֝ל֗וֹם עַד־בְּלִ֥י יָרֵֽחַ׃
	8	וְ֭יֵרְדְּ מִיָּ֣ם עַד־יָ֑ם	וּ֝מִנָּהָ֗ר עַד־אַפְסֵי־אָֽרֶץ׃
V	9	לְ֭פָנָיו יִכְרְע֣וּ צִיִּ֑ים	וְ֝אֹיְבָ֗יו עָפָ֥ר יְלַחֵֽכוּ׃
	10	מַלְכֵ֬י תַרְשִׁ֣ישׁ וְ֭אִיִּים מִנְחָ֣ה יָשִׁ֑יבוּ	מַלְכֵ֥י שְׁבָ֥א וּ֝סְבָ֗א אֶשְׁכָּ֥ר יַקְרִֽיבוּ׃
	11	וְיִשְׁתַּחֲווּ־ל֥וֹ כָל־מְלָכִ֑ים	כָּל־גּוֹיִ֥ם יַֽעַבְדֽוּהוּ׃
VI	12	כִּֽי־יַ֭צִּיל אֶבְי֣וֹן מְשַׁוֵּ֑עַ	וְ֝עָנִ֗י וְֽאֵין־עֹזֵ֥ר לֽוֹ׃
	13	יָ֭חֹס עַל־דַּ֣ל וְאֶבְי֑וֹן	וְנַפְשׁ֖וֹת אֶבְיוֹנִ֣ים יוֹשִֽׁיעַ׃
	14	מִתּ֣וֹךְ וּ֭מֵחָמָס יִגְאַ֣ל נַפְשָׁ֑ם	וְיֵיקַ֖ר דָּמָ֣ם בְּעֵינָֽיו׃
VII	15	וִיחִ֗י וְיִתֶּן־לוֹ֮ מִזְּהַ֪ב שְׁ֫בָ֥א	וְיִתְפַּלֵּ֣ל בַּעֲד֣וֹ תָמִ֑יד כָּל־הַ֝יּ֗וֹם יְבָרֲכֶֽנְהֽוּ׃
	16	יְהִ֤י פִסַּת־בַּ֨ר ׀ בָּאָרֶץ֮	בְּרֹ֪אשׁ הָ֫רִ֥ים
		יִרְעַ֣שׁ כַּלְּבָנ֣וֹן פִּרְי֑וֹ	וְיָצִ֥יצוּ מֵ֝עִ֗יר כְּעֵ֣שֶׂב הָאָֽרֶץ׃
VIII	17	יְהִ֤י שְׁמ֨וֹ לְֽעוֹלָ֗ם	לִפְנֵי־שֶׁמֶשׁ֮ יִנּ֪וֹן שְׁ֫מ֥וֹ
		וְיִתְבָּ֥רְכוּ ב֑וֹ	כָּל־גּוֹיִ֥ם יְאַשְּׁרֽוּהוּ׃
IX	18	בָּר֤וּךְ ׀ יְהוָ֣ה אֱ֭לֹהִים אֱלֹהֵ֣י יִשְׂרָאֵ֑ל	עֹשֵׂ֖ה נִפְלָא֣וֹת לְבַדּֽוֹ׃
	19	וּבָר֤וּךְ ׀ שֵׁ֥ם כְּבוֹד֗וֹ לְע֫וֹלָ֥ם	וְיִמָּלֵ֣א כְ֭בוֹדוֹ אֶת־כֹּ֥ל הָאָ֗רֶץ

אָ֘מֵ֥ן ׀ וְאָמֵֽן׃
20 כָּלּ֥וּ תְפִלּ֑וֹת דָּ֝וִ֗ד בֶּן־יִשָֽׁי׃

PSALM 73

1 מִזְמ֗וֹר לְאָ֫סָ֥ף

I		אַ֤ךְ ט֖וֹב לְיִשְׂרָאֵ֥ל אֱלֹהִ֗ים	לְבָרֵ֥י לֵבָֽב׃	
	2	וַאֲנִ֗י כִּ֭מְעַט נָטָ֣יוּ רַגְלָ֑י	כְּ֝אַ֗יִן שֻׁפְּכ֥וּ אֲשֻׁרָֽי׃	
	3	כִּֽי־קִ֭נֵּאתִי בַּהוֹלְלִ֑ים	שְׁל֖וֹם רְשָׁעִ֣ים אֶרְאֶֽה׃	
II	4	כִּ֤י אֵ֣ין חַרְצֻבּ֣וֹת למו	תָּ֗ם וּבָרִ֥יא אוּלָֽם׃	
	5	בַּעֲמַ֣ל אֱנ֣וֹשׁ אֵינֵ֑מוֹ	וְעִם־אָ֝דָ֗ם לֹ֣א יְנֻגָּֽעוּ׃	
III	6	לָ֭כֵן עֲנָקַ֣תְמוֹ גַאֲוָ֑ה	יַעֲטָף־שִׁ֝֗ית חָמָ֥ס לָֽמוֹ׃	
	7	יָ֭צָא מֵחֵ֣לֶב עֵינֵ֑מוֹ	עָ֝בְר֗וּ מַשְׂכִּיּ֥וֹת לֵבָֽב׃	
IV	8	יָמִ֤יקוּ ׀ וִידַבְּר֣וּ בְרָ֣ע	עֹ֝֗שֶׁק מִמָּר֥וֹם יְדַבֵּֽרוּ׃	
	9	שַׁתּ֣וּ בַשָּׁמַ֣יִם פִּיהֶ֑ם	וּ֝לְשׁוֹנָ֗ם תִּֽהֲלַ֥ךְ בָּאָֽרֶץ׃	
V	10	לָכֵ֤ן ׀ יָשׁ֣וּב עַמּ֣וֹ הֲלֹ֑ם	וּמֵ֥י מָ֝לֵ֗א יִמָּ֥צוּ לָֽמוֹ׃	
	11	וְֽאָמְר֗וּ אֵיכָ֥ה יָדַֽע־אֵ֑ל	וְיֵ֖שׁ דֵּעָ֣ה בְעֶלְיֽוֹן׃	
	12	הִנֵּה־אֵ֥לֶּה רְשָׁעִ֑ים	וְשַׁלְוֵ֥י ע֝וֹלָ֗ם הִשְׂגּוּ־חָֽיִל׃	
VI	13	אַךְ־רִ֭יק זִכִּ֣יתִי לְבָבִ֑י	וָאֶרְחַ֖ץ בְּנִקָּי֣וֹן כַּפָּֽי׃	
	14	וָאֱהִ֣י נָ֭גוּעַ כָּל־הַיּ֑וֹם	וְ֝תוֹכַחְתִּ֗י לַבְּקָרִֽים׃	
VII	15	אִם־אָ֭מַרְתִּי אֲסַפְּרָ֣ה כְמ֑וֹ	הִנֵּ֤ה ד֖וֹר בָּנֶ֣יךָ בָגָֽדְתִּי׃	
	16	וָֽ֭אֲחַשְּׁבָה לָדַ֣עַת זֹ֑את	עָ֖מָל הִ֣יא בְעֵינָֽי׃	
	17	עַד־אָ֭בוֹא אֶל־מִקְדְּשֵׁי־אֵ֑ל	אָ֝בִ֗ינָה לְאַחֲרִיתָֽם׃	
VIII	18	אַ֣ךְ בַּ֭חֲלָקוֹת תָּשִׁ֣ית לָ֑מוֹ	הִ֝פַּלְתָּ֗ם לְמַשּׁוּאֽוֹת׃	
	19	אֵ֤יךְ הָי֣וּ לְשַׁמָּ֣ה כְרָ֑גַע	סָ֥פוּ תַ֝֗מּוּ מִן־בַּלָּהֽוֹת׃	
	20	כַּחֲל֥וֹם מֵהָקִ֑יץ אֲדֹנָ֓י	בָּעִ֤יר ׀ צַלְמָ֬ם תִּבְזֶֽה׃	
IX	21	כִּ֭י יִתְחַמֵּ֣ץ לְבָבִ֑י	וְ֝כִלְיוֹתַ֗י אֶשְׁתּוֹנָֽן׃	
	22	וַאֲנִי־בַ֭עַר וְלֹ֣א אֵדָ֑ע	בְּ֝הֵמ֗וֹת הָיִ֥יתִי עִמָּֽךְ׃	
X	23	וַאֲנִ֣י תָמִ֣יד עִמָּ֑ךְ	אָ֝חַ֗זְתָּ בְּיַד־יְמִינִֽי׃	
	24	בַּעֲצָתְךָ֥ תַנְחֵ֑נִי	וְ֝אַחַ֗ר כָּב֥וֹד תִּקָּחֵֽנִי׃	
XI	25	מִי־לִ֥י בַשָּׁמָ֑יִם	וְ֝עִמְּךָ֗ לֹא־חָפַ֥צְתִּי בָאָֽרֶץ׃	
	26	כָּלָ֥ה שְׁאֵרִ֗י וּלְבָ֫בִ֥י	צוּר־לְבָבִ֥י וְחֶלְקִ֑י	אֱלֹהִ֥ים לְעוֹלָֽם׃
XII	27	כִּֽי־הִנֵּ֣ה רְחֵקֶ֣יךָ יֹאבֵ֑דוּ	הִ֝צְמַ֗תָּה כָּל־זוֹנֶ֥ה מִמֶּֽךָּ׃	
	28	וַאֲנִ֤י ׀ קִֽרֲבַ֥ת אֱלֹהִ֗ים לִ֫י־ט֥וֹב	שַׁתִּ֤י ׀ בַּאדֹנָ֣י יְהֹוִ֣ה מַחְסִ֑י	לְ֝סַפֵּ֗ר כָּל־מַלְאֲכוֹתֶֽיךָ׃

PSALM 74

1 מַשְׂכִּיל לְאָסָף

I		לָמָה אֱלֹהִים זָנַחְתָּ לָנֶצַח	יֶעְשַׁן אַפְּךָ בְּצֹאן מַרְעִיתֶךָ׃	
	2	זְכֹר עֲדָתְךָ ׀ קָנִיתָ קֶּדֶם	גָּאַלְתָּ שֵׁבֶט נַחֲלָתֶךָ	הַר־צִיּוֹן זֶה ׀ שָׁכַנְתָּ בּוֹ׃
	3	הָרִימָה פְעָמֶיךָ לְמַשֻּׁאוֹת נֶצַח	כָּל־הֵרַע אוֹיֵב בַּקֹּדֶשׁ׃	
II	4	שָׁאֲגוּ צֹרְרֶיךָ בְּקֶרֶב מוֹעֲדֶךָ	שָׂמוּ אוֹתֹתָם אֹתוֹת׃	
	5	יִוָּדַע כְּמֵבִיא לְמָעְלָה	בִּסֲבָךְ־עֵץ קַרְדֻּמּוֹת׃	
III	6	וְעַתָּה פִּתּוּחֶיהָ יָּחַד	בְּכַשִּׁיל וְכֵילַפֹּת יַהֲלֹמוּן׃	
	7	שִׁלְחוּ בָאֵשׁ מִקְדָּשֶׁךָ	לָאָרֶץ חִלְּלוּ מִשְׁכַּן־שְׁמֶךָ׃	
IV	8	אָמְרוּ בְלִבָּם נִינָם יָחַד	שָׂרְפוּ כָל־מוֹעֲדֵי־אֵל בָּאָרֶץ׃	
	9	אוֹתֹתֵינוּ לֹא רָאִינוּ	אֵין־עוֹד נָבִיא	וְלֹא־אִתָּנוּ יֹדֵעַ עַד־מָה׃
V	10	עַד־מָתַי אֱלֹהִים יְחָרֶף צָר	יְנָאֵץ אוֹיֵב שִׁמְךָ לָנֶצַח׃	
	11	לָמָּה תָשִׁיב יָדְךָ וִימִינֶךָ	מִקֶּרֶב חֵיקְךָ כַלֵּה׃	
VI	12	וֵאלֹהִים מַלְכִּי מִקֶּדֶם	פֹּעֵל יְשׁוּעוֹת בְּקֶרֶב הָאָרֶץ׃	
	13	אַתָּה פוֹרַרְתָּ בְעָזְּךָ יָם	שִׁבַּרְתָּ רָאשֵׁי תַנִּינִים עַל־הַמָּיִם׃	
VII	14	אַתָּה רִצַּצְתָּ רָאשֵׁי לִוְיָתָן	תִּתְּנֶנּוּ מַאֲכָל לְעָם לְצִיִּים׃	
	15	אַתָּה בָקַעְתָּ מַעְיָן וָנָחַל	אַתָּה הוֹבַשְׁתָּ נַהֲרוֹת אֵיתָן׃	
VIII	16	לְךָ יוֹם אַף־לְךָ לָיְלָה	אַתָּה הֲכִינוֹתָ מָאוֹר וָשָׁמֶשׁ׃	
	17	אַתָּה הִצַּבְתָּ כָּל־גְּבוּלוֹת אָרֶץ	קַיִץ וָחֹרֶף אַתָּה יְצַרְתָּם׃	
IX	18	זְכָר־זֹאת אוֹיֵב חֵרֵף ׀ יְהוָה	וְעַם נָבָל נִאֲצוּ שְׁמֶךָ׃	
	19	אַל־תִּתֵּן לְחַיַּת נֶפֶשׁ תּוֹרֶךָ	חַיַּת עֲנִיֶּיךָ אַל־תִּשְׁכַּח לָנֶצַח׃	
X	20	הַבֵּט לַבְּרִית	כִּי מָלְאוּ מַחֲשַׁכֵּי־אֶרֶץ	נְאוֹת חָמָס׃
	21	אַל־יָשֹׁב דַּךְ נִכְלָם	עָנִי וְאֶבְיוֹן יְהַלְלוּ שְׁמֶךָ׃	
XI	22	קוּמָה אֱלֹהִים רִיבָה רִיבֶךָ	זְכֹר חֶרְפָּתְךָ מִנִּי־נָבָל [..]׃	
	23	אַל־תִּשְׁכַּח קוֹל צֹרְרֶיךָ	שְׁאוֹן קָמֶיךָ עֹלֶה תָמִיד׃	

PSALM 75

1 לַמְנַצֵּחַ אַל־תַּשְׁחֵת מִזְמוֹר לְאָסָף שִׁיר׃

I 2 הוֹדִינוּ לְּךָ ׀ אֱלֹהִים הוֹדִינוּ וְקָרוֹב שְׁמֶךָ סִפְּרוּ נִפְלְאוֹתֶיךָ׃

II 3 כִּי אֶקַּח מוֹעֵד אֲנִי מֵישָׁרִים אֶשְׁפֹּט׃
4 נְמֹגִים אֶרֶץ וְכָל־יֹשְׁבֶיהָ אָנֹכִי תִכַּנְתִּי עַמּוּדֶיהָ׃

III 5 אָמַרְתִּי לַהוֹלְלִים אַל־תָּהֹלּוּ וְלָרְשָׁעִים אַל־תָּרִימוּ קָרֶן׃

IV 7 כִּי לֹא מִמּוֹצָא וּמִמַּעֲרָב וְלֹא מִמִּדְבַּר הָרִים׃
8 כִּי־אֱלֹהִים שֹׁפֵט זֶה יַשְׁפִּיל וְזֶה יָרִים׃

V 9 כִּי כוֹס בְּיַד־יְהוָה וְיַיִן חָמַר ׀ מָלֵא מֶסֶךְ וַיַּגֵּר מִזֶּה
אַךְ־שְׁמָרֶיהָ יִמְצוּ יִשְׁתּוּ כֹּל רִשְׁעֵי־אָרֶץ׃

VI 10 וַאֲנִי אַגִּיד לְעֹלָם אֲזַמְּרָה לֵאלֹהֵי יַעֲקֹב׃
11 וְכָל־קַרְנֵי רְשָׁעִים אֲגַדֵּעַ תְּרוֹמַמְנָה קַרְנוֹת צַדִּיק׃

PSALM 76

1 לַמְנַצֵּחַ בִּנְגִינֹת מִזְמוֹר לְאָסָף שִׁיר׃

I 2 נוֹדָע בִּיהוּדָה אֱלֹהִים בְּיִשְׂרָאֵל גָּדוֹל שְׁמוֹ׃
3 וַיְהִי בְשָׁלֵם סֻכּוֹ וּמְעוֹנָתוֹ בְצִיּוֹן׃
4 שָׁמָּה שִׁבַּר רִשְׁפֵי־קָשֶׁת מָגֵן וְחֶרֶב וּמִלְחָמָה׃

II 5 נָאוֹר אַתָּה אַדִּיר מֵהַרְרֵי־טָרֶף׃
6 אֶשְׁתּוֹלְלוּ ׀ אַבִּירֵי לֵב נָמוּ שְׁנָתָם וְלֹא־מָצְאוּ כָל־אַנְשֵׁי־חַיִל יְדֵיהֶם׃
7 מִגַּעֲרָתְךָ אֱלֹהֵי יַעֲקֹב נרדמו רכבי סוס׃

III 8 אַתָּה ׀ נוֹרָא אַתָּה וּמִי־יַעֲמֹד לְפָנֶיךָ מֵאָז אַפֶּךָ׃
9 מִשָּׁמַיִם הִשְׁמַעְתָּ דִּין אֶרֶץ יָרְאָה וְשָׁקָטָה׃
10 בְּקוּם־לַמִּשְׁפָּט אֱלֹהִים לְהוֹשִׁיעַ כָּל־עַנְוֵי־אָרֶץ׃

IV 11 כִּי־חֲמַת אָדָם תדוך וּשְׁאֵרִית חֵמֹת תַּחְגֹּר׃
12 נִדְרוּ וְשַׁלְּמוּ לַיהוָה אֱלֹהֵיכֶם כָּל־סְבִיבָיו יוֹבִילוּ שַׁי לַמּוֹרָא׃
13 יִבְצֹר רוּחַ נְגִידִים נוֹרָא לְמַלְכֵי־אָרֶץ׃

PSALM 77

1 לַמְנַצֵּחַ עַל־יְדוּתוּן לְאָסָף מִזְמוֹר׃

I	2	קוֹלִי אֶל־אֱלֹהִים וְאֶצְעָקָה	קוֹלִי אֶל־אֱלֹהִים וְהַאֲזִין אֵלָי׃	
	3	בְּיוֹם צָרָתִי אֲדֹנָי דָּרָשְׁתִּי	יָדִי ׀ לַיְלָה נִגְּרָה וְלֹא תָפוּג	מֵאֲנָה הִנָּחֵם נַפְשִׁי׃
	4	אֶזְכְּרָה אֱלֹהִים וְאֶהֱמָיָה	אָשִׂיחָה ׀ וְתִתְעַטֵּף רוּחִי׃	
II	5	אָחַזְתָּ שְׁמֻרוֹת עֵינָי	נִפְעַמְתִּי וְלֹא אֲדַבֵּר׃	
	6	חִשַּׁבְתִּי יָמִים מִקֶּדֶם	שְׁנוֹת עוֹלָמִים׃ 7 אֶזְכְּרָה	
		נְגִינָתִי בַּלָּיְלָה עִם־לְבָבִי	אָשִׂיחָה וַיְחַפֵּשׂ רוּחִי׃	
III	8	הַלְעוֹלָמִים יִזְנַח ׀ אֲדֹנָי	וְלֹא־יֹסִיף לִרְצוֹת עוֹד׃	
	9	הֶאָפֵס לָנֶצַח חַסְדּוֹ	גָּמַר אֹמֶר לְדֹר וָדֹר׃	
	10	הֲשָׁכַח חַנּוֹת אֵל	אִם־קָפַץ בְּאַף רַחֲמָיו׃	
IV	11	וָאֹמַר חַלּוֹתִי הִיא	שְׁנוֹת יְמִין עֶלְיוֹן׃	
	12	אֶזְכּוֹר מַעַלְלֵי־יָהּ	כִּי־אֶזְכְּרָה מִקֶּדֶם פִּלְאֶךָ׃	
	13	וְהָגִיתִי בְכָל־פָּעֳלֶךָ	וּבַעֲלִילוֹתֶיךָ אָשִׂיחָה׃	
V	14	אֱלֹהִים בַּקֹּדֶשׁ דַּרְכֶּךָ	מִי־אֵל גָּדוֹל כֵּאלֹהִים׃	
	15	אַתָּה הָאֵל עֹשֵׂה פֶלֶא	הוֹדַעְתָּ בָעַמִּים עֻזֶּךָ׃	
	16	גָּאַלְתָּ בִּזְרוֹעַ עַמֶּךָ	בְּנֵי־יַעֲקֹב וְיוֹסֵף׃	
VI	17	רָאוּךָ מַּיִם ׀ אֱלֹהִים	רָאוּךָ מַּיִם יָחִילוּ	אַף יִרְגְּזוּ תְהֹמוֹת׃
	18	זֹרְמוּ מַיִם ׀ עָבוֹת	קוֹל נָתְנוּ שְׁחָקִים	אַף־חֲצָצֶיךָ יִתְהַלָּכוּ׃
	19	קוֹל רַעַמְךָ ׀ בַּגַּלְגַּל	הֵאִירוּ בְרָקִים תֵּבֵל	רָגְזָה וַתִּרְעַשׁ הָאָרֶץ׃
VII	20	בַּיָּם דַּרְכֶּךָ	וּשְׁבִילְךָ בְּמַיִם רַבִּים	וְעִקְּבוֹתֶיךָ לֹא נֹדָעוּ׃
	21	נָחִיתָ כַצֹּאן עַמֶּךָ	בְּיַד־מֹשֶׁה וְאַהֲרֹן׃	

PSALM 78

1 מַשְׂכִּ֗יל לְאָ֫סָ֥ף

I		הַאֲזִ֣ינָה עַ֭מִּי תּוֹרָתִ֑י	הַטּ֥וּ אָ֝זְנְכֶ֗ם לְאִמְרֵי־פִֽי׃	
	2	אֶפְתְּחָ֣ה בְמָשָׁ֣ל פִּ֑י	אַבִּ֥יעָה חִ֝יד֗וֹת מִנִּי־קֶֽדֶם׃	
	3	אֲשֶׁ֣ר שָׁ֭מַעְנוּ וַנֵּדָעֵ֑ם	וַ֝אֲבוֹתֵ֗ינוּ סִפְּרוּ־לָֽנוּ׃	
II	4	לֹ֤א נְכַחֵ֨ד ׀ מִבְּנֵיהֶ֗ם	לְד֣וֹר אַ֭חֲרוֹן מְֽסַפְּרִ֗ים	
		תְּהִלּ֣וֹת יְהוָ֣ה וֶעֱזוּז֑וֹ	וְ֝נִפְלְאוֹתָ֗יו אֲשֶׁ֣ר עָשָֽׂה׃	
III	5	וַיָּ֤קֶם עֵד֨וּת ׀ בְּֽיַעֲקֹ֗ב	וְתוֹרָה֮ שָׂ֤ם בְּיִשְׂרָ֫אֵ֥ל	
		אֲשֶׁ֣ר צִ֭וָּה אֶת־אֲבוֹתֵ֑ינוּ	לְ֝הוֹדִיעָ֗ם לִבְנֵיהֶֽם׃	
	6	לְמַ֤עַן יֵדְע֨וּ ׀ דּ֤וֹר אַחֲר֗וֹן	בָּנִ֥ים יִוָּלֵ֑דוּ	יָ֝קֻ֗מוּ וִיסַפְּר֥וּ לִבְנֵיהֶֽם׃
IV	7	וְיָשִׂ֥ימוּ בֵֽאלֹהִ֗ים כִּ֫סְלָ֥ם	וְלֹ֣א יִ֭שְׁכְּחוּ מַֽעַלְלֵי־אֵ֑ל	וּמִצְוֺתָ֥יו יִנְצֹֽרוּ׃
	8	וְלֹ֤א יִהְי֨וּ ׀ כַּאֲבוֹתָ֗ם	דּוֹר֮ סוֹרֵ֪ר וּמֹ֫רֶ֥ה	
		דּ֭וֹר לֹא־הֵכִ֣ין לִבּ֑וֹ	וְלֹא־נֶאֶמְנָ֖ה אֶת־אֵ֣ל רוּחֽוֹ׃	
V	9	בְּֽנֵי־אֶפְרַ֗יִם	נוֹשְׁקֵ֥י רוֹמֵי־קָ֑שֶׁת	הָ֝פְכ֗וּ בְּי֣וֹם קְרָֽב׃
	10	לֹ֣א שָׁ֭מְרוּ בְּרִ֣ית אֱלֹהִ֑ים	וּ֝בְתוֹרָת֗וֹ מֵאֲנ֥וּ לָלֶֽכֶת׃	
	11	וַיִּשְׁכְּח֥וּ עֲלִילוֹתָ֑יו	וְ֝נִפְלְאוֹתָ֗יו אֲשֶׁ֣ר הֶרְאָֽם׃	
VI	12	נֶ֣גֶד אֲ֭בוֹתָם עָ֣שָׂה פֶ֑לֶא	בְּאֶ֖רֶץ מִצְרַ֣יִם שְׂדֵה־צֹֽעַן׃	
	13	בָּ֣קַע יָ֭ם וַיַּֽעֲבִירֵ֑ם	וַיַּצֶּב־מַ֥יִם כְּמוֹ־נֵֽד׃	
VII	14	וַיַּנְחֵ֣ם בֶּעָנָ֣ן יוֹמָ֑ם	וְכָל־הַ֝לַּ֗יְלָה בְּא֣וֹר אֵֽשׁ׃	
	15	יְבַקַּ֣ע צֻ֭רִים בַּמִּדְבָּ֑ר	וַ֝יַּ֗שְׁקְ כִּתְהֹמ֥וֹת רַבָּֽה׃	
	16	וַיּוֹצִ֣א נוֹזְלִ֣ים מִסָּ֑לַע	וַיּ֖וֹרֶד כַּנְּהָר֣וֹת מָֽיִם׃	
VIII	17	וַיּוֹסִ֣יפוּ ע֭וֹד לַחֲטֹא־ל֑וֹ	לַֽמְר֥וֹת עֶ֝לְי֗וֹן בַּצִּיָּֽה׃	
	18	וַיְנַסּוּ־אֵ֥ל בִּלְבָבָ֑ם	לִֽשְׁאָל־אֹ֥כֶל לְנַפְשָֽׁם׃	
IX	19	וַֽיְדַבְּר֗וּ בֵּאלֹ֫הִ֥ים	אָ֭מְרוּ הֲי֣וּכַל אֵ֑ל	לַעֲרֹ֥ךְ שֻׁ֝לְחָ֗ן בַּמִּדְבָּֽר׃
	20	הֵ֤ן הִכָּה־צ֨וּר ׀	וַיָּז֣וּבוּ מַיִם֮	וּנְחָלִ֪ים יִ֫שְׁטֹ֥פוּ
		הֲגַם־לֶ֭חֶם י֣וּכַל תֵּ֑ת	אִם־יָכִ֖ין שְׁאֵ֣ר לְעַמּֽוֹ׃	
X	21	לָכֵ֤ן ׀ שָׁמַ֥ע יְהוָ֗ה וַֽיִּתְעַבָּ֥ר	וְ֭אֵשׁ נִשְּׂקָ֣ה בְיַעֲקֹ֑ב	וְגַם־אַ֝֗ף עָלָ֥ה בְיִשְׂרָאֵֽל׃
	22	כִּ֤י לֹ֣א הֶ֭אֱמִינוּ בֵּאלֹהִ֑ים	וְלֹ֥א בָ֝טְחוּ בִּישׁוּעָתֽוֹ׃	

XI	23	וַיְצַו שְׁחָקִים מִמָּעַל	וְדַלְתֵי שָׁמַיִם פָּתָח׃	
	24	וַיַּמְטֵר עֲלֵיהֶם מָן לֶאֱכֹל	וּדְגַן־שָׁמַיִם נָתַן לָמוֹ׃	
	25	לֶחֶם אַבִּירִים אָכַל אִישׁ	צֵידָה שָׁלַח לָהֶם לָשֹׂבַע׃	
XII	26	יַסַּע קָדִים בַּשָּׁמָיִם	וַיְנַהֵג בְּעֻזּוֹ תֵימָן׃	
	27	וַיַּמְטֵר עֲלֵיהֶם כֶּעָפָר שְׁאֵר	וּכְחוֹל יַמִּים עוֹף כָּנָף׃	
	28	וַיַּפֵּל בְּקֶרֶב מַחֲנֵהוּ	סָבִיב לְמִשְׁכְּנֹתָיו׃	
XIII	29	וַיֹּאכְלוּ וַיִּשְׂבְּעוּ מְאֹד	וְתַאֲוָתָם יָבִא לָהֶם׃	
	30	לֹא־זָרוּ מִתַּאֲוָתָם	עוֹד אָכְלָם בְּפִיהֶם׃	
	31	וְאַף אֱלֹהִים ׀ עָלָה בָהֶם	וַיַּהֲרֹג בְּמִשְׁמַנֵּיהֶם	וּבַחוּרֵי יִשְׂרָאֵל הִכְרִיעַ׃
XIV	32	בְּכָל־זֹאת חָטְאוּ־עוֹד	וְלֹא־הֶאֱמִינוּ בְּנִפְלְאוֹתָיו׃	
	33	וַיְכַל־בַּהֶבֶל יְמֵיהֶם	וּשְׁנוֹתָם בַּבֶּהָלָה׃	
XV	34	אִם־הֲרָגָם וּדְרָשׁוּהוּ	וְשָׁבוּ וְשִׁחֲרוּ־אֵל׃	
	35	וַיִּזְכְּרוּ כִּי־אֱלֹהִים צוּרָם	וְאֵל עֶלְיוֹן גֹּאֲלָם׃	
XVI	36	וַיְפַתּוּהוּ בְּפִיהֶם	וּבִלְשׁוֹנָם יְכַזְּבוּ־לוֹ׃	
	37	וְלִבָּם לֹא־נָכוֹן עִמּוֹ	וְלֹא נֶאֶמְנוּ בִּבְרִיתוֹ׃	
XVII	38	וְהוּא רַחוּם ׀ יְכַפֵּר עָוֹן	וְלֹא־יַשְׁחִית	
		וְהִרְבָּה לְהָשִׁיב אַפּוֹ	וְלֹא־יָעִיר כָּל־חֲמָתוֹ׃	
	39	וַיִּזְכֹּר כִּי־בָשָׂר הֵמָּה	רוּחַ הוֹלֵךְ וְלֹא יָשׁוּב׃	
XVIII	40	כַּמָּה יַמְרוּהוּ בַמִּדְבָּר	יַעֲצִיבוּהוּ בִּישִׁימוֹן׃	
	41	וַיָּשׁוּבוּ וַיְנַסּוּ אֵל	וּקְדוֹשׁ יִשְׂרָאֵל הִתְווּ׃	
XIX	42	לֹא־זָכְרוּ אֶת־יָדוֹ	יוֹם אֲשֶׁר־פָּדָם מִנִּי־צָר׃	
	43	אֲשֶׁר־שָׂם בְּמִצְרַיִם אֹתוֹתָיו	וּמוֹפְתָיו בִּשְׂדֵה־צֹעַן׃	
XX	44	וַיַּהֲפֹךְ לְדָם יְאֹרֵיהֶם	וְנֹזְלֵיהֶם בַּל־יִשְׁתָּיוּן׃	
	45	יְשַׁלַּח בָּהֶם עָרֹב וַיֹּאכְלֵם	וּצְפַרְדֵּעַ וַתַּשְׁחִיתֵם׃	
XXI	46	וַיִּתֵּן לֶחָסִיל יְבוּלָם	וִיגִיעָם לָאַרְבֶּה׃	
	47	יַהֲרֹג בַּבָּרָד גַּפְנָם	וְשִׁקְמוֹתָם בַּחֲנָמַל׃	
XXII	48	וַיַּסְגֵּר לַבָּרָד בְּעִירָם	וּמִקְנֵיהֶם לָרְשָׁפִים׃	
	49	יְשַׁלַּח־בָּם ׀ חֲרוֹן אַפּוֹ	עֶבְרָה וָזַעַם וְצָרָה	מִשְׁלַחַת מַלְאֲכֵי רָעִים׃

XXIII	50	יְפַלֵּס נָתִיב לְאַפּוֹ	לֹא־חָשַׂךְ מִמָּוֶת נַפְשָׁם וְחַיָּתָם לַדֶּבֶר הִסְגִּיר:
	51	וַיַּךְ כָּל־בְּכוֹר בְּמִצְרָיִם	רֵאשִׁית אוֹנִים בְּאָהֳלֵי־חָם:
XXIV	52	וַיַּסַּע כַּצֹּאן עַמּוֹ	וַיְנַהֲגֵם כַּעֵדֶר בַּמִּדְבָּר:
	53	וַיַּנְחֵם לָבֶטַח וְלֹא פָחָדוּ	וְאֶת־אוֹיְבֵיהֶם כִּסָּה הַיָּם:
XXV	54	וַיְבִיאֵם אֶל־גְּבוּל קָדְשׁוֹ	הַר־זֶה קָנְתָה יְמִינוֹ:
	55	וַיְגָרֶשׁ מִפְּנֵיהֶם ׀ גּוֹיִם	וַיַּפִּילֵם בְּחֶבֶל נַחֲלָה וַיַּשְׁכֵּן בְּאָהֳלֵיהֶם שִׁבְטֵי יִשְׂרָאֵל:
XXVI	56	וַיְנַסּוּ וַיַּמְרוּ אֶת־אֱלֹהִים עֶלְיוֹן	וְעֵדוֹתָיו לֹא שָׁמָרוּ:
	57	וַיִּסֹּגוּ וַיִּבְגְּדוּ כַּאֲבוֹתָם	נֶהְפְּכוּ כְּקֶשֶׁת רְמִיָּה:
	58	וַיַּכְעִיסוּהוּ בְּבָמוֹתָם	וּבִפְסִילֵיהֶם יַקְנִיאוּהוּ:
XXVII	59	שָׁמַע אֱלֹהִים וַיִּתְעַבָּר	וַיִּמְאַס מְאֹד בְּיִשְׂרָאֵל:
	60	וַיִּטֹּשׁ מִשְׁכַּן שִׁלוֹ	אֹהֶל שִׁכֵּן בָּאָדָם:
XXVIII	61	וַיִּתֵּן לַשְּׁבִי עֻזּוֹ	וְתִפְאַרְתּוֹ בְיַד־צָר:
	62	וַיַּסְגֵּר לַחֶרֶב עַמּוֹ	וּבְנַחֲלָתוֹ הִתְעַבָּר:
XXIX	63	בַּחוּרָיו אָכְלָה־אֵשׁ	וּבְתוּלֹתָיו לֹא הוּלָּלוּ:
	64	כֹּהֲנָיו בַּחֶרֶב נָפָלוּ	וְאַלְמְנֹתָיו לֹא תִבְכֶּינָה:
XXX	65	וַיִּקַץ כְּיָשֵׁן ׀ אֲדֹנָי	כְּגִבּוֹר מִתְרוֹנֵן מִיָּיִן:
	66	וַיַּךְ־צָרָיו אָחוֹר	חֶרְפַּת עוֹלָם נָתַן לָמוֹ:
XXXI	67	וַיִּמְאַס בְּאֹהֶל יוֹסֵף	וּבְשֵׁבֶט אֶפְרַיִם לֹא בָחָר:
	68	וַיִּבְחַר אֶת־שֵׁבֶט יְהוּדָה	אֶת־הַר צִיּוֹן אֲשֶׁר אָהֵב:
	69	וַיִּבֶן כְּמוֹ־רָמִים מִקְדָּשׁוֹ	כְּאֶרֶץ יְסָדָהּ לְעוֹלָם:
XXXII	70	וַיִּבְחַר בְּדָוִד עַבְדּוֹ	וַיִּקָּחֵהוּ מִמִּכְלְאֹת צֹאן:
	71	מֵאַחַר עָלוֹת הֱבִיאוֹ	לִרְעוֹת בְּיַעֲקֹב עַמּוֹ וּבְיִשְׂרָאֵל נַחֲלָתוֹ:
	72	וַיִּרְעֵם כְּתֹם לְבָבוֹ	וּבִתְבוּנוֹת כַּפָּיו יַנְחֵם:

PSALM 79

1 מִזְמ֗וֹר לְאָ֫סָ֥ף

I		אֱֽלֹהִ֡ים בָּ֤אוּ גוֹיִ֨ם ׀ בְּֽנַחֲלָתֶ֗ךָ	טִ֭מְּאוּ אֶת־הֵיכַ֣ל קָדְשֶׁ֑ךָ	שָׂ֖מוּ אֶת־יְרוּשָׁלַ֣͏ִם לְעִיִּֽים׃
	2	נָֽתְנ֡וּ אֶת־נִבְלַ֬ת עֲבָדֶ֗יךָ	מַ֭אֲכָל לְע֣וֹף הַשָּׁמָ֑יִם	בְּשַׂ֥ר חֲ֝סִידֶ֗יךָ לְחַיְתוֹ־אָֽרֶץ׃
	3	שָׁפְכ֬וּ דָמָ֨ם ׀ כַּמַּ֗יִם	סְֽבִ֘יב֤וֹת יְֽרוּשָׁלָ֗͏ִם וְאֵ֣ין קוֹבֵֽר׃	
II	4	הָיִ֣ינוּ חֶ֭רְפָּה לִשְׁכֵנֵ֑ינוּ	לַ֥עַג וָ֝קֶ֗לֶס לִסְבִיבוֹתֵֽינוּ׃	
	5	עַד־מָ֣ה יְ֭הוָה תֶּאֱנַ֣ף לָנֶ֑צַח	תִּבְעַ֥ר כְּמוֹ־אֵ֝֗שׁ קִנְאָתֶֽךָ׃	
III	6	שְׁפֹ֤ךְ חֲמָתְךָ֗ אֶֽל־הַגּוֹיִם֮	אֲשֶׁ֪ר לֹא־יְדָ֫ע֥וּךָ	
		וְעַ֗ל מַמְלָכ֑וֹת	אֲשֶׁ֥ר בְּ֝שִׁמְךָ֗ לֹ֣א קָרָֽאוּ׃	
	7	כִּ֭י אָכַ֣ל אֶֽת־יַעֲקֹ֑ב	וְֽאֶת־נָוֵ֥הוּ הֵשַֽׁמּוּ׃	
IV	8	אַֽל־תִּזְכָּר־לָנוּ֮ עֲוֺנֹ֪ת רִאשֹׁ֫נִ֥ים	מַ֭הֵר יְקַדְּמ֣וּנוּ רַחֲמֶ֑יךָ	כִּ֖י דַלּ֣וֹנוּ מְאֹֽד׃
	9	עָזְרֵ֤נוּ ׀ אֱלֹ֘הֵ֤י יִשְׁעֵ֗נוּ	עַל־דְּבַ֥ר כְּבֽוֹד־שְׁמֶ֑ךָ	
		וְהַצִּילֵ֥נוּ וְכַפֵּ֥ר עַל־חַ֝טֹּאתֵ֗ינוּ	לְמַ֣עַן שְׁמֶֽךָ׃	
V	10	לָ֤מָּה ׀ יֹאמְר֣וּ הַגּוֹיִם֮	אַיֵּ֪ה אֱֽלֹהֵ֫יהֶ֥ם	
		יִוָּדַ֣ע בַּגֹּיִ֣ם לְעֵינֵ֑ינוּ	נִ֝קְמַ֗ת דַּֽם־עֲבָדֶ֥יךָ הַשָּׁפֽוּךְ׃	
VI	11	תָּ֤ב֣וֹא לְפָנֶיךָ֮ אֶנְקַ֪ת אָ֫סִ֥יר	כְּגֹ֥דֶל זְרוֹעֲךָ֑ ה֝וֹתֵ֗ר בְּנֵ֣י תְמוּתָֽה׃	
	12	וְהָ֘שֵׁ֤ב לִשְׁכֵנֵ֣ינוּ שִׁ֭בְעָתַיִם אֶל־חֵיקָ֑ם	חֶרְפָּתָ֥ם אֲשֶׁ֖ר חֵרְפ֣וּךָ אֲדֹנָֽי׃	
VII	13	וַאֲנַ֤חְנוּ עַמְּךָ֨ ׀	וְצֹ֥אן מַרְעִיתֶךָ֮	
		נ֤וֹדֶ֥ה לְּךָ֗ לְע֫וֹלָ֥ם	לְדֹ֥ר וָדֹ֑ר נְ֝סַפֵּ֗ר תְּהִלָּתֶֽךָ׃	

PSALM 80

1 לַמְנַצֵּחַ אֶל־שֹׁשַׁנִּים עֵדוּת לְאָסָף מִזְמוֹר׃

I	2	רֹעֵה יִשְׂרָאֵל ׀ הַאֲזִינָה	נֹהֵג כַּצֹּאן יוֹסֵף
		יֹשֵׁב הַכְּרוּבִים הוֹפִיעָה׃	3 לִפְנֵי אֶפְרַיִם ׀ וּבִנְיָמִן וּמְנַשֶּׁה
II		עוֹרְרָה אֶת־גְּבוּרָתֶךָ	וּלְכָה לִישֻׁעָתָה לָּנוּ׃
	4	אֱלֹהִים הֲשִׁיבֵנוּ	וְהָאֵר פָּנֶיךָ וְנִוָּשֵׁעָה׃
III	5	יְהוָה אֱלֹהִים צְבָאוֹת	עַד־מָתַי עָשַׁנְתָּ בִּתְפִלַּת עַמֶּךָ׃
	6	הֶאֱכַלְתָּם לֶחֶם דִּמְעָה	וַתַּשְׁקֵמוֹ בִּדְמָעוֹת שָׁלִישׁ׃
IV	7	תְּשִׂימֵנוּ מָדוֹן לִשְׁכֵנֵינוּ	וְאֹיְבֵינוּ יִלְעֲגוּ־לָמוֹ׃
	8	אֱלֹהִים צְבָאוֹת הֲשִׁיבֵנוּ	וְהָאֵר פָּנֶיךָ וְנִוָּשֵׁעָה׃
V	9	גֶּפֶן מִמִּצְרַיִם תַּסִּיעַ	תְּגָרֵשׁ גּוֹיִם וַתִּטָּעֶהָ׃
	10	פִּנִּיתָ לְפָנֶיהָ	וַתַּשְׁרֵשׁ שָׁרָשֶׁיהָ וַתְּמַלֵּא־אָרֶץ׃
VI	11	כָּסּוּ הָרִים צִלָּהּ	וַעֲנָפֶיהָ אַרְזֵי־אֵל׃
	12	תְּשַׁלַּח קְצִירֶהָ עַד־יָם	וְאֶל־נָהָר יוֹנְקוֹתֶיהָ׃
VII	13	לָמָּה פָּרַצְתָּ גְדֵרֶיהָ	וְאָרוּהָ כָּל־עֹבְרֵי דָרֶךְ׃
	14	יְכַרְסְמֶנָּה חֲזִיר מִיָּעַר	וְזִיז שָׂדַי יִרְעֶנָּה׃
VIII	15	אֱלֹהִים צְבָאוֹת שׁוּב־נָא	הַבֵּט מִשָּׁמַיִם וּרְאֵה וּפְקֹד גֶּפֶן זֹאת׃
	16	וְכַנָּה אֲשֶׁר־נָטְעָה יְמִינֶךָ	וְעַל־בֵּן אִמַּצְתָּה לָּךְ׃
	17	שְׂרֻפָה בָאֵשׁ כְּסוּחָה	מִגַּעֲרַת פָּנֶיךָ יֹאבֵדוּ׃
IX	18	תְּהִי־יָדְךָ עַל־אִישׁ יְמִינֶךָ	עַל־בֶּן־אָדָם אִמַּצְתָּ לָּךְ׃
	19	וְלֹא־נָסוֹג מִמֶּךָּ	תְּחַיֵּנוּ וּבְשִׁמְךָ נִקְרָא׃
	20	יְהוָה אֱלֹהִים צְבָאוֹת הֲשִׁיבֵנוּ	הָאֵר פָּנֶיךָ וְנִוָּשֵׁעָה׃

PSALM 81

1 לַמְנַצֵּ֬חַ ׀ עַֽל־הַגִּתִּ֬ית לְאָסָֽף׃

I	2	הַ֭רְנִינוּ לֵאלֹהִ֣ים עוּזֵּ֑נוּ	הָ֝רִ֗יעוּ לֵאלֹהֵ֥י יַעֲקֹֽב׃	
	3	שְֽׂאוּ־זִ֭מְרָה וּתְנוּ־תֹ֑ף	כִּנּ֖וֹר נָעִ֣ים עִם־נָֽבֶל׃	
	4	תִּקְע֣וּ בַחֹ֣דֶשׁ שׁוֹפָ֑ר	בַּ֝כֵּ֗סֶה לְי֣וֹם חַגֵּֽנוּ׃	
II	5	כִּ֤י חֹ֣ק לְיִשְׂרָאֵ֣ל ה֑וּא	מִ֝שְׁפָּ֗ט לֵאלֹהֵ֥י יַעֲקֹֽב׃	
	6	עֵ֤דוּת ׀ בִּֽיהוֹסֵ֬ף שָׂמ֗וֹ	בְּ֭צֵאתוֹ עַל־אֶ֣רֶץ מִצְרָ֑יִם	
III		שְׂפַ֖ת לֹא־יָדַ֣עְתִּי אֶשְׁמָֽע׃	7 הֲסִיר֣וֹתִי מִסֵּ֣בֶל שִׁכְמ֑וֹ	כַּ֝פָּ֗יו מִדּ֥וּד תַּעֲבֹֽרְנָה׃
	8	בַּצָּרָ֥ה קָרָ֗אתָ וָאֲחַ֫לְּצֶ֥ךָּ	אֶ֭עֶנְךָ בְּסֵ֣תֶר רַ֑עַם	אֶבְחָ֥נְךָ עַל־מֵ֖י מְרִיבָֽה׃
IV	9	שְׁמַ֣ע עַ֭מִּי וְאָעִ֣ידָה בָּ֑ךְ	יִ֝שְׂרָאֵ֗ל אִם־תִּשְׁמַֽע־לִֽי׃	
	10	לֹא־יִהְיֶ֣ה בְ֭ךָ אֵ֣ל זָ֑ר	וְלֹ֥א תִ֝שְׁתַּחֲוֶ֗ה לְאֵ֣ל נֵכָֽר׃	
	11	אָֽנֹכִ֨י ׀ יְה֘וָ֤ה אֱלֹהֶ֗יךָ	הַ֭מַּעַלְךָ מֵאֶ֣רֶץ מִצְרָ֑יִם	הַרְחֶב־פִּ֝֗יךָ וַאֲמַלְאֵֽהוּ׃
V	12	וְלֹא־שָׁמַ֣ע עַמִּ֣י לְקוֹלִ֑י	וְ֝יִשְׂרָאֵ֗ל לֹא־אָ֥בָה לִֽי׃	
	13	וָֽ֭אֲשַׁלְּחֵהוּ בִּשְׁרִיר֣וּת לִבָּ֑ם	יֵ֝לְכ֗וּ בְּֽמוֹעֲצ֥וֹתֵיהֶֽם׃	
VI	14	ל֗וּ עַ֭מִּי שֹׁמֵ֣עַֽ לִ֑י	יִ֝שְׂרָאֵ֗ל בִּדְרָכַ֥י יְהַלֵּֽכוּ׃	
	15	כִּ֭מְעַט אוֹיְבֵיהֶ֣ם אַכְנִ֑יעַ	וְעַ֥ל צָ֝רֵיהֶ֗ם אָשִׁ֥יב יָדִֽי׃	
VII	16	מְשַׂנְאֵ֣י יְ֭הוָה יְכַחֲשׁוּ־ל֑וֹ	וִיהִ֖י עִתָּ֣ם לְעוֹלָֽם׃	
	17	וַֽ֭יַּאֲכִילֵהוּ מֵחֵ֣לֶב חִטָּ֑ה	וּ֝מִצּ֗וּר דְּבַ֣שׁ אַשְׂבִּיעֶֽךָ׃	

PSALM 82

1 מִזְמ֗וֹר לְאָ֫סָ֥ף

I אֱֽלֹהִ֗ים נִצָּ֥ב בַּעֲדַת־אֵ֑ל   בְּקֶ֖רֶב אֱלֹהִ֣ים יִשְׁפֹּֽט׃
2 עַד־מָתַ֥י תִּשְׁפְּטוּ־עָ֑וֶל   וּפְנֵ֥י רְ֝שָׁעִ֗ים תִּשְׂאוּ׃

II 3 שִׁפְטוּ־דַ֥ל וְיָת֑וֹם   עָנִ֖י וָרָ֣שׁ הַצְדִּֽיקוּ׃
4 פַּלְּטוּ־דַ֥ל וְאֶבְי֑וֹן   מִיַּ֖ד רְשָׁעִ֣ים הַצִּֽילוּ׃

III 5 לֹ֤א יָֽדְע֨וּ ׀ וְלֹ֤א יָבִ֗ינוּ   בַּחֲשֵׁכָ֥ה יִתְהַלָּ֑כוּ   יִ֝מּ֗וֹטוּ כָּל־מ֥וֹסְדֵי אָֽרֶץ׃

IV 6 אֲנִי־אָ֭מַרְתִּי אֱלֹהִ֣ים אַתֶּ֑ם   וּבְנֵ֖י עֶלְי֣וֹן כֻּלְּכֶֽם׃
7 אָ֭כֵן כְּאָדָ֣ם תְּמוּת֑וּן   וּכְאַחַ֖ד הַשָּׂרִ֣ים תִּפֹּֽלוּ׃

V 8 קוּמָ֣ה אֱ֭לֹהִים שָׁפְטָ֣ה הָאָ֑רֶץ   כִּֽי־אַתָּ֥ה תִ֝נְחַ֗ל בְּכָל־הַגּוֹיִֽם׃

PSALM 83

1 שִׁיר מִזְמוֹר לְאָסָף׃

I	2	אֱלֹהִים אַל־דֳּמִי־לָךְ	אַל־תֶּחֱרַשׁ וְאַל־תִּשְׁקֹט אֵל׃	
	3	כִּי־הִנֵּה אוֹיְבֶיךָ יֶהֱמָיוּן	וּמְשַׂנְאֶיךָ נָשְׂאוּ רֹאשׁ׃	
II	4	עַל־עַמְּךָ יַעֲרִימוּ סוֹד	וְיִתְיָעֲצוּ עַל־צְפוּנֶיךָ׃	
	5	אָמְרוּ לְכוּ וְנַכְחִידֵם מִגּוֹי	וְלֹא־יִזָּכֵר שֵׁם־יִשְׂרָאֵל עוֹד׃	
	6	כִּי נוֹעֲצוּ לֵב יַחְדָּו	עָלֶיךָ בְּרִית יִכְרֹתוּ׃	
III	7	אָהֳלֵי אֱדוֹם וְיִשְׁמְעֵאלִים	מוֹאָב וְהַגְרִים׃	
	8	גְּבָל וְעַמּוֹן וַעֲמָלֵק	פְּלֶשֶׁת עִם־יֹשְׁבֵי צוֹר׃	
	9	גַּם־אַשּׁוּר נִלְוָה עִמָּם	הָיוּ זְרוֹעַ לִבְנֵי־לוֹט׃	
IV	10	עֲשֵׂה־לָהֶם כְּמִדְיָן	כְּסִיסְרָא כְיָבִין	בְּנַחַל קִישׁוֹן׃
	11	נִשְׁמְדוּ בְעֵין־דֹּאר	הָיוּ דֹּמֶן לָאֲדָמָה׃	
V	12	שיתה נְדִיבֵמוֹ כְּעֹרֵב	וְכִזְאֵב [..] כָּל־נְסִיכֵמוֹ׃	
	13	אֲשֶׁר אָמְרוּ נִירֲשָׁה לָּנוּ	אֵת נְאוֹת אֱלֹהִים׃	
VI	14	אֱלֹהַי שִׁיתֵמוֹ כַגַּלְגַּל	כְּקַשׁ לִפְנֵי־רוּחַ׃	
	15	כְּאֵשׁ תִּבְעַר־יָעַר	וּכְלֶהָבָה תְּלַהֵט הָרִים׃	
VII	16	כֵּן תִּרְדְּפֵם בְּסַעֲרֶךָ	וּבְסוּפָתְךָ תְבַהֲלֵם׃	
	17	מַלֵּא פְנֵיהֶם קָלוֹן	וִיבַקְשׁוּ שִׁמְךָ יְהוָה׃	
VIII	18	יֵבֹשׁוּ וְיִבָּהֲלוּ עֲדֵי־עַד	וְיַחְפְּרוּ וְיֹאבֵדוּ׃	
	19	וְיֵדְעוּ כִּי־אַתָּה שִׁמְךָ יְהוָה	לְבַדֶּךָ עֶלְיוֹן עַל־כָּל־הָאָרֶץ׃	

PSALM 84

1 לַמְנַצֵּחַ עַל־הַגִּתִּית לִבְנֵי־קֹרַח מִזְמוֹר׃

I	2	מַה־יְּדִידוֹת מִשְׁכְּנוֹתֶיךָ	יְהוָה צְבָאוֹת׃	
	3	נִכְסְפָה וְגַם־כָּלְתָה ׀ נַפְשִׁי	לְחַצְרוֹת יְהוָה	
		לִבִּי וּבְשָׂרִי יְרַנְּנוּ	אֶל אֵל־חָי׃	
II	4	גַּם־צִפּוֹר ׀ מָצְאָה בַיִת	וּדְרוֹר ׀ קֵן לָהּ	
		אֲשֶׁר־שָׁתָה אֶפְרֹחֶיהָ	אֶת־מִזְבְּחוֹתֶיךָ	
		יְהוָה צְבָאוֹת	מַלְכִּי וֵאלֹהָי׃	
III	5	אַשְׁרֵי יוֹשְׁבֵי בֵיתֶךָ	עוֹד יְהַלְלוּךָ׃	
	6	אַשְׁרֵי אָדָם עוֹז־לוֹ בָךְ	מְסִלּוֹת בִּלְבָבָם׃	
IV	7	עֹבְרֵי ׀ בְּעֵמֶק הַבָּכָא	מַעְיָן יְשִׁיתוּהוּ	גַּם־בְּרָכוֹת יַעְטֶה מוֹרֶה׃
	8	יֵלְכוּ מֵחַיִל אֶל־חָיִל	יֵרָאֶה אֶל־אֱלֹהִים בְּצִיּוֹן׃	
V	9	יְהוָה אֱלֹהִים צְבָאוֹת	שִׁמְעָה תְפִלָּתִי	הַאֲזִינָה אֱלֹהֵי יַעֲקֹב׃
	10	מָגִנֵּנוּ רְאֵה אֱלֹהִים	וְהַבֵּט פְּנֵי מְשִׁיחֶךָ׃	
VI	11	כִּי טוֹב־יוֹם בַּחֲצֵרֶיךָ	מֵאָלֶף בָּחַרְתִּי	
		הִסְתּוֹפֵף בְּבֵית אֱלֹהַי	מִדּוּר בְּאָהֳלֵי־רֶשַׁע׃	
VII	12	כִּי שֶׁמֶשׁ ׀ וּמָגֵן יְהוָה אֱלֹהִים	חֵן וְכָבוֹד יִתֵּן יְהוָה	
		לֹא יִמְנַע־טוֹב	לַהֹלְכִים בְּתָמִים׃	
	13	יְהוָה צְבָאוֹת	אַשְׁרֵי אָדָם בֹּטֵחַ בָּךְ׃	

PSALM 85

1 לַמְנַצֵּחַ ׀ לִבְנֵי־קֹרַח מִזְמוֹר׃

I	2	רָצִיתָ יְהוָה אַרְצֶךָ	שַׁבְתָּ שְׁבִית יַעֲקֹב׃
	3	נָשָׂאתָ עֲוֹן עַמֶּךָ	כִּסִּיתָ כָל־חַטָּאתָם׃
	4	אָסַפְתָּ כָל־עֶבְרָתֶךָ	הֱשִׁיבוֹתָ מֵחֲרוֹן אַפֶּךָ׃
II	5	שׁוּבֵנוּ אֱלֹהֵי יִשְׁעֵנוּ	וְהָפֵר כַּעַסְךָ עִמָּנוּ׃
	6	הַלְעוֹלָם תֶּאֱנַף־בָּנוּ	תִּמְשֹׁךְ אַפְּךָ לְדֹר וָדֹר׃
III	7	הֲלֹא־אַתָּה תָּשׁוּב תְּחַיֵּנוּ	וְעַמְּךָ יִשְׂמְחוּ־בָךְ׃
	8	הַרְאֵנוּ יְהוָה חַסְדֶּךָ	וְיֶשְׁעֲךָ תִּתֶּן־לָנוּ׃
IV	9	אֶשְׁמְעָה מַה־יְדַבֵּר הָאֵל ׀	יְהוָה כִּי ׀ יְדַבֵּר שָׁלוֹם
		אֶל־עַמּוֹ וְאֶל־חֲסִידָיו	וְאַל־יָשׁוּבוּ לְכִסְלָה׃
	10	אַךְ ׀ קָרוֹב לִירֵאָיו יִשְׁעוֹ	לִשְׁכֹּן כָּבוֹד בְּאַרְצֵנוּ׃
V	11	חֶסֶד־וֶאֱמֶת נִפְגָּשׁוּ	צֶדֶק וְשָׁלוֹם נָשָׁקוּ׃
	12	אֱמֶת מֵאֶרֶץ תִּצְמָח	וְצֶדֶק מִשָּׁמַיִם נִשְׁקָף׃
VI	13	גַּם־יְהוָה יִתֵּן הַטּוֹב	וְאַרְצֵנוּ תִּתֵּן יְבוּלָהּ׃
	14	צֶדֶק לְפָנָיו יְהַלֵּךְ	וְיָשֵׂם לְדֶרֶךְ פְּעָמָיו׃

PSALM 86

1 תְּפִלָּה לְדָוִד

I		הַטֵּה־יְהוָה אָזְנְךָ עֲנֵנִי	כִּי־עָנִי וְאֶבְיוֹן אָנִי׃	
	2	שָׁמְרָה נַפְשִׁי כִּי־חָסִיד אָנִי	הוֹשַׁע עַבְדְּךָ אַתָּה אֱלֹהַי	הַבּוֹטֵחַ אֵלֶיךָ׃
II	3	חָנֵּנִי אֲדֹנָי	כִּי אֵלֶיךָ אֶקְרָא כָּל־הַיּוֹם׃	
	4	שַׂמֵּחַ נֶפֶשׁ עַבְדֶּךָ	כִּי אֵלֶיךָ אֲדֹנָי נַפְשִׁי אֶשָּׂא׃	
	5	כִּי־אַתָּה אֲדֹנָי טוֹב וְסַלָּח	וְרַב־חֶסֶד לְכָל־קֹרְאֶיךָ׃	
III	6	הַאֲזִינָה יְהוָה תְּפִלָּתִי	וְהַקְשִׁיבָה בְּקוֹל תַּחֲנוּנוֹתָי׃	
	7	בְּיוֹם צָרָתִי אֶקְרָאֶךָּ	כִּי תַעֲנֵנִי׃	
IV	8	אֵין־כָּמוֹךָ בָאֱלֹהִים ׀ אֲדֹנָי	וְאֵין כְּמַעֲשֶׂיךָ׃	
	9	כָּל־גּוֹיִם ׀ אֲשֶׁר עָשִׂיתָ יָבוֹאוּ ׀	וְיִשְׁתַּחֲווּ לְפָנֶיךָ אֲדֹנָי	וִיכַבְּדוּ לִשְׁמֶךָ׃
	10	כִּי־גָדוֹל אַתָּה וְעֹשֵׂה נִפְלָאוֹת	אַתָּה אֱלֹהִים לְבַדֶּךָ׃	
V	11	הוֹרֵנִי יְהוָה ׀ דַּרְכֶּךָ	אֲהַלֵּךְ בַּאֲמִתֶּךָ	יַחֵד לְבָבִי לְיִרְאָה שְׁמֶךָ׃
	12	אוֹדְךָ ׀ אֲדֹנָי אֱלֹהַי בְּכָל־לְבָבִי	וַאֲכַבְּדָה שִׁמְךָ לְעוֹלָם׃	
	13	כִּי־חַסְדְּךָ גָּדוֹל עָלָי	וְהִצַּלְתָּ נַפְשִׁי מִשְּׁאוֹל תַּחְתִּיָּה׃	
VI	14	אֱלֹהִים ׀ זֵדִים קָמוּ־עָלַי	וַעֲדַת עָרִיצִים בִּקְשׁוּ נַפְשִׁי	וְלֹא שָׂמוּךָ לְנֶגְדָּם׃
	15	וְאַתָּה יהוה אֵל־רַחוּם וְחַנּוּן	אֶרֶךְ אַפַּיִם וְרַב־חֶסֶד וֶאֱמֶת׃	
VII	16	פְּנֵה אֵלַי וְחָנֵּנִי	תְּנָה־עֻזְּךָ לְעַבְדֶּךָ	וְהוֹשִׁיעָה לְבֶן־אֲמָתֶךָ׃
	17	עֲשֵׂה־עִמִּי אוֹת לְטוֹבָה	וְיִרְאוּ שֹׂנְאַי וְיֵבֹשׁוּ	
		כִּי־אַתָּה יְהוָה	עֲזַרְתַּנִי וְנִחַמְתָּנִי׃	

PSALM 87

1 לִבְנֵי־קֹרַח מִזְמוֹר שִׁיר

I יְסוּדָתוֹ בְּהַרְרֵי־קֹדֶשׁ׃
2 אֹהֵב יְהוָה שַׁעֲרֵי צִיּוֹן מִכֹּל מִשְׁכְּנוֹת יַעֲקֹב׃
3 נִכְבָּדוֹת מְדֻבָּר בָּךְ עִיר הָאֱלֹהִים׃

II 4 אַזְכִּיר ׀ רַהַב וּבָבֶל לְיֹדְעָי הִנֵּה פְלֶשֶׁת וְצוֹר עִם־כּוּשׁ זֶה יֻלַּד־שָׁם׃
5 וּלְצִיּוֹן ׀ יֵאָמַר אִישׁ וְאִישׁ יֻלַּד־בָּהּ וְהוּא יְכוֹנְנֶהָ עֶלְיוֹן׃

III 6 יְהוָה יִסְפֹּר בִּכְתוֹב עַמִּים זֶה יֻלַּד־שָׁם׃
7 וְשָׁרִים כְּחֹלְלִים כָּל־מַעְיָנַי בָּךְ׃

PSALM 88

1 שִׁ֥יר מִזְמ֗וֹר לִבְנֵ֫י קֹ֥רַח לַמְנַצֵּ֣חַ עַל־מָחֲלַ֣ת לְעַנּ֑וֹת
מַ֝שְׂכִּ֗יל לְהֵימָ֥ן הָאֶזְרָחִֽי׃

I	2	יְהוָ֗ה אֱלֹהֵ֥י יְשׁוּעָתִ֑י	יוֹם־צָעַ֖קְתִּי בַלַּ֣יְלָה נֶגְדֶּֽךָ׃	
	3	תָּב֣וֹא לְ֭פָנֶיךָ תְּפִלָּתִ֑י	הַטֵּֽה־אָ֝זְנְךָ֗ לְרִנָּתִֽי׃	
II	4	כִּֽי־שָׂבְעָ֣ה בְרָע֣וֹת נַפְשִׁ֑י	וְ֝חַיַּ֗י לִשְׁא֥וֹל הִגִּֽיעוּ׃	
	5	נֶ֭חְשַׁבְתִּי עִם־י֣וֹרְדֵי ב֑וֹר	הָ֝יִ֗יתִי כְּגֶ֣בֶר אֵֽין־אֱיָֽל׃	
III	6	בַּמֵּתִ֗ים חָ֫פְשִׁ֥י	כְּמ֤וֹ חֲלָלִ֨ים ׀ שֹׁ֤כְבֵי קֶ֗בֶר	
		אֲשֶׁ֣ר לֹ֣א זְכַרְתָּ֣ם ע֑וֹד	וְ֝הֵ֗מָּה מִיָּדְךָ֥ נִגְזָֽרוּ׃	
	7	שַׁ֭תַּנִי בְּב֣וֹר תַּחְתִּיּ֑וֹת	בְּ֝מַחֲשַׁכִּ֗ים בִּמְצֹלֽוֹת׃	
IV	8	עָ֭לַי סָמְכָ֣ה חֲמָתֶ֑ךָ	וְכָל־מִ֝שְׁבָּרֶ֗יךָ עִנִּֽיתָ׃	
	9	הִרְחַ֪קְתָּ מְיֻדָּעַ֡י מִמֶּ֗נִּי	שַׁתַּ֣נִי תוֹעֵב֣וֹת לָ֑מוֹ	כָּ֝לָ֗א וְלֹ֣א אֵצֵֽא׃
	10	עֵינִ֥י דָאֲבָ֗ה מִנִּ֫י עֹ֥נִי	קְרָאתִ֣יךָ יְהוָ֣ה בְּכָל־י֑וֹם	שִׁטַּ֖חְתִּי אֵלֶ֣יךָ כַפָּֽי׃
V	11	הֲלַמֵּתִ֥ים תַּעֲשֶׂה־פֶּ֑לֶא	אִם־רְ֝פָאִ֗ים יָק֤וּמוּ ׀ יוֹד֬וּךָ׃	
	12	הַיְסֻפַּ֣ר בַּקֶּ֣בֶר חַסְדֶּ֑ךָ	אֱ֝מ֥וּנָתְךָ֗ בָּאֲבַדּֽוֹן׃	
	13	הֲיִוָּדַ֣ע בַּחֹ֣שֶׁךְ פִּלְאֶ֑ךָ	וְ֝צִדְקָתְךָ֗ בְּאֶ֣רֶץ נְשִׁיָּֽה׃	
VI	14	וַאֲנִ֤י ׀ אֵלֶ֣יךָ יְהוָ֣ה שִׁוַּ֑עְתִּי	וּ֝בַבֹּ֗קֶר תְּֽפִלָּתִ֥י תְקַדְּמֶֽךָּ׃	
	15	לָמָ֣ה יְ֭הוָה תִּזְנַ֣ח נַפְשִׁ֑י	תַּסְתִּ֖יר פָּנֶ֣יךָ מִמֶּֽנִּי׃	
	16	עָ֘נִ֤י אֲנִ֣י וְגֹוֵ֣עַ מִנֹּ֑עַר	נָשָׂ֖אתִי אֵמֶ֣יךָ אָפֽוּנָה׃	
VII	17	עָ֭לַי עָבְר֣וּ חֲרוֹנֶ֑יךָ	בִּ֝עוּתֶ֗יךָ צִמְּתוּתֻֽנִי׃	
	18	סַבּ֣וּנִי ֭כַמַּיִם כָּל־הַיּ֑וֹם	הִקִּ֖יפוּ עָלַ֣י יָֽחַד׃	
	19	הִרְחַ֣קְתָּ֭ מִמֶּנִּי אֹהֵ֣ב וָרֵ֑עַ	מְֽיֻדָּעַ֥י מַחְשָֽׁךְ׃	

PSALM 89

1 מַשְׂכִּ֗יל לְאֵיתָ֥ן הָאֶזְרָחִֽי׃

I	2	חַֽסְדֵ֣י יְ֭הוָה עוֹלָ֣ם אָשִׁ֑ירָה	לְדֹ֥ר וָדֹ֨ר ׀ אוֹדִ֖יעַ אֱמוּנָתְךָ֣ בְּפִֽי׃	
	3	כִּֽי־אָמַ֗רְתִּי ע֭וֹלָם חֶ֣סֶד יִבָּנֶ֑ה	שָׁמַ֓יִם ׀ תָּכִ֖ן אֱמוּנָתְךָ֣ בָהֶֽם׃	
II	4	כָּרַ֣תִּי בְ֭רִית לִבְחִירִ֑י	נִ֝שְׁבַּ֗עְתִּי לְדָוִ֥ד עַבְדִּֽי׃	
	5	עַד־ע֭וֹלָם אָכִ֣ין זַרְעֶ֑ךָ	וּבָנִ֨יתִי לְדֹר־וָד֖וֹר כִּסְאֲךָ֣׃	
III	6	וְיוֹד֣וּ שָׁמַ֣יִם פִּלְאֲךָ֣ יְהוָ֑ה	אַף־אֱ֝מֽוּנָתְךָ֗ בִּקְהַ֥ל קְדֹשִֽׁים׃	
	7	כִּ֤י מִ֣י בַ֭שַּׁחַק יַעֲרֹ֣ךְ לַיהוָ֑ה	יִדְמֶ֥ה לַ֝יהוָ֗ה בִּבְנֵ֥י אֵלִֽים׃	
	8	אֵ֣ל נַ֭עֲרָץ בְּסוֹד־קְדֹשִׁ֣ים	רַבָּ֑ה וְ֝נוֹרָ֗א עַל־כָּל־סְבִיבָֽיו׃	
IV	9	יְהוָ֤ה ׀ אֱלֹהֵ֬י צְבָא֗וֹת	מִֽי־כָמ֖וֹךָ חֲסִ֥ין ׀ יָ֑הּ	וֶ֝אֱמ֥וּנָתְךָ֗ סְבִיבוֹתֶֽיךָ׃
	10	אַתָּ֣ה מ֭וֹשֵׁל בְּגֵא֣וּת הַיָּ֑ם	בְּשׂ֥וֹא גַ֝לָּ֗יו אַתָּ֥ה תְשַׁבְּחֵֽם׃	
	11	אַתָּ֤ה דִכִּ֣אתָ כֶחָלָ֣ל רָ֑הַב	בִּזְר֥וֹעַ עֻ֝זְּךָ֗ פִּזַּ֥רְתָּ אוֹיְבֶֽיךָ׃	
V	12	לְךָ֣ ֭שָׁמַיִם אַף־לְךָ֣ אָ֑רֶץ	תֵּבֵ֥ל וּ֝מְלֹאָ֗הּ אַתָּ֥ה יְסַדְתָּֽם׃	
	13	צָפ֣וֹן וְ֭יָמִין אַתָּ֣ה בְרָאתָ֑ם	תָּב֥וֹר וְ֝חֶרְמ֗וֹן בְּשִׁמְךָ֥ יְרַנֵּֽנוּ׃	
VI	14	לְךָ֣ זְ֭רוֹעַ עִם־גְּבוּרָ֑ה	תָּעֹ֥ז יָ֝דְךָ֗ תָּר֥וּם יְמִינֶֽךָ׃	
	15	צֶ֣דֶק וּ֭מִשְׁפָּט מְכ֣וֹן כִּסְאֶ֑ךָ	חֶ֥סֶד וֶ֝אֱמֶ֗ת יְקַדְּמ֥וּ פָנֶֽיךָ׃	
VII	16	אַשְׁרֵ֣י הָ֭עָם יֹדְעֵ֣י תְרוּעָ֑ה	יְ֝הוָ֗ה בְּֽאוֹר־פָּנֶ֥יךָ יְהַלֵּכֽוּן׃	
	17	בְּ֭שִׁמְךָ יְגִיל֣וּן כָּל־הַיּ֑וֹם	וּבְצִדְקָתְךָ֥ יָרֽוּמוּ׃	
VIII	18	כִּֽי־תִפְאֶ֣רֶת עֻזָּ֣מוֹ אָ֑תָּה	וּ֝בִרְצֹנְךָ֗ תָּרִ֥ים קַרְנֵֽנוּ׃	
	19	כִּ֣י לַ֭יהוָה מָגִנֵּ֑נוּ	וְלִקְד֖וֹשׁ יִשְׂרָאֵ֣ל מַלְכֵּֽנוּ׃	
IX	20	אָ֤ז דִּבַּ֪רְתָּ־בְחָז֡וֹן	לַחֲסִידֶ֗יךָ וַתֹּ֗אמֶר	
		שִׁוִּ֣יתִי עֵ֭זֶר עַל־גִּבּ֑וֹר	הֲרִימ֖וֹתִי בָח֣וּר מֵעָֽם׃	
	21	מָ֭צָאתִי דָּוִ֣ד עַבְדִּ֑י	בְּשֶׁ֖מֶן קָדְשִׁ֣י מְשַׁחְתִּֽיו׃	
X	22	אֲשֶׁ֣ר יָ֭דִי תִּכּ֣וֹן עִמּ֑וֹ	אַף־זְרוֹעִ֥י תְאַמְּצֶֽנּוּ׃	
	23	לֹא־יַשִּׁ֣א אוֹיֵ֣ב בּ֑וֹ	וּבֶן־עַ֝וְלָ֗ה לֹ֣א יְעַנֶּֽנּוּ׃	
	24	וְכַתּוֹתִ֣י מִפָּנָ֣יו צָרָ֑יו	וּמְשַׂנְאָ֥יו אֶגּֽוֹף׃	
XI	25	וֶאֱמוּנָתִ֣י וְחַסְדִּ֣י עִמּ֑וֹ	וּ֝בִשְׁמִ֗י תָּר֥וּם קַרְנֽוֹ׃	
	26	וְשַׂמְתִּ֣י בַיָּ֣ם יָד֑וֹ	וּֽבַנְּהָר֥וֹת יְמִינֽוֹ׃	

Psalm 89

XII	27	הוּא יִקְרָאֵנִי אָבִי אָתָּה	אֵלִי וְצוּר יְשׁוּעָתִי׃
	28	אַף־אָנִי בְּכוֹר אֶתְּנֵהוּ	עֶלְיוֹן לְמַלְכֵי־אָרֶץ׃
XIII	29	לְעוֹלָם אֶשְׁמוֹר־לוֹ חַסְדִּי	וּבְרִיתִי נֶאֱמֶנֶת לוֹ׃
	30	וְשַׂמְתִּי לָעַד זַרְעוֹ	וְכִסְאוֹ כִּימֵי שָׁמָיִם׃
XIV	31	אִם־יַעַזְבוּ בָנָיו תּוֹרָתִי	וּבְמִשְׁפָּטַי לֹא יֵלֵכוּן׃
	32	אִם־חֻקֹּתַי יְחַלֵּלוּ	וּמִצְוֺתַי לֹא יִשְׁמֹרוּ׃
	33	וּפָקַדְתִּי בְשֵׁבֶט פִּשְׁעָם	וּבִנְגָעִים עֲוֺנָם׃
XV	34	וְחַסְדִּי לֹא־אָפִיר מֵעִמּוֹ	וְלֹא־אֲשַׁקֵּר בֶּאֱמוּנָתִי׃
	35	לֹא־אֲחַלֵּל בְּרִיתִי	וּמוֹצָא שְׂפָתַי לֹא אֲשַׁנֶּה׃
	36	אַחַת נִשְׁבַּעְתִּי בְקָדְשִׁי	אִם־לְדָוִד אֲכַזֵּב׃
XVI	37	זַרְעוֹ לְעוֹלָם יִהְיֶה	וְכִסְאוֹ כַשֶּׁמֶשׁ נֶגְדִּי׃
	38	כְּיָרֵחַ יִכּוֹן עוֹלָם	וְעֵד בַּשַּׁחַק נֶאֱמָן׃
XVII	39	וְאַתָּה זָנַחְתָּ וַתִּמְאָס	הִתְעַבַּרְתָּ עִם־מְשִׁיחֶךָ׃
	40	נֵאַרְתָּה בְּרִית עַבְדֶּךָ	חִלַּלְתָּ לָאָרֶץ נִזְרוֹ׃
XVIII	41	פָּרַצְתָּ כָל־גְּדֵרֹתָיו	שַׂמְתָּ מִבְצָרָיו מְחִתָּה׃
	42	שַׁסֻּהוּ כָּל־עֹבְרֵי דָרֶךְ	הָיָה חֶרְפָּה לִשְׁכֵנָיו׃
XIX	43	הֲרִימוֹתָ יְמִין צָרָיו	הִשְׂמַחְתָּ כָּל־אוֹיְבָיו׃
	44	אַף־תָּשִׁיב צוּר חַרְבּוֹ	וְלֹא הֲקֵימֹתוֹ בַּמִּלְחָמָה׃
XX	45	הִשְׁבַּתָּ מִטְּהָרוֹ	וְכִסְאוֹ לָאָרֶץ מִגַּרְתָּה׃
	46	הִקְצַרְתָּ יְמֵי עֲלוּמָיו	הֶעֱטִיתָ עָלָיו בּוּשָׁה׃
XXI	47	עַד־מָה יְהוָה תִּסָּתֵר לָנֶצַח	תִּבְעַר כְּמוֹ־אֵשׁ חֲמָתֶךָ׃
	48	זְכָר־אֲנִי מֶה־חָלֶד	עַל־מַה־שָּׁוְא בָּרָאתָ כָל־בְּנֵי־אָדָם׃
	49	מִי גֶבֶר יִחְיֶה וְלֹא יִרְאֶה־מָּוֶת	יְמַלֵּט נַפְשׁוֹ מִיַּד־שְׁאוֹל׃
XXII	50	אַיֵּה ׀ חֲסָדֶיךָ הָרִאשֹׁנִים ׀ אֲדֹנָי	נִשְׁבַּעְתָּ לְדָוִד בֶּאֱמוּנָתֶךָ׃
	51	זְכֹר אֲדֹנָי חֶרְפַּת עֲבָדֶיךָ	שְׂאֵתִי בְחֵיקִי כָּל־רַבִּים עַמִּים׃
	52	אֲשֶׁר חֵרְפוּ אוֹיְבֶיךָ ׀ יְהוָה	אֲשֶׁר חֵרְפוּ עִקְּבוֹת מְשִׁיחֶךָ׃

53 בָּרוּךְ יְהוָה לְעוֹלָם
אָמֵן ׀ וְאָמֵן׃

PSALM 90

1 תְּפִלָּה֮ לְמֹשֶׁ֢ה אִֽישׁ־הָאֱלֹ֫הִ֥ים

I			אֲדֹנָ֗י מָע֣וֹן אַ֭תָּה הָיִ֥יתָ לָּ֗נוּ בְּדֹ֣ר וָדֹֽר׃
	2	בְּטֶ֤רֶם ׀ הָ֘רִ֤ים יֻלָּ֗דוּ	וַתְּח֣וֹלֵֽל אֶ֣רֶץ וְתֵבֵ֑ל	וּֽמֵעוֹלָ֥ם עַד־ע֝וֹלָ֗ם אַתָּ֥ה אֵֽל׃
II	3	תָּשֵׁ֣ב אֱ֭נוֹשׁ עַד־דַּכָּ֑א	וַ֝תֹּ֗אמֶר שׁ֣וּבוּ בְנֵי־אָדָֽם׃
	4	כִּ֤י אֶ֪לֶף שָׁנִ֡ים בְּֽעֵינֶ֗יךָ	כְּי֣וֹם אֶ֭תְמוֹל כִּ֣י יַעֲבֹ֑ר	וְאַשְׁמוּרָ֥ה בַלָּֽיְלָה׃
III	5	זְ֭רַמְתָּם שֵׁנָ֣ה יִהְי֑וּ	בַּ֝בֹּ֗קֶר כֶּחָצִ֥יר יַחֲלֹֽף׃
	6	בַּ֭בֹּקֶר יָצִ֣יץ וְחָלָ֑ף	לָ֝עֶ֗רֶב יְמוֹלֵ֥ל וְיָבֵֽשׁ׃
IV	7	כִּֽי־כָלִ֥ינוּ בְאַפֶּ֑ךָ	וּֽבַחֲמָתְךָ֥ נִבְהָֽלְנוּ׃
	8	שַׁתָּ֣ה עֲוֺנֹתֵ֣ינוּ לְנֶגְדֶּ֑ךָ	עֲ֝לֻמֵ֗נוּ לִמְא֥וֹר פָּנֶֽיךָ׃
V	9	כִּ֣י כָל־יָ֭מֵינוּ פָּנ֣וּ בְעֶבְרָתֶ֑ךָ	כִּלִּ֖ינוּ שָׁנֵ֣ינוּ כְמוֹ־הֶֽגֶה׃
	10	יְמֵֽי־שְׁנוֹתֵ֨ינוּ [..] שִׁבְעִ֤ים שָׁנָ֗ה	וְאִ֤ם בִּגְבוּרֹ֨ת ׀ שְׁמ֘וֹנִ֤ים שָׁנָ֗ה	
		וְ֭רָהְבָּם עָמָ֣ל וָאָ֑וֶן	כִּי־גָ֥ז חִ֝֗ישׁ וַנָּעֻֽפָה׃
VI	11	מִֽי־י֭וֹדֵעַ עֹ֣ז אַפֶּ֑ךָ	וּ֝כְיִרְאָתְךָ֗ עֶבְרָתֶֽךָ׃
	12	לִמְנ֣וֹת יָ֭מֵינוּ כֵּ֣ן הוֹדַ֑ע	וְ֝נָבִ֗א לְבַ֣ב חָכְמָֽה׃
VII	13	שׁוּבָ֣ה יְ֭הוָה עַד־מָתָ֑י	וְ֝הִנָּחֵ֗ם עַל־עֲבָדֶֽיךָ׃
	14	שַׂבְּעֵ֣נוּ בַבֹּ֣קֶר חַסְדֶּ֑ךָ	וּֽנְרַנְּנָ֥ה וְ֝נִשְׂמְחָ֗ה בְּכָל־יָמֵֽינוּ׃
VIII	15	שַׂ֭מְּחֵנוּ כִּימ֣וֹת עִנִּיתָ֑נוּ	שְׁ֝נ֗וֹת רָאִ֥ינוּ רָעָֽה׃
	16	יֵרָאֶ֣ה אֶל־עֲבָדֶ֣יךָ פָעֳלֶ֑ךָ	וַ֝הֲדָרְךָ֗ עַל־בְּנֵיהֶֽם׃
IX	17	וִיהִ֤י ׀ נֹ֤עַם אֲדֹנָ֥י אֱלֹהֵ֗ינוּ עָ֫לֵ֥ינוּ	וּמַעֲשֵׂ֣ה יָ֭דֵינוּ כּוֹנְנָ֥ה עָלֵ֑ינוּ	וּֽמַעֲשֵׂ֥ה יָ֝דֵ֗ינוּ כּוֹנְנֵֽהוּ׃

PSALM 91

I	1	יֹשֵׁב בְּסֵתֶר עֶלְיוֹן		בְּצֵל שַׁדַּי יִתְלוֹנָן׃
	2	אֹמַר לַיהוָה מַחְסִי וּמְצוּדָתִי		אֱלֹהַי אֶבְטַח־בּוֹ׃
II	3	כִּי הוּא יַצִּילְךָ מִפַּח יָקוּשׁ		מִדֶּבֶר הַוּוֹת׃
	4	בְּאֶבְרָתוֹ ׀ יָסֶךְ לָךְ וְתַחַת־כְּנָפָיו תֶּחְסֶה	צִנָּה וְסֹחֵרָה אֲמִתּוֹ׃	
III	5	לֹא־תִירָא מִפַּחַד לָיְלָה		מֵחֵץ יָעוּף יוֹמָם׃
	6	מִדֶּבֶר בָּאֹפֶל יַהֲלֹךְ		מִקֶּטֶב יָשׁוּד צָהֳרָיִם׃
IV	7	יִפֹּל מִצִּדְּךָ ׀ אֶלֶף וּרְבָבָה מִימִינֶךָ	אֵלֶיךָ לֹא יִגָּשׁ׃	
	8	רַק בְּעֵינֶיךָ תַבִּיט		וְשִׁלֻּמַת רְשָׁעִים תִּרְאֶה׃
V	9	כִּי־אַתָּה יְהוָה מַחְסִי		עֶלְיוֹן שַׂמְתָּ מְעוֹנֶךָ׃
	10	לֹא־תְאֻנֶּה אֵלֶיךָ רָעָה		וְנֶגַע לֹא־יִקְרַב בְּאָהֳלֶךָ׃
VI	11	כִּי מַלְאָכָיו יְצַוֶּה־לָּךְ		לִשְׁמָרְךָ בְּכָל־דְּרָכֶיךָ׃
	12	עַל־כַּפַּיִם יִשָּׂאוּנְךָ		פֶּן־תִּגֹּף בָּאֶבֶן רַגְלֶךָ׃
	13	עַל־שַׁחַל וָפֶתֶן תִּדְרֹךְ		תִּרְמֹס כְּפִיר וְתַנִּין׃
VII	14	כִּי בִי חָשַׁק וַאֲפַלְּטֵהוּ		אֲשַׂגְּבֵהוּ כִּי־יָדַע שְׁמִי׃
	15	יִקְרָאֵנִי ׀ וְאֶעֱנֵהוּ עִמּוֹ־אָנֹכִי בְצָרָה	אֲחַלְּצֵהוּ וַאֲכַבְּדֵהוּ׃	
	16	אֹרֶךְ יָמִים אַשְׂבִּיעֵהוּ		וְאַרְאֵהוּ בִּישׁוּעָתִי׃

PSALM 92

1 מִזְמוֹר שִׁיר לְיוֹם הַשַּׁבָּת׃

I	2	טוֹב לְהֹדוֹת לַיהוָה	וּלְזַמֵּר לְשִׁמְךָ עֶלְיוֹן׃	
	3	לְהַגִּיד בַּבֹּקֶר חַסְדֶּךָ	וֶאֱמוּנָתְךָ בַּלֵּילוֹת׃	
	4	עֲלֵי־עָשׂוֹר וַעֲלֵי־נָבֶל	עֲלֵי הִגָּיוֹן בְּכִנּוֹר׃	
II	5	כִּי שִׂמַּחְתַּנִי יְהוָה בְּפָעֳלֶךָ	בְּמַעֲשֵׂי יָדֶיךָ אֲרַנֵּן׃	
	6	מַה־גָּדְלוּ מַעֲשֶׂיךָ יְהוָה	מְאֹד עָמְקוּ מַחְשְׁבֹתֶיךָ׃	
III	7	אִישׁ־בַּעַר לֹא יֵדָע	וּכְסִיל לֹא־יָבִין אֶת־זֹאת׃	
	8	בִּפְרֹחַ רְשָׁעִים ׀ כְּמוֹ עֵשֶׂב	וַיָּצִיצוּ כָּל־פֹּעֲלֵי אָוֶן	לְהִשָּׁמְדָם עֲדֵי־עַד׃
IV	9	וְאַתָּה מָרוֹם לְעֹלָם יְהוָה׃		
	10	כִּי הִנֵּה אֹיְבֶיךָ ׀ יְהוָה	כִּי־הִנֵּה אֹיְבֶיךָ יֹאבֵדוּ	יִתְפָּרְדוּ כָּל־פֹּעֲלֵי אָוֶן׃
V	11	וַתָּרֶם כִּרְאֵים קַרְנִי	בַּלֹּתִי בְּשֶׁמֶן רַעֲנָן׃	
	12	וַתַּבֵּט עֵינִי בְּשׁוּרָי	בַּקָּמִים עָלַי [..] תִּשְׁמַעְנָה אָזְנָי׃	
VI	13	צַדִּיק כַּתָּמָר יִפְרָח	כְּאֶרֶז בַּלְּבָנוֹן יִשְׂגֶּה׃	
	14	שְׁתוּלִים בְּבֵית יְהוָה	בְּחַצְרוֹת אֱלֹהֵינוּ יַפְרִיחוּ׃	
VII	15	עוֹד יְנוּבוּן בְּשֵׂיבָה	דְּשֵׁנִים וְרַעֲנַנִּים יִהְיוּ׃	
	16	לְהַגִּיד כִּי־יָשָׁר יְהוָה	צוּרִי וְלֹא־עַוְלָתָה בּוֹ׃	

PSALM 93

I	1	יְהוָה מָלָךְ גֵּאוּת לָבֵשׁ	לָבֵשׁ יְהוָה עֹז הִתְאַזָּר	
		אַף־תִּכּוֹן תֵּבֵל בַּל־תִּמּוֹט׃	2 נָכוֹן כִּסְאֲךָ מֵאָז מֵעוֹלָם אָתָּה׃	
II	3	נָשְׂאוּ נְהָרוֹת ׀ יְהוָה	נָשְׂאוּ נְהָרוֹת קוֹלָם	יִשְׂאוּ נְהָרוֹת דָּכְיָם׃
	4	מִקֹּלוֹת ׀ מַיִם רַבִּים	אַדִּירִים מִשְׁבְּרֵי־יָם	אַדִּיר בַּמָּרוֹם יְהוָה׃
	5	עֵדֹתֶיךָ ׀ נֶאֶמְנוּ מְאֹד	לְבֵיתְךָ נַאֲוָה־קֹדֶשׁ	יְהוָה לְאֹרֶךְ יָמִים׃

PSALM 94

I	1	אֵל־נְקָמ֥וֹת יְהוָ֑ה	אֵ֥ל נְ֝קָמ֗וֹת הוֹפִֽיַע׃	
	2	הִ֭נָּשֵׂא שֹׁפֵ֣ט הָאָ֑רֶץ	הָשֵׁ֥ב גְּ֝מ֗וּל עַל־גֵּאִֽים׃	
II	3	עַד־מָתַ֖י רְשָׁעִ֥ים ׀ יְהוָ֑ה	עַד־מָ֝תַ֗י רְשָׁעִ֥ים יַעֲלֹֽזוּ׃	
	4	יַבִּ֣יעוּ יְדַבְּר֣וּ עָתָ֑ק	יִ֝תְאַמְּר֗וּ כָּל־פֹּ֥עֲלֵי אָֽוֶן׃	
III	5	עַמְּךָ֣ יְהוָ֣ה יְדַכְּא֑וּ	וְֽנַחֲלָתְךָ֥ יְעַנּֽוּ׃	
	6	אַלְמָנָ֣ה וְגֵ֣ר יַהֲרֹ֑גוּ	וִ֖יתוֹמִ֣ים יְרַצֵּֽחוּ׃	
	7	וַ֭יֹּאמְרוּ לֹ֣א יִרְאֶה־יָּ֑הּ	וְלֹא־יָ֝בִ֗ין אֱלֹהֵ֥י יַעֲקֹֽב׃	
IV	8	בִּ֭ינוּ בֹּעֲרִ֣ים בָּעָ֑ם	וּ֝כְסִילִ֗ים מָתַ֥י תַּשְׂכִּֽילוּ׃	
	9	הֲנֹ֣טַע אֹ֭זֶן הֲלֹ֣א יִשְׁמָ֑ע	אִם־יֹ֥צֵר עַ֝֗יִן הֲלֹ֣א יַבִּֽיט׃	
V	10	הֲיֹסֵ֣ר ג֭וֹיִם הֲלֹ֣א יוֹכִ֑יחַ	הַֽמְלַמֵּ֖ד אָדָ֣ם דָּֽעַת׃	
	11	יְֽהוָ֗ה יֹ֭דֵעַ מַחְשְׁב֣וֹת אָדָ֑ם	כִּי־הֵ֥מָּה הָֽבֶל׃	
VI	12	אַשְׁרֵ֤י ׀ הַגֶּ֣בֶר [..] תְּיַסְּרֶ֣נּוּ יָּ֑הּ	וּֽמִתּוֹרָתְךָ֥ תְלַמְּדֶֽנּוּ׃	
	13	לְהַשְׁקִ֣יט ל֭וֹ מִ֣ימֵי רָ֑ע	עַ֤ד יִכָּרֶ֖ה לָרָשָׁ֣ע שָֽׁחַת׃	
VII	14	כִּ֤י ׀ לֹא־יִטֹּ֣שׁ יְהוָ֣ה עַמּ֑וֹ	וְ֝נַחֲלָת֗וֹ לֹ֣א יַעֲזֹֽב׃	
	15	כִּֽי־עַד־צֶ֭דֶק יָשׁ֣וּב מִשְׁפָּ֑ט	וְ֝אַחֲרָ֗יו כָּל־יִשְׁרֵי־לֵֽב׃	
VIII	16	מִֽי־יָק֣וּם לִ֭י עִם־מְרֵעִ֑ים	מִֽי־יִתְיַצֵּ֥ב לִ֝֗י עִם־פֹּ֥עֲלֵי אָֽוֶן׃	
	17	לוּלֵ֣י יְ֭הוָה עֶזְרָ֣תָה לִּ֑י	כִּמְעַ֓ט ׀ שָׁכְנָ֖ה דוּמָ֣ה נַפְשִֽׁי׃	
IX	18	אִם־אָ֭מַרְתִּי מָ֣טָה רַגְלִ֑י	חַסְדְּךָ֥ יְ֝הוָ֗ה יִסְעָדֵֽנִי׃	
	19	בְּרֹ֣ב שַׂרְעַפַּ֣י בְּקִרְבִּ֑י	תַּ֝נְחוּמֶ֗יךָ יְֽשַׁעַשְׁע֥וּ נַפְשִֽׁי׃	
X	20	הַֽ֭יְחָבְרְךָ כִּסֵּ֣א הַוּ֑וֹת	יֹצֵ֖ר עָמָ֣ל עֲלֵי־חֹֽק׃	
	21	יָ֭גוֹדּוּ עַל־נֶ֣פֶשׁ צַדִּ֑יק	וְדָ֖ם נָקִ֣י יַרְשִֽׁיעוּ׃	
XI	22	וַיְהִ֬י יְהוָ֣ה לִ֣י לְמִשְׂגָּ֑ב	וֵ֝אלֹהַ֗י לְצ֣וּר מַחְסִֽי׃	
	23	וַיָּ֤שֶׁב עֲלֵיהֶ֨ם ׀ אֶת־אוֹנָ֗ם	וּבְרָעָתָ֥ם יַצְמִיתֵ֑ם	יַ֝צְמִיתֵ֗ם יְהוָ֥ה אֱלֹהֵֽינוּ׃

PSALM 95

I	1	לְכוּ נְרַנְּנָה לַיהוָה	נָרִיעָה לְצוּר יִשְׁעֵנוּ׃
	2	נְקַדְּמָה פָנָיו בְּתוֹדָה	בִּזְמִרוֹת נָרִיעַ לוֹ׃
II	3	כִּי אֵל גָּדוֹל יְהוָה	וּמֶלֶךְ גָּדוֹל עַל־כָּל־אֱלֹהִים׃
	4	אֲשֶׁר בְּיָדוֹ מֶחְקְרֵי־אָרֶץ	וְתוֹעֲפוֹת הָרִים לוֹ׃
	5	אֲשֶׁר־לוֹ הַיָּם וְהוּא עָשָׂהוּ	וְיַבֶּשֶׁת יָדָיו יָצָרוּ׃
III	6	בֹּאוּ נִשְׁתַּחֲוֶה וְנִכְרָעָה	נִבְרְכָה לִפְנֵי־יְהוָה עֹשֵׂנוּ׃
	7	כִּי הוּא אֱלֹהֵינוּ	וַאֲנַחְנוּ עַם מַרְעִיתוֹ וְצֹאן יָדוֹ
IV		הַיּוֹם אִם־בְּקֹלוֹ תִשְׁמָעוּ׃	
	8	אַל־תַּקְשׁוּ לְבַבְכֶם כִּמְרִיבָה	כְּיוֹם מַסָּה בַּמִּדְבָּר׃
	9	אֲשֶׁר נִסּוּנִי אֲבוֹתֵיכֶם	בְּחָנוּנִי גַּם־רָאוּ פָעֳלִי׃
V	10	אַרְבָּעִים שָׁנָה ׀ אָקוּט בְּדוֹר	וָאֹמַר עַם תֹּעֵי לֵבָב הֵם וְהֵם לֹא־יָדְעוּ דְרָכָי׃
	11	אֲשֶׁר־נִשְׁבַּעְתִּי בְאַפִּי	אִם־יְבֹאוּן אֶל־מְנוּחָתִי׃

PSALM 96

I	1	שִׁירוּ לַיהוָה שִׁיר חָדָשׁ	שִׁירוּ לַיהוָה כָּל־הָאָרֶץ׃
	2	שִׁירוּ לַיהוָה בָּרְכוּ שְׁמוֹ	בַּשְּׂרוּ מִיּוֹם־לְיוֹם יְשׁוּעָתוֹ׃
	3	סַפְּרוּ בַגּוֹיִם כְּבוֹדוֹ	בְּכָל־הָעַמִּים נִפְלְאוֹתָיו׃
II	4	כִּי גָדוֹל יְהוָה וּמְהֻלָּל מְאֹד	נוֹרָא הוּא עַל־כָּל־אֱלֹהִים׃
	5	כִּי ׀ כָּל־אֱלֹהֵי הָעַמִּים אֱלִילִים	וַיהוָה שָׁמַיִם עָשָׂה׃
	6	הוֹד־וְהָדָר לְפָנָיו	עֹז וְתִפְאֶרֶת בְּמִקְדָּשׁוֹ׃
III	7	הָבוּ לַיהוָה מִשְׁפְּחוֹת עַמִּים	הָבוּ לַיהוָה כָּבוֹד וָעֹז׃
	8	הָבוּ לַיהוָה כְּבוֹד שְׁמוֹ	שְׂאוּ־מִנְחָה וּבֹאוּ לְחַצְרוֹתָיו׃
IV	9	הִשְׁתַּחֲווּ לַיהוָה בְּהַדְרַת־קֹדֶשׁ	חִילוּ מִפָּנָיו כָּל־הָאָרֶץ׃
	10	אִמְרוּ בַגּוֹיִם ׀ יְהוָה מָלָךְ	אַף־תִּכּוֹן תֵּבֵל בַּל־תִּמּוֹט יָדִין עַמִּים בְּמֵישָׁרִים׃
V	11	יִשְׂמְחוּ הַשָּׁמַיִם וְתָגֵל הָאָרֶץ	יִרְעַם הַיָּם וּמְלֹאוֹ׃
	12	יַעֲלֹז שָׂדַי וְכָל־אֲשֶׁר־בּוֹ	אָז יְרַנְּנוּ כָּל־עֲצֵי־יָעַר׃
VI	13	לִפְנֵי יְהוָה ׀ כִּי בָא	כִּי בָא לִשְׁפֹּט הָאָרֶץ
		יִשְׁפֹּט־תֵּבֵל בְּצֶדֶק	וְעַמִּים בֶּאֱמוּנָתוֹ׃

PSALM 97

I 1 יְהוָ֣ה מָ֭לָךְ תָּגֵ֣ל הָאָ֑רֶץ יִ֝שְׂמְח֗וּ אִיִּ֥ים רַבִּֽים׃
2 עָנָ֣ן וַעֲרָפֶ֣ל סְבִיבָ֑יו צֶ֥דֶק וּ֝מִשְׁפָּ֗ט מְכ֣וֹן כִּסְאֽוֹ׃
3 אֵ֭שׁ לְפָנָ֣יו תֵּלֵ֑ךְ וּתְלַהֵ֖ט סָבִ֣יב צָרָֽיו׃

II 4 הֵאִ֣ירוּ בְרָקָ֣יו תֵּבֵ֑ל רָאֲתָ֖ה וַתָּחֵ֣ל הָאָֽרֶץ׃
5 הָרִ֗ים כַּדּוֹנַ֗ג נָ֭מַסּוּ מִלִּפְנֵ֣י יְהוָ֑ה מִ֝לִּפְנֵ֗י אֲד֣וֹן כָּל־הָאָֽרֶץ׃
6 הִגִּ֣ידוּ הַשָּׁמַ֣יִם צִדְק֑וֹ וְרָא֖וּ כָל־הָעַמִּ֣ים כְּבוֹדֽוֹ׃

III 7 יֵבֹ֤שׁוּ ׀ כָּל־עֹ֬בְדֵי פֶ֗סֶל הַמִּֽתְהַלְלִ֥ים בָּאֱלִילִ֑ים הִשְׁתַּחֲווּ־ל֝֗וֹ כָּל־אֱלֹהִֽים׃
8 שָׁמְעָ֬ה וַתִּשְׂמַ֨ח ׀ צִיּ֗וֹן וַ֭תָּגֵלְנָה בְּנ֣וֹת יְהוּדָ֑ה לְמַ֖עַן מִשְׁפָּטֶ֣יךָ יְהוָֽה׃
9 כִּֽי־אַתָּ֣ה יְהוָ֗ה עֶלְי֥וֹן עַל־כָּל־הָאָ֑רֶץ מְאֹ֥ד נַ֝עֲלֵ֗יתָ עַל־כָּל־אֱלֹהִֽים׃

IV 10 אֹֽהֲבֵ֥י יְהוָ֗ה שִׂנְא֫וּ רָ֥ע שֹׁ֭מֵר נַפְשׁ֣וֹת חֲסִידָ֑יו מִיַּ֥ד רְ֝שָׁעִ֗ים יַצִּילֵֽם׃
11 א֭וֹר זָרֻ֣עַ לַצַּדִּ֑יק וּֽלְיִשְׁרֵי־לֵ֥ב שִׂמְחָֽה׃
12 שִׂמְח֣וּ צַ֭דִּיקִים בַּיהוָ֑ה וְ֝הוֹד֗וּ לְזֵ֣כֶר קָדְשֽׁוֹ׃

PSALM 98

1 מִזְמ֡וֹר

I שִׁ֤ירוּ לַיהוָ֨ה ׀ שִׁ֣יר חָ֭דָשׁ כִּֽי־נִפְלָא֣וֹת עָשָׂ֑ה
הוֹשִֽׁיעָה־לּ֥וֹ יְ֝מִינ֗וֹ וּזְר֥וֹעַ קָדְשֽׁוֹ׃

II 2 הוֹדִ֣יעַ יְ֭הוָה יְשׁוּעָת֑וֹ לְעֵינֵ֥י הַ֝גּוֹיִ֗ם גִּלָּ֥ה צִדְקָתֽוֹ׃
3 זָ֘כַ֤ר חַסְדּ֨וֹ ׀ וֶ֥אֱֽמוּנָתוֹ֮ לְבֵ֪ית יִשְׂרָ֫אֵ֥ל
רָא֥וּ כָל־אַפְסֵי־אָ֑רֶץ אֵ֝֗ת יְשׁוּעַ֥ת אֱלֹהֵֽינוּ׃

III 4 הָרִ֣יעוּ לַ֭יהוָה כָּל־הָאָ֑רֶץ פִּצְח֖וּ וְרַנְּנ֣וּ וְזַמֵּֽרוּ׃
5 זַמְּר֣וּ לַיהוָ֣ה בְּכִנּ֑וֹר בְּ֝כִנּ֗וֹר וְק֣וֹל זִמְרָֽה׃
6 בַּ֭חֲצֹצְרוֹת וְק֣וֹל שׁוֹפָ֑ר הָ֝רִ֗יעוּ לִפְנֵ֤י ׀ הַמֶּ֬לֶךְ יְהוָֽה׃

IV 7 יִרְעַ֣ם הַ֭יָּם וּמְלֹא֑וֹ תֵּ֝בֵ֗ל וְיֹ֣שְׁבֵי בָֽהּ׃
8 נְהָר֥וֹת יִמְחֲאוּ־כָ֑ף יַ֝֗חַד הָרִ֥ים יְרַנֵּֽנוּ׃

V 9 לִֽפְנֵי־יְהוָ֗ה כִּ֥י בָא֮ לִשְׁפֹּ֪ט הָ֫אָ֥רֶץ
יִשְׁפֹּֽט־תֵּבֵ֥ל בְּצֶ֑דֶק וְ֝עַמִּ֗ים בְּמֵישָׁרִֽים׃

PSALM 99

I	1	יְהוָה מָלָךְ יִרְגְּזוּ עַמִּים	יֹשֵׁב כְּרוּבִים תָּנוּט הָאָרֶץ׃	
	2	יְהוָה בְּצִיּוֹן גָּדוֹל	וְרָם הוּא עַל־כָּל־הָעַמִּים׃	
	3	יוֹדוּ שִׁמְךָ גָּדוֹל וְנוֹרָא	קָדוֹשׁ הוּא׃	
II	4	וְעֹז מֶלֶךְ מִשְׁפָּט אָהֵב	אַתָּה כּוֹנַנְתָּ מֵישָׁרִים	
		מִשְׁפָּט וּצְדָקָה בְּיַעֲקֹב ׀	אַתָּה עָשִׂיתָ׃	
	5	רוֹמְמוּ יְהוָה אֱלֹהֵינוּ	וְהִשְׁתַּחֲווּ לַהֲדֹם רַגְלָיו	קָדוֹשׁ הוּא׃
III	6	מֹשֶׁה וְאַהֲרֹן ׀ בְּכֹהֲנָיו	וּשְׁמוּאֵל בְּקֹרְאֵי שְׁמוֹ	
		קֹרְאִים אֶל־יְהוָה וְהוּא יַעֲנֵם׃	7 בְּעַמּוּד עָנָן יְדַבֵּר אֲלֵיהֶם	
		שָׁמְרוּ עֵדֹתָיו	וְחֹק נָתַן־לָמוֹ׃	
IV	8	יְהוָה אֱלֹהֵינוּ אַתָּה עֲנִיתָם	אֵל נֹשֵׂא הָיִיתָ לָהֶם	וְנֹקֵם עַל־עֲלִילוֹתָם׃
	9	רוֹמְמוּ יְהוָה אֱלֹהֵינוּ	וְהִשְׁתַּחֲווּ לְהַר קָדְשׁוֹ	כִּי־קָדוֹשׁ יְהוָה אֱלֹהֵינוּ׃

PSALM 100

1 מִזְמוֹר לְתוֹדָה

I		הָרִיעוּ לַיהוָה כָּל־הָאָרֶץ׃	2 עִבְדוּ אֶת־יְהוָה בְּשִׂמְחָה	בֹּאוּ לְפָנָיו בִּרְנָנָה׃
	3	דְּעוּ כִּי־יְהוָה הוּא אֱלֹהִים	הוּא־עָשָׂנוּ וְלוֹ אֲנַחְנוּ	עַמּוֹ וְצֹאן מַרְעִיתוֹ׃
II	4	בֹּאוּ שְׁעָרָיו ׀ בְּתוֹדָה	חֲצֵרֹתָיו בִּתְהִלָּה	
		הוֹדוּ־לוֹ	בָּרְכוּ שְׁמוֹ׃	
	5	כִּי־טוֹב יְהוָה	לְעוֹלָם חַסְדּוֹ	וְעַד־דֹּר וָדֹר אֱמוּנָתוֹ׃

PSALM 101

1 לְדָוִ֗ד מִ֫זְמ֥וֹר

I		חֶסֶד־וּמִשְׁפָּ֥ט אָשִׁ֑ירָה	לְךָ֖ יְהוָ֣ה אֲזַמֵּֽרָה׃
	2	אַשְׂכִּ֤ילָה ׀ בְּדֶ֬רֶךְ תָּמִ֗ים	מָ֭תַי תָּב֣וֹא אֵלָ֑י
II		אֶתְהַלֵּ֥ךְ בְּתָם־לְ֝בָבִ֗י	בְּקֶ֣רֶב בֵּיתִֽי׃
	3	לֹֽא־אָשִׁ֨ית ׀ לְנֶ֥גֶד עֵינַ֗י	דְּֽבַר־בְּלִ֫יָּ֥עַל
III		עֲשֹׂה־סֵטִ֥ים שָׂנֵ֑אתִי	לֹ֖א יִדְבַּ֣ק בִּֽי׃
	4	לֵבָ֣ב עִ֭קֵּשׁ יָס֣וּר מִמֶּ֑נִּי	רָ֝֗ע לֹ֣א אֵדָֽע׃
IV	5	מְלָושְׁנִ֬י בַסֵּ֨תֶר ׀ רֵעֵ֗הוּ	אוֹת֥וֹ אַצְמִ֑ית
		גְּֽבַהּ־עֵ֭ינַיִם וּרְחַ֣ב לֵבָ֑ב	אֹ֝תוֹ לֹ֣א אוּכָֽל׃
V	6	עֵינַ֤י ׀ בְּנֶאֶמְנֵי־אֶ֡רֶץ	לָשֶׁ֬בֶת עִמָּדִ֗י
		הֹ֭לֵךְ בְּדֶ֣רֶךְ תָּמִ֑ים	ה֝֗וּא יְשָׁרְתֵֽנִי׃
VI	7	לֹֽא־יֵשֵׁ֨ב ׀ בְּקֶ֥רֶב בֵּיתִי֮	עֹשֵׂ֪ה רְמִ֫יָּ֥ה
		דֹּבֵ֥ר שְׁקָרִ֑ים לֹֽא־יִ֝כּ֗וֹן	לְנֶ֣גֶד עֵינָֽי׃
VII	8	לַבְּקָרִ֗ים אַצְמִ֥ית	כָּל־רִשְׁעֵי־אָ֑רֶץ
		לְהַכְרִ֥ית מֵעִיר־יְ֝הוָ֗ה	כָּל־פֹּ֥עֲלֵי אָֽוֶן׃

PSALM 102

1 תְּפִלָּה לְעָנִי כִי־יַעֲטֹף וְלִפְנֵי יְהוָה יִשְׁפֹּךְ שִׂיחוֹ׃

I	2	יְהוָה שִׁמְעָה תְפִלָּתִי	וְשַׁוְעָתִי אֵלֶיךָ תָבוֹא׃	
	3	אַל־תַּסְתֵּר פָּנֶיךָ ׀ מִמֶּנִּי	בְּיוֹם צַר לִי	
		הַטֵּה־אֵלַי אָזְנֶךָ	בְּיוֹם אֶקְרָא מַהֵר עֲנֵנִי׃	
II	4	כִּי־כָלוּ בְעָשָׁן יָמָי	וְעַצְמוֹתַי כְּמוֹ־קֵד נִחָרוּ׃	
	5	הוּכָּה־כָעֵשֶׂב וַיִּבַשׁ לִבִּי	כִּי־שָׁכַחְתִּי מֵאֲכֹל לַחְמִי׃	
	6	מִקּוֹל אַנְחָתִי	דָּבְקָה עַצְמִי לִבְשָׂרִי׃	
III	7	דָּמִיתִי לִקְאַת מִדְבָּר	הָיִיתִי כְּכוֹס חֳרָבוֹת׃	
	8	שָׁקַדְתִּי וָאֶהְיֶה	כְּצִפּוֹר בּוֹדֵד עַל־גָּג׃	
	9	כָּל־הַיּוֹם חֵרְפוּנִי אוֹיְבָי	מְהוֹלָלַי בִּי נִשְׁבָּעוּ׃	
IV	10	כִּי־אֵפֶר כַּלֶּחֶם אָכָלְתִּי	וְשִׁקֻּוַי בִּבְכִי מָסָכְתִּי׃	
	11	מִפְּנֵי־זַעַמְךָ וְקִצְפֶּךָ	כִּי נְשָׂאתַנִי וַתַּשְׁלִיכֵנִי׃	
	12	יָמַי כְּצֵל נָטוּי	וַאֲנִי כָּעֵשֶׂב אִיבָשׁ׃	
V	13	וְאַתָּה יְהוָה לְעוֹלָם תֵּשֵׁב	וְזִכְרְךָ לְדֹר וָדֹר׃	
	14	אַתָּה תָקוּם תְּרַחֵם צִיּוֹן	כִּי־עֵת לְחֶנְנָהּ	כִּי־בָא מוֹעֵד׃
	15	כִּי־רָצוּ עֲבָדֶיךָ אֶת־אֲבָנֶיהָ	וְאֶת־עֲפָרָהּ יְחֹנֵנוּ׃	
VI	16	וְיִירְאוּ גוֹיִם אֶת־שֵׁם יְהוָה	וְכָל־מַלְכֵי הָאָרֶץ אֶת־כְּבוֹדֶךָ׃	
	17	כִּי־בָנָה יְהוָה צִיּוֹן	נִרְאָה בִּכְבוֹדוֹ׃	
	18	פָּנָה אֶל־תְּפִלַּת הָעַרְעָר	וְלֹא־בָזָה אֶת־תְּפִלָּתָם׃	
VII	19	תִּכָּתֶב זֹאת לְדוֹר אַחֲרוֹן	וְעַם נִבְרָא יְהַלֶּל־יָהּ׃	
	20	כִּי־הִשְׁקִיף מִמְּרוֹם קָדְשׁוֹ	יְהוָה מִשָּׁמַיִם ׀ אֶל־אֶרֶץ הִבִּיט׃	
	21	לִשְׁמֹעַ אֶנְקַת אָסִיר	לְפַתֵּחַ בְּנֵי תְמוּתָה׃	
VIII	22	לְסַפֵּר בְּצִיּוֹן שֵׁם יְהוָה	וּתְהִלָּתוֹ בִּירוּשָׁלִָם׃	
	23	בְּהִקָּבֵץ עַמִּים יַחְדָּו	וּמַמְלָכוֹת לַעֲבֹד אֶת־יְהוָה׃	
IX	24	עִנָּה בַדֶּרֶךְ כֹּחִי	קִצַּר יָמָי׃ 25 אֹמַר אֵלִי	
		אַל־תַּעֲלֵנִי בַּחֲצִי יָמָי	בְּדוֹר דּוֹרִים שְׁנוֹתֶיךָ׃	
	26	לְפָנִים הָאָרֶץ יָסַדְתָּ	וּמַעֲשֵׂה יָדֶיךָ שָׁמָיִם׃	
X	27	הֵמָּה ׀ יֹאבֵדוּ	וְאַתָּה תַּעֲמֹד	
		וְכֻלָּם כַּבֶּגֶד יִבְלוּ	כַּלְּבוּשׁ תַּחֲלִיפֵם וְיַחֲלֹפוּ׃	
XI	28	וְאַתָּה־הוּא	וּשְׁנוֹתֶיךָ לֹא יִתָּמּוּ׃	
	29	בְּנֵי־עֲבָדֶיךָ יִשְׁכּוֹנוּ	וְזַרְעָם לְפָנֶיךָ יִכּוֹן׃	

PSALM 103

1 לְדָוִ֨ד ׀

I		בָּרֲכִ֣י נַ֭פְשִׁי אֶת־יְהוָ֑ה	וְכָל־קְ֝רָבַ֗י אֶת־שֵׁ֥ם קָדְשֽׁוֹ׃
	2	בָּרֲכִ֣י נַ֭פְשִׁי אֶת־יְהוָ֑ה	וְאַל־תִּ֝שְׁכְּחִ֗י כָּל־גְּמוּלָֽיו׃
II	3	הַסֹּלֵ֥חַ לְכָל־עֲוֺנֵ֑כִי	הָ֝רֹפֵ֗א לְכָל־תַּחֲלֻאָֽיְכִי׃
	4	הַגּוֹאֵ֣ל מִשַּׁ֣חַת חַיָּ֑יְכִי	הַֽ֝מְעַטְּרֵ֗כִי חֶ֣סֶד וְרַחֲמִֽים׃
	5	הַמַּשְׂבִּ֣יעַ בַּטּ֣וֹב עֶדְיֵ֑ךְ	תִּתְחַדֵּ֖שׁ כַּנֶּ֣שֶׁר נְעוּרָֽיְכִי׃
III	6	עֹשֵׂ֣ה צְדָק֣וֹת יְהוָ֑ה	וּ֝מִשְׁפָּטִ֗ים לְכָל־עֲשׁוּקִֽים׃
	7	יוֹדִ֣יעַ דְּרָכָ֣יו לְמֹשֶׁ֑ה	לִבְנֵ֥י יִ֝שְׂרָאֵ֗ל עֲלִילֽוֹתָֽיו׃
	8	רַח֣וּם וְחַנּ֣וּן יְהוָ֑ה	אֶ֖רֶךְ אַפַּ֣יִם וְרַב־חָֽסֶד׃
IV	9	לֹֽא־לָנֶ֥צַח יָרִ֑יב	וְלֹ֖א לְעוֹלָ֣ם יִטּֽוֹר׃
	10	לֹ֣א כַ֭חֲטָאֵינוּ עָ֣שָׂה לָ֑נוּ	וְלֹ֥א כַ֝עֲוֺנֹתֵ֗ינוּ גָּמַ֥ל עָלֵֽינוּ׃
V	11	כִּ֤י כִגְבֹ֣הַּ שָׁ֭מַיִם עַל־הָאָ֑רֶץ	גָּבַ֥ר חַ֝סְדּ֗וֹ עַל־יְרֵאָֽיו׃
	12	כִּרְחֹ֣ק מִ֭זְרָח מִֽמַּעֲרָ֑ב	הִֽרְחִ֥יק מִ֝מֶּ֗נּוּ אֶת־פְּשָׁעֵֽינוּ׃
	13	כְּרַחֵ֣ם אָ֭ב עַל־בָּנִ֑ים	רִחַ֥ם יְ֝הוָ֗ה עַל־יְרֵאָֽיו׃
VI	14	כִּי־ה֖וּא יָדַ֣ע יִצְרֵ֑נוּ	זָ֝כ֗וּר כִּי־עָפָ֥ר אֲנָֽחְנוּ׃
	15	אֱ֭נוֹשׁ כֶּחָצִ֣יר יָמָ֑יו	כְּצִ֥יץ הַ֝שָּׂדֶ֗ה כֵּ֣ן יָצִֽיץ׃
	16	כִּ֤י ר֣וּחַ עָֽבְרָה־בּ֣וֹ וְאֵינֶ֑נּוּ	וְלֹא־יַכִּירֶ֖נּוּ ע֣וֹד מְקוֹמֽוֹ׃
VII	17	וְחֶ֤סֶד יְהוָ֨ה ׀ מֵעוֹלָ֣ם	וְעַד־ע֭וֹלָם עַל־יְרֵאָ֑יו
		וְ֝צִדְקָת֗וֹ לִבְנֵ֥י בָנִֽים׃	18 לְשֹׁמְרֵ֣י בְרִית֑וֹ וּלְזֹכְרֵ֥י פִ֝קֻּדָ֗יו לַעֲשׂוֹתָֽם׃
	19	יְֽ֭הוָה בַּשָּׁמַ֣יִם הֵכִ֣ין כִּסְא֑וֹ	וּ֝מַלְכוּת֗וֹ בַּכֹּ֥ל מָשָֽׁלָה׃
VIII	20	בָּרֲכ֥וּ יְהוָ֗ה מַלְאָ֫כָ֥יו	גִּבֹּ֣רֵי כֹ֭חַ עֹשֵׂ֣י דְבָר֑וֹ לִ֝שְׁמֹ֗עַ בְּק֣וֹל דְּבָרֽוֹ׃
	21	בָּרֲכ֣וּ יְ֭הוָה כָּל־צְבָאָ֑יו	מְ֝שָׁרְתָ֗יו עֹשֵׂ֥י רְצוֹנֽוֹ׃
	22	בָּרֲכ֤וּ יְהוָ֨ה ׀ כָּל־מַעֲשָׂ֗יו	בְּכָל־מְקֹמ֥וֹת מֶמְשַׁלְתּ֑וֹ
		בָּרֲכִ֥י נַ֝פְשִׁ֗י אֶת־יְהוָֽה׃	

PSALM 104

I	1	בָּרְכִ֥י נַפְשִׁ֗י אֶת־יְה֫וָ֥ה	יְהוָ֣ה אֱ֭לֹהַי גָּדַ֣לְתָּ מְּאֹ֑ד	ה֖וֹד וְהָדָ֣ר לָבָֽשְׁתָּ׃
	2	עֹֽטֶה־א֭וֹר כַּשַּׂלְמָ֑ה	נוֹטֶ֥ה שָׁ֝מַ֗יִם כַּיְרִיעָֽה׃	
II	3	הַֽמְקָ֘רֶ֤ה בַמַּ֗יִם עֲֽלִיּ֫וֹתָ֥יו	הַשָּֽׂם־עָבִ֥ים רְכוּב֑וֹ	הַֽ֝מְהַלֵּ֗ךְ עַל־כַּנְפֵי־רֽוּחַ׃
	4	עֹשֶׂ֣ה מַלְאָכָ֣יו רוּח֑וֹת	מְ֝שָׁרְתָ֗יו אֵ֣שׁ לֹהֵֽט׃	
III	5	יָֽסַד־אֶ֭רֶץ עַל־מְכוֹנֶ֑יהָ	בַּל־תִּ֝מּ֗וֹט עוֹלָ֥ם וָעֶֽד׃	
	6	תְּ֭הוֹם כַּלְּב֣וּשׁ כִּסִּית֑וֹ	עַל־הָ֝רִ֗ים יַֽעַמְדוּ־מָֽיִם׃	
IV	7	מִן־גַּעֲרָתְךָ֣ יְנוּס֑וּן	מִן־ק֥וֹל רַֽ֝עַמְךָ֗ יֵחָפֵזֽוּן׃	
	8	יַעֲל֣וּ הָ֭רִים יֵרְד֣וּ בְקָע֑וֹת	אֶל־מְ֝ק֗וֹם זֶ֤ה ׀ יָסַ֬דְתָּ לָהֶֽם׃	
	9	גְּֽבוּל־שַׂ֭מְתָּ בַּל־יַעֲבֹר֑וּן	בַּל־יְ֝שׁוּב֗וּן לְכַסּ֥וֹת הָאָֽרֶץ׃	
V	10	הַֽמְשַׁלֵּ֣חַ מַ֭עְיָנִים בַּנְּחָלִ֑ים	בֵּ֥ין הָ֝רִ֗ים יְהַלֵּכֽוּן׃	
	11	יַ֭שְׁקוּ כָּל־חַיְת֣וֹ שָׂדָ֑י	יִשְׁבְּר֖וּ פְרָאִ֣ים צְמָאָֽם׃	
VI	12	עֲ֭לֵיהֶם עוֹף־הַשָּׁמַ֣יִם יִשְׁכּ֑וֹן	מִבֵּ֥ין עֳ֝פָאִ֗ים יִתְּנוּ־קֽוֹל׃	
	13	מַשְׁקֶ֣ה הָ֭רִים מֵעֲלִיּוֹתָ֑יו	מִפְּרִ֥י מַ֝עֲשֶׂ֗יךָ תִּשְׂבַּ֥ע הָאָֽרֶץ׃	
VII	14	מַצְמִ֤יחַ חָצִ֨יר ׀ לַבְּהֵמָ֗ה	וְ֭עֵשֶׂב לַעֲבֹדַ֣ת הָאָדָ֑ם	לְה֥וֹצִיא לֶ֝֗חֶם מִן־הָאָֽרֶץ׃
	15	וְיַ֤יִן ׀ יְשַׂמַּ֬ח לְבַב־אֱנ֗וֹשׁ	לְהַצְהִ֣יל פָּנִ֣ים מִשָּׁ֑מֶן	וְ֝לֶ֗חֶם לְבַב־אֱנ֥וֹשׁ יִסְעָֽד׃
VIII	16	יִ֭שְׂבְּעוּ עֲצֵ֣י יְהוָ֑ה	אַֽרְזֵ֥י לְ֝בָנ֗וֹן אֲשֶׁ֣ר נָטָֽע׃	
	17	[..] שָׁם צִפֳּרִ֣ים יְקַנֵּ֑נוּ	חֲ֝סִידָ֗ה בְּרוֹשִׁ֥ים בֵּיתָֽהּ׃	
	18	הָרִ֣ים הַ֭גְּבֹהִים לַיְּעֵלִ֑ים	סְ֝לָעִ֗ים מַחְסֶ֥ה לַשְׁפַנִּֽים׃	
IX	19	עָשָׂ֣ה יָ֭רֵחַ לְמוֹעֲדִ֑ים	שֶׁ֝֗מֶשׁ יָדַ֥ע מְבוֹאֽוֹ׃	
	20	תָּֽשֶׁת־חֹ֭שֶׁךְ וִ֣יהִי לָ֑יְלָה	בּֽוֹ־תִ֝רְמֹ֗שׂ כָּל־חַיְתוֹ־יָֽעַר׃	
X	21	הַ֭כְּפִירִים שֹׁאֲגִ֣ים לַטָּ֑רֶף	וּלְבַקֵּ֖שׁ מֵאֵ֣ל אָכְלָֽם׃	
	22	תִּזְרַ֣ח הַ֭שֶּׁמֶשׁ יֵאָסֵפ֑וּן	וְאֶל־מְ֝עוֹנֹתָ֗ם יִרְבָּצֽוּן׃	
	23	יֵצֵ֣א אָדָ֣ם לְפָעֳל֑וֹ	וְ֝לַעֲבֹדָת֗וֹ עֲדֵי־עָֽרֶב׃	
XI	24	מָֽה־רַבּ֬וּ מַעֲשֶׂ֨יךָ ׀ יְהוָ֗ה	כֻּ֭לָּם בְּחָכְמָ֣ה עָשִׂ֑יתָ	מָלְאָ֥ה הָ֝אָ֗רֶץ קִנְיָנֶֽךָ׃
	25	זֶ֤ה ׀ הַיָּ֥ם גָּדוֹל֮ וּרְחַ֪ב יָ֫דָ֥יִם	שָֽׁם־רֶ֭מֶשׂ וְאֵ֣ין מִסְפָּ֑ר	חַיּ֥וֹת קְ֝טַנּ֗וֹת עִם־גְּדֹלֽוֹת׃
	26	שָׁ֭ם אֳנִיּ֣וֹת יְהַלֵּכ֑וּן	לִ֝וְיָתָ֗ן זֶה־יָצַ֥רְתָּ	לְשַֽׂחֶק־בּֽוֹ׃
XII	27	כֻּ֭לָּם אֵלֶ֣יךָ יְשַׂבֵּר֑וּן	לָתֵ֖ת אָכְלָ֣ם בְּעִתּֽוֹ׃	
	28	תִּתֵּ֣ן לָ֭הֶם יִלְקֹט֑וּן	תִּפְתַּ֥ח יָ֝דְךָ֗ יִשְׂבְּע֥וּן טֽוֹב׃	

XIII	29	תַּסְתִּ֥יר פָּנֶ֫יךָ֮ יִבָּהֵ֫ל֥וּן	תֹּסֵ֣ף ר֭וּחָם יִגְוָע֑וּן וְֽאֶל־עֲפָרָ֥ם יְשׁוּבֽוּן׃
	30	תְּשַׁלַּ֣ח ר֭וּחֲךָ יִבָּרֵא֑וּן	וּ֝תְחַדֵּ֗שׁ פְּנֵ֣י אֲדָמָֽה׃
XIV	31	יְהִ֤י כְב֣וֹד יְהוָ֣ה לְעוֹלָ֑ם	יִשְׂמַ֖ח יְהוָ֣ה בְּמַעֲשָֽׂיו׃
	32	הַמַּבִּ֣יט לָ֭אָרֶץ וַתִּרְעָ֑ד	יִגַּ֖ע בֶּהָרִ֣ים וְיֶעֱשָֽׁנוּ׃
XV	33	אָשִׁ֣ירָה לַיהוָ֣ה בְּחַיָּ֑י	אֲזַמְּרָ֖ה לֵאלֹהַ֣י בְּעוֹדִֽי׃
	34	יֶעֱרַ֣ב עָלָ֣יו שִׂיחִ֑י	אָ֝נֹכִ֗י אֶשְׂמַ֥ח בַּיהוָֽה׃
XVI	35	יִתַּ֤מּוּ חַטָּאִ֨ים ׀ מִן־הָאָ֡רֶץ	וּרְשָׁעִ֤ים ׀ ע֥וֹד אֵינָ֗ם
		בָּרְכִ֣י נַ֭פְשִׁי אֶת־יְהוָ֗ה	הַֽלְלוּ־יָֽהּ׃

PSALM 105

I	1	הוֹד֣וּ לַ֭יהוָה קִרְא֣וּ בִּשְׁמ֑וֹ	הוֹדִ֥יעוּ בָ֝עַמִּ֗ים עֲלִילוֹתָֽיו׃
	2	שִֽׁירוּ־ל֭וֹ זַמְּרוּ־ל֑וֹ	שִׂ֝֗יחוּ בְּכָל־נִפְלְאוֹתָֽיו׃
	3	הִֽתְהַלְלוּ בְּשֵׁ֣ם קָדְשׁ֑וֹ	יִ֝שְׂמַ֗ח לֵ֤ב ׀ מְבַקְשֵׁ֬י יְהוָֽה׃
II	4	דִּרְשׁ֣וּ יְהוָ֣ה וְעֻזּ֑וֹ	בַּקְּשׁ֖וּ פָנָ֣יו תָּמִֽיד׃
	5	זִכְר֗וּ נִפְלְאוֹתָ֥יו אֲשֶׁר־עָשָׂ֑ה	מֹ֝פְתָ֗יו וּמִשְׁפְּטֵי־פִֽיו׃
	6	זֶ֭רַע אַבְרָהָ֣ם עַבְדּ֑וֹ	בְּנֵ֖י יַעֲקֹ֣ב בְּחִירָֽיו׃
III	7	ה֭וּא יְהוָ֣ה אֱלֹהֵ֑ינוּ	בְּכָל־הָ֝אָ֗רֶץ מִשְׁפָּטָֽיו׃
	8	זָכַ֣ר לְעוֹלָ֣ם בְּרִית֑וֹ	דָּבָ֥ר צִ֝וָּ֗ה לְאֶ֣לֶף דּֽוֹר׃
	9	אֲשֶׁ֣ר כָּ֭רַת אֶת־אַבְרָהָ֑ם	וּשְׁבוּעָת֥וֹ לְיִשְׂחָֽק׃
IV	10	וַֽיַּעֲמִידֶ֣הָ לְיַעֲקֹ֣ב לְחֹ֑ק	לְ֝יִשְׂרָאֵ֗ל בְּרִ֣ית עוֹלָֽם׃
	11	לֵאמֹ֗ר	
		לְךָ֗ אֶתֵּ֥ן אֶת־אֶֽרֶץ־כְּנָ֑עַן	חֶ֝֗בֶל נַחֲלַתְכֶֽם׃
V	12	בִּ֭הְיוֹתָם מְתֵ֣י מִסְפָּ֑ר	כִּ֝מְעַ֗ט וְגָרִ֥ים בָּֽהּ׃
	13	וַֽ֭יִּתְהַלְּכוּ מִגּ֣וֹי אֶל־גּ֑וֹי	מִ֝מַּמְלָכָ֗ה אֶל־עַ֥ם אַחֵֽר׃
VI	14	לֹא־הִנִּ֣יחַ אָדָ֣ם לְעָשְׁקָ֑ם	וַיּ֖וֹכַח עֲלֵיהֶ֣ם מְלָכִֽים׃
	15	אַל־תִּגְּע֥וּ בִמְשִׁיחָ֑י	וְ֝לִנְבִיאַ֗י אַל־תָּרֵֽעוּ׃
VII	16	וַיִּקְרָ֣א רָ֭עָב עַל־הָאָ֑רֶץ	כָּֽל־מַטֵּה־לֶ֥חֶם שָׁבָֽר׃
	17	שָׁלַ֣ח לִפְנֵיהֶ֣ם אִ֑ישׁ	לְ֝עֶ֗בֶד נִמְכַּ֥ר יוֹסֵֽף׃

VIII	18	עִנּוּ בַכֶּבֶל רַגְלוֹ	בַּרְזֶל בָּאָה נַפְשׁוֹ:
	19	עַד־עֵת בֹּא־דְבָרוֹ	אִמְרַת יְהוָה צְרָפָתְהוּ:
IX	20	שָׁלַח מֶלֶךְ וַיַּתִּירֵהוּ	מֹשֵׁל עַמִּים וַיְפַתְּחֵהוּ:
	21	שָׂמוֹ אָדוֹן לְבֵיתוֹ	וּמֹשֵׁל בְּכָל־קִנְיָנוֹ:
	22	לֶאְסֹר שָׂרָיו בְּנַפְשׁוֹ	וּזְקֵנָיו יְחַכֵּם:
X	23	וַיָּבֹא יִשְׂרָאֵל מִצְרָיִם	וְיַעֲקֹב גָּר בְּאֶרֶץ־חָם:
	24	וַיֶּפֶר אֶת־עַמּוֹ מְאֹד	וַיַּעֲצִמֵהוּ מִצָּרָיו:
	25	הָפַךְ לִבָּם לִשְׂנֹא עַמּוֹ	לְהִתְנַכֵּל בַּעֲבָדָיו:
XI	26	שָׁלַח מֹשֶׁה עַבְדּוֹ	אַהֲרֹן אֲשֶׁר בָּחַר־בּוֹ:
	27	שָׂמוּ־בָם דִּבְרֵי אֹתוֹתָיו	וּמֹפְתִים בְּאֶרֶץ חָם:
XII	28	שָׁלַח חֹשֶׁךְ וַיַּחְשִׁךְ	וְלֹא־מָרוּ אֶת־דְּבָרוֹ:
	29	הָפַךְ אֶת־מֵימֵיהֶם לְדָם	וַיָּמֶת אֶת־דְּגָתָם:
XIII	30	שָׁרַץ אַרְצָם צְפַרְדְּעִים	בְּחַדְרֵי מַלְכֵיהֶם:
	31	אָמַר וַיָּבֹא עָרֹב	כִּנִּים בְּכָל־גְּבוּלָם:
XIV	32	נָתַן גִּשְׁמֵיהֶם בָּרָד	אֵשׁ לֶהָבוֹת בְּאַרְצָם:
	33	וַיַּךְ גַּפְנָם וּתְאֵנָתָם	וַיְשַׁבֵּר עֵץ גְּבוּלָם:
XV	34	אָמַר וַיָּבֹא אַרְבֶּה	וְיֶלֶק וְאֵין מִסְפָּר:
	35	וַיֹּאכַל כָּל־עֵשֶׂב בְּאַרְצָם	וַיֹּאכַל פְּרִי אַדְמָתָם:
XVI	36	וַיַּךְ כָּל־בְּכוֹר בְּאַרְצָם	רֵאשִׁית לְכָל־אוֹנָם:
	37	וַיּוֹצִיאֵם בְּכֶסֶף וְזָהָב	וְאֵין בִּשְׁבָטָיו כּוֹשֵׁל:
	38	שָׂמַח מִצְרַיִם בְּצֵאתָם	כִּי־נָפַל פַּחְדָּם עֲלֵיהֶם:
XVII	39	פָּרַשׂ עָנָן לְמָסָךְ	וְאֵשׁ לְהָאִיר לָיְלָה:
	40	שָׁאַל וַיָּבֵא שְׂלָו	וְלֶחֶם שָׁמַיִם יַשְׂבִּיעֵם:
	41	פָּתַח צוּר וַיָּזוּבוּ מָיִם	הָלְכוּ בַּצִּיּוֹת נָהָר:
XVIII	42	כִּי־זָכַר אֶת־דְּבַר קָדְשׁוֹ	אֶת־אַבְרָהָם עַבְדּוֹ:
	43	וַיּוֹצִא עַמּוֹ בְשָׂשׂוֹן	בְּרִנָּה אֶת־בְּחִירָיו:
XIX	44	וַיִּתֵּן לָהֶם אַרְצוֹת גּוֹיִם	וַעֲמַל לְאֻמִּים יִירָשׁוּ:
	45	בַּעֲבוּר ׀ יִשְׁמְרוּ חֻקָּיו	וְתוֹרֹתָיו יִנְצֹרוּ

הַלְלוּ־יָהּ:

PSALM 106

1 הַֽלְלוּיָ֨הּ ׀

I הוֹד֣וּ לַיהוָ֣ה כִּי־ט֑וֹב כִּ֖י לְעוֹלָ֣ם חַסְדּֽוֹ׃
2 מִ֗י יְ֭מַלֵּל גְּבוּר֣וֹת יְהוָ֑ה יַ֝שְׁמִ֗יעַ כָּל־תְּהִלָּתֽוֹ׃
3 אַ֭שְׁרֵי שֹׁמְרֵ֣י מִשְׁפָּ֑ט עֹשֵׂ֖ה צְדָקָ֣ה בְכָל־עֵֽת׃

II 4 זָכְרֵ֣נִי יְ֭הוָה בִּרְצ֣וֹן עַמֶּ֑ךָ פָּ֝קְדֵ֗נִי בִּישׁוּעָתֶֽךָ׃
5 לִרְא֤וֹת ׀ בְּט֬וֹבַת בְּחִירֶ֗יךָ לִ֭שְׂמֹחַ בְּשִׂמְחַ֣ת גּוֹיֶ֑ךָ לְ֝הִתְהַלֵּ֗ל עִם־נַחֲלָתֶֽךָ׃

III 6 חָטָ֣אנוּ עִם־אֲבוֹתֵ֑ינוּ הֶ֝עֱוִ֗ינוּ הִרְשָֽׁעְנוּ׃
7 אֲבוֹתֵ֣ינוּ בְמִצְרַ֨יִם ׀ לֹא־הִשְׂכִּ֢ילוּ נִפְלְאוֹתֶ֗יךָ
לֹ֣א זָ֭כְרוּ אֶת־רֹ֣ב חֲסָדֶ֑יךָ וַיַּמְר֖וּ עַל־יָ֣ם [..]־סֽוּף׃

IV 8 וַ֭יּוֹשִׁיעֵם לְמַ֣עַן שְׁמ֑וֹ לְ֝הוֹדִ֗יעַ אֶת־גְּבוּרָתֽוֹ׃
9 וַיִּגְעַ֣ר בְּיַם־ס֭וּף וַֽיֶּחֱרָ֑ב וַיּוֹלִיכֵ֥ם בַּ֝תְּהֹמ֗וֹת כַּמִּדְבָּֽר׃

V 10 וַ֭יּוֹשִׁיעֵם מִיַּ֣ד שׂוֹנֵ֑א וַ֝יִּגְאָלֵ֗ם מִיַּ֥ד אוֹיֵֽב׃
11 וַיְכַסּוּ־מַ֥יִם צָרֵיהֶ֑ם אֶחָ֥ד מֵ֝הֶ֗ם לֹ֣א נוֹתָֽר׃

VI 12 וַיַּאֲמִ֥ינוּ בִדְבָרָ֑יו יָ֝שִׁ֗ירוּ תְּהִלָּתֽוֹ׃
13 מִ֭הֲרוּ שָׁכְח֣וּ מַעֲשָׂ֑יו לֹֽא־חִ֝כּ֗וּ לַעֲצָתֽוֹ׃

VII 14 וַיִּתְאַוּ֣וּ תַ֭אֲוָה בַּמִּדְבָּ֑ר וַיְנַסּוּ־אֵ֝֗ל בִּישִׁימֽוֹן׃
15 וַיִּתֵּ֣ן לָ֭הֶם שֶׁאֱלָתָ֑ם וַיְשַׁלַּ֖ח רָז֣וֹן בְּנַפְשָֽׁם׃

VIII 16 וַיְקַנְא֣וּ לְ֭מֹשֶׁה בַּֽמַּחֲנֶ֑ה לְ֝אַהֲרֹ֗ן קְד֣וֹשׁ יְהוָֽה׃
17 תִּפְתַּח־אֶ֭רֶץ וַתִּבְלַ֣ע דָּתָ֑ן וַ֝תְּכַ֗ס עַל־עֲדַ֥ת אֲבִירָֽם׃
18 וַתִּבְעַר־אֵ֥שׁ בַּעֲדָתָ֑ם לֶ֝הָבָ֗ה תְּלַהֵ֥ט רְשָׁעִֽים׃

IX 19 יַעֲשׂוּ־עֵ֥גֶל בְּחֹרֵ֑ב וַ֝יִּשְׁתַּחֲוּ֗וּ לְמַסֵּכָֽה׃
20 וַיָּמִ֥ירוּ אֶת־כְּבוֹדָ֑ם בְּתַבְנִ֥ית שׁ֝֗וֹר אֹכֵ֥ל עֵֽשֶׂב׃

X 21 שָׁ֭כְחוּ אֵ֣ל מוֹשִׁיעָ֑ם עֹשֶׂ֖ה גְדֹל֣וֹת בְּמִצְרָֽיִם׃
22 נִ֭פְלָאוֹת בְּאֶ֣רֶץ חָ֑ם נ֝וֹרָא֗וֹת עַל־יַם־סֽוּף׃

XI 23 וַיֹּ֗אמֶר לְהַשְׁמִ֫ידָ֥ם לוּלֵ֡י מֹשֶׁ֤ה בְחִיר֗וֹ
עָמַ֣ד בַּפֶּ֣רֶץ לְפָנָ֑יו לְהָשִׁ֥יב חֲ֝מָת֗וֹ מֵהַשְׁחִֽית׃

XII	24	וַיִּמְאֲסוּ בְּאֶרֶץ חֶמְדָּה	לֹא־הֶאֱמִינוּ לִדְבָרוֹ:
	25	וַיֵּרָגְנוּ בְאָהֳלֵיהֶם	לֹא שָׁמְעוּ בְּקוֹל יְהוָה:
XIII	26	וַיִּשָּׂא יָדוֹ לָהֶם	לְהַפִּיל אוֹתָם בַּמִּדְבָּר:
	27	וּלְהַפִּיל זַרְעָם בַּגּוֹיִם	וּלְזָרוֹתָם בָּאֲרָצוֹת:
XIV	28	וַיִּצָּמְדוּ לְבַעַל פְּעוֹר	וַיֹּאכְלוּ זִבְחֵי מֵתִים:
	29	וַיַּכְעִיסוּ בְּמַעַלְלֵיהֶם	וַתִּפְרָץ־בָּם מַגֵּפָה:
XV	30	וַיַּעֲמֹד פִּינְחָס וַיְפַלֵּל	וַתֵּעָצַר הַמַּגֵּפָה:
	31	וַתֵּחָשֶׁב לוֹ לִצְדָקָה	לְדֹר וָדֹר עַד־עוֹלָם:
XVI	32	וַיַּקְצִיפוּ עַל־מֵי מְרִיבָה	וַיֵּרַע לְמֹשֶׁה בַּעֲבוּרָם:
	33	כִּי־הִמְרוּ אֶת־רוּחוֹ	וַיְבַטֵּא בִּשְׂפָתָיו:
XVII	34	לֹא־הִשְׁמִידוּ אֶת־הָעַמִּים	אֲשֶׁר אָמַר יְהוָה לָהֶם:
	35	וַיִּתְעָרְבוּ בַגּוֹיִם	וַיִּלְמְדוּ מַעֲשֵׂיהֶם:
XVIII	36	וַיַּעַבְדוּ אֶת־עֲצַבֵּיהֶם	וַיִּהְיוּ לָהֶם לְמוֹקֵשׁ:
	37	וַיִּזְבְּחוּ אֶת־בְּנֵיהֶם	וְאֶת־בְּנוֹתֵיהֶם לַשֵּׁדִים:
XIX	38	וַיִּשְׁפְּכוּ דָם נָקִי	דַּם־בְּנֵיהֶם וּבְנוֹתֵיהֶם	אֲשֶׁר זִבְּחוּ לַעֲצַבֵּי כְנָעַן
		וַתֶּחֱנַף הָאָרֶץ בַּדָּמִים:	39 וַיִּטְמְאוּ בְמַעֲשֵׂיהֶם	וַיִּזְנוּ בְּמַעַלְלֵיהֶם:
XX	40	וַיִּחַר־אַף יְהוָה בְּעַמּוֹ	וַיְתָעֵב אֶת־נַחֲלָתוֹ:
	41	וַיִּתְּנֵם בְּיַד־גּוֹיִם	וַיִּמְשְׁלוּ בָהֶם שֹׂנְאֵיהֶם:
XXI	42	וַיִּלְחָצוּם אוֹיְבֵיהֶם	וַיִּכָּנְעוּ תַּחַת יָדָם:
	43	פְּעָמִים רַבּוֹת יַצִּילֵם	וְהֵמָּה יַמְרוּ בַעֲצָתָם	וַיָּמֹכּוּ בַּעֲוֹנָם:
XXII	44	וַיַּרְא בַּצַּר לָהֶם	בְּשָׁמְעוֹ אֶת־רִנָּתָם:
	45	וַיִּזְכֹּר לָהֶם בְּרִיתוֹ	וַיִּנָּחֶם כְּרֹב חֲסָדָו:
	46	וַיִּתֵּן אוֹתָם לְרַחֲמִים	לִפְנֵי כָּל־שׁוֹבֵיהֶם:
XXIII	47	הוֹשִׁיעֵנוּ ׀ יְהוָה אֱלֹהֵינוּ	וְקַבְּצֵנוּ מִן־הַגּוֹיִם
		לְהֹדוֹת לְשֵׁם קָדְשֶׁךָ	לְהִשְׁתַּבֵּחַ בִּתְהִלָּתֶךָ:
XXIV	48	בָּרוּךְ־יְהוָה אֱלֹהֵי יִשְׂרָאֵל	מִן־הָעוֹלָם ׀ וְעַד הָעוֹלָם
		וְאָמַר כָּל־הָעָם אָמֵן	הַלְלוּ־יָהּ:

PSALM 107

I	1	הֹדוּ לַיהוָה כִּי־טוֹב	כִּי לְעוֹלָם חַסְדּוֹ׃
	2	יֹאמְרוּ גְּאוּלֵי יְהוָה	אֲשֶׁר גְּאָלָם מִיַּד־צָר׃ וּמֵאֲרָצוֹת קִבְּצָם 3
		מִמִּזְרָח וּמִמַּעֲרָב	מִצָּפוֹן וּמִיָּם׃
II	4	תָּעוּ בַמִּדְבָּר בִּישִׁימוֹן	דֶּרֶךְ עִיר מוֹשָׁב לֹא מָצָאוּ׃
	5	רְעֵבִים גַּם־צְמֵאִים	נַפְשָׁם בָּהֶם תִּתְעַטָּף׃
III	6	וַיִּצְעֲקוּ אֶל־יְהוָה בַּצַּר לָהֶם	מִמְּצוּקוֹתֵיהֶם יַצִּילֵם׃
	7	וַיַּדְרִיכֵם בְּדֶרֶךְ יְשָׁרָה	לָלֶכֶת אֶל־עִיר מוֹשָׁב׃
IV	8	יוֹדוּ לַיהוָה חַסְדּוֹ	וְנִפְלְאוֹתָיו לִבְנֵי אָדָם׃
	9	כִּי־הִשְׂבִּיעַ נֶפֶשׁ שֹׁקֵקָה	וְנֶפֶשׁ רְעֵבָה מִלֵּא־טוֹב׃
V	10	יֹשְׁבֵי חֹשֶׁךְ וְצַלְמָוֶת	אֲסִירֵי עֳנִי וּבַרְזֶל׃
	11	כִּי־הִמְרוּ אִמְרֵי־אֵל	וַעֲצַת עֶלְיוֹן נָאָצוּ׃
	12	וַיַּכְנַע בֶּעָמָל לִבָּם	כָּשְׁלוּ וְאֵין עֹזֵר׃
VI	13	וַיִּזְעֲקוּ אֶל־יְהוָה בַּצַּר לָהֶם	מִמְּצֻקוֹתֵיהֶם יוֹשִׁיעֵם׃
	14	יוֹצִיאֵם מֵחֹשֶׁךְ וְצַלְמָוֶת	וּמוֹסְרוֹתֵיהֶם יְנַתֵּק׃
VII	15	יוֹדוּ לַיהוָה חַסְדּוֹ	וְנִפְלְאוֹתָיו לִבְנֵי אָדָם׃
	16	כִּי־שִׁבַּר דַּלְתוֹת נְחֹשֶׁת	וּבְרִיחֵי בַרְזֶל גִּדֵּעַ׃
VIII	17	אֱוִלִים מִדֶּרֶךְ פִּשְׁעָם	וּמֵעֲוֺנֹתֵיהֶם יִתְעַנּוּ׃
	18	כָּל־אֹכֶל תְּתַעֵב נַפְשָׁם	וַיַּגִּיעוּ עַד־שַׁעֲרֵי מָוֶת׃
IX	19	וַיִּזְעֲקוּ אֶל־יְהוָה בַּצַּר לָהֶם	מִמְּצֻקוֹתֵיהֶם יוֹשִׁיעֵם׃
	20	יִשְׁלַח דְּבָרוֹ וְיִרְפָּאֵם	וִימַלֵּט מִשְּׁחִיתוֹתָם׃
X	21	יוֹדוּ לַיהוָה חַסְדּוֹ	וְנִפְלְאוֹתָיו לִבְנֵי אָדָם׃
	22	וְיִזְבְּחוּ זִבְחֵי תוֹדָה	וִיסַפְּרוּ מַעֲשָׂיו בְּרִנָּה׃
XI	23	יוֹרְדֵי הַיָּם בָּאֳנִיּוֹת	עֹשֵׂי מְלָאכָה בְּמַיִם רַבִּים׃
	24	הֵמָּה רָאוּ מַעֲשֵׂי יְהוָה	וְנִפְלְאוֹתָיו בִּמְצוּלָה׃
XII	25	וַיֹּאמֶר וַיַּעֲמֵד רוּחַ סְעָרָה	וַתְּרוֹמֵם גַּלָּיו׃
	26	יַעֲלוּ שָׁמַיִם יֵרְדוּ תְהוֹמוֹת	נַפְשָׁם בְּרָעָה תִתְמוֹגָג׃
	27	יָחוֹגּוּ וְיָנוּעוּ כַּשִּׁכּוֹר	וְכָל־חָכְמָתָם תִּתְבַּלָּע׃

XIII	28	וַיִּצְעֲק֣וּ אֶל־יְ֭הוָה בַּצַּ֣ר לָהֶ֑ם	וּֽמִמְּצ֥וּקֹתֵיהֶ֗ם יוֹצִיאֵֽם׃
	29	יָקֵ֣ם סְ֭עָרָה לִדְמָמָ֑ה	וַ֝יֶּחֱשׁ֗וּ גַלֵּיהֶֽם׃
	30	וַיִּשְׂמְח֥וּ כִֽי־יִשְׁתֹּ֑קוּ	וַ֝יַּנְחֵ֗ם אֶל־מְח֥וֹז חֶפְצָֽם׃
XIV	31	יוֹד֣וּ לַיהוָ֣ה חַסְדּ֑וֹ	וְ֝נִפְלְאוֹתָ֗יו לִבְנֵ֥י אָדָֽם׃
	32	וִֽ֭ירֹמְמוּהוּ בִּקְהַל־עָ֑ם	וּבְמוֹשַׁ֖ב זְקֵנִ֣ים יְהַלְלֽוּהוּ׃
XV	33	יָשֵׂ֣ם נְהָר֣וֹת לְמִדְבָּ֑ר	וּמֹצָ֥אֵי מַ֝֗יִם לְצִמָּאֽוֹן׃
	34	אֶ֣רֶץ פְּ֭רִי לִמְלֵחָ֑ה	מֵ֝רָעַ֗ת יֹ֣שְׁבֵי בָֽהּ׃
XVI	35	יָשֵׂ֣ם מִ֭דְבָּר לַֽאֲגַם־מַ֑יִם	וְאֶ֥רֶץ צִ֝יָּ֗ה לְמֹצָ֥אֵי מָֽיִם׃
	36	וַיּ֣וֹשֶׁב שָׁ֣ם רְעֵבִ֑ים	וַ֝יְכוֹנְנ֗וּ עִ֣יר מוֹשָֽׁב׃
XVII	37	וַיִּזְרְע֣וּ שָׂ֭דוֹת וַיִּטְּע֣וּ כְרָמִ֑ים	וַ֝יַּעֲשׂ֗וּ פְּרִ֣י תְבֽוּאָה׃
	38	וַיְבָרֲכֵ֣ם וַיִּרְבּ֣וּ מְאֹ֑ד	וּ֝בְהֶמְתָּ֗ם לֹ֣א יַמְעִֽיט׃
XVIII	39	וַיִּמְעֲט֥וּ וַיָּשֹׁ֑חוּ	מֵעֹ֖צֶר רָעָ֣ה וְיָגֽוֹן׃
	40	שֹׁפֵ֣ךְ בּ֭וּז עַל־נְדִיבִ֑ים	וַ֝יַּתְעֵ֗ם בְּתֹ֣הוּ לֹא־דָֽרֶךְ׃
	41	וַיְשַׂגֵּ֣ב אֶבְי֣וֹן מֵע֑וֹנִי	וַיָּ֥שֶׂם כַּ֝צֹּ֗אן מִשְׁפָּחֽוֹת׃
XIX	42	יִרְא֣וּ יְשָׁרִ֣ים וְיִשְׂמָ֑חוּ	וְכָל־עַ֝וְלָ֗ה קָ֣פְצָה פִּֽיהָ׃
	43	מִי־חָכָ֥ם וְיִשְׁמָר־אֵ֑לֶּה	וְ֝יִתְבּֽוֹנְנ֗וּ חַֽסְדֵ֥י יְהוָֽה׃

PSALM 108

1 שִׁיר מִזְמוֹר לְדָוִד׃

I	2	נָכוֹן לִבִּי אֱלֹהִים	אָשִׁירָה וַאֲזַמְּרָה אַף־כְּבוֹדִי׃	
	3	עוּרָה הַנֵּבֶל וְכִנּוֹר	אָעִירָה שָּׁחַר׃	
II	4	אוֹדְךָ בָעַמִּים ׀ יְהוָה	וַאֲזַמֶּרְךָ בַּל־אֻמִּים׃	
	5	כִּי־גָדוֹל מֵעַל־שָׁמַיִם חַסְדֶּךָ	וְעַד־שְׁחָקִים אֲמִתֶּךָ׃	
III	6	רוּמָה עַל־שָׁמַיִם אֱלֹהִים	וְעַל כָּל־הָאָרֶץ כְּבוֹדֶךָ׃	
	7	לְמַעַן יֵחָלְצוּן יְדִידֶיךָ	הוֹשִׁיעָה יְמִינְךָ וַעֲנֵנִי׃	
IV	8	אֱלֹהִים ׀ דִּבֶּר בְּקָדְשׁוֹ	אֶעְלֹזָה אֲחַלְּקָה שְׁכֶם	וְעֵמֶק סֻכּוֹת אֲמַדֵּד׃
	9	לִי גִלְעָד ׀ לִי מְנַשֶּׁה	וְאֶפְרַיִם מָעוֹז רֹאשִׁי	יְהוּדָה מְחֹקְקִי׃
V	10	מוֹאָב ׀ סִיר רַחְצִי	עַל־אֱדוֹם אַשְׁלִיךְ נַעֲלִי	עֲלֵי־פְלֶשֶׁת אֶתְרוֹעָע׃
	11	מִי יֹבִלֵנִי עִיר מִבְצָר	מִי נָחַנִי עַד־אֱדוֹם׃	
VI	12	הֲלֹא־אֱלֹהִים זְנַחְתָּנוּ	וְלֹא־תֵצֵא אֱלֹהִים בְּצִבְאֹתֵינוּ׃	
	13	הָבָה־לָּנוּ עֶזְרָת מִצָּר	וְשָׁוְא תְּשׁוּעַת אָדָם׃	
	14	בֵּאלֹהִים נַעֲשֶׂה־חָיִל	וְהוּא יָבוּס צָרֵינוּ׃	

PSALM 109

1 לַמְנַצֵּחַ לְדָוִד מִזְמוֹר

I		אֱלֹהֵי תְהִלָּתִי אַל־תֶּחֱרַשׁ׃	2 כִּי פִי רָשָׁע וּפִי־מִרְמָה	עָלַי פָּתָחוּ
		דִּבְּרוּ אִתִּי לְשׁוֹן שָׁקֶר׃	3 וְדִבְרֵי שִׂנְאָה סְבָבוּנִי	וַיִּלָּחֲמוּנִי חִנָּם׃
II	4	תַּחַת־אַהֲבָתִי יִשְׂטְנוּנִי	וַאֲנִי תְפִלָּה׃	
	5	וַיָּשִׂימוּ עָלַי רָעָה תַּחַת טוֹבָה	וְשִׂנְאָה תַּחַת אַהֲבָתִי׃	
III	6	הַפְקֵד עָלָיו רָשָׁע	וְשָׂטָן יַעֲמֹד עַל־יְמִינוֹ׃	
	7	בְּהִשָּׁפְטוֹ יֵצֵא רָשָׁע	וּתְפִלָּתוֹ תִּהְיֶה לַחֲטָאָה׃	
IV	8	יִהְיוּ־יָמָיו מְעַטִּים	פְּקֻדָּתוֹ יִקַּח אַחֵר׃	
	9	יִהְיוּ־בָנָיו יְתוֹמִים	וְאִשְׁתּוֹ אַלְמָנָה׃	
	10	וְנוֹעַ יָנוּעוּ בָנָיו וְשִׁאֵלוּ	וְדָרְשׁוּ מֵחָרְבוֹתֵיהֶם׃	
V	11	יְנַקֵּשׁ נוֹשֶׁה לְכָל־אֲשֶׁר־לוֹ	וְיָבֹזּוּ זָרִים יְגִיעוֹ׃	
	12	אַל־יְהִי־לוֹ מֹשֵׁךְ חָסֶד	וְאַל־יְהִי חוֹנֵן לִיתוֹמָיו׃	
	13	יְהִי־אַחֲרִיתוֹ לְהַכְרִית	בְּדוֹר אַחֵר יִמַּח שְׁמָם׃	
VI	14	יִזָּכֵר ׀ עֲוֺן אֲבֹתָיו אֶל־יְהוָה	וְחַטַּאת אִמּוֹ אַל־תִּמָּח׃	
	15	יִהְיוּ נֶגֶד־יְהוָה תָּמִיד	וְיַכְרֵת מֵאֶרֶץ זִכְרָם׃	
	16	יַעַן אֲשֶׁר ׀ לֹא זָכַר עֲשׂוֹת חָסֶד	וַיִּרְדֹּף אִישׁ־עָנִי וְאֶבְיוֹן	וְנִכְאֵה לֵבָב לְמוֹתֵת׃
VII	17	וַיֶּאֱהַב קְלָלָה	וַתְּבוֹאֵהוּ	
		וְלֹא־חָפֵץ בִּבְרָכָה	וַתִּרְחַק מִמֶּנּוּ׃	
VIII	18	וַיִּלְבַּשׁ קְלָלָה כְּמַדּוֹ	וַתָּבֹא כַמַּיִם בְּקִרְבּוֹ	וְכַשֶּׁמֶן בְּעַצְמוֹתָיו׃
	19	תְּהִי־לוֹ כְּבֶגֶד יַעְטֶה	וּלְמֵזַח תָּמִיד יַחְגְּרֶהָ׃	
IX	20	זֹאת פְּעֻלַּת שֹׂטְנַי מֵאֵת יְהוָה	וְהַדֹּבְרִים רָע עַל־נַפְשִׁי׃	
X	21	וְאַתָּה ׀ יְהוִה אֲדֹנָי	עֲשֵׂה־אִתִּי לְמַעַן שְׁמֶךָ	כִּי־טוֹב חַסְדְּךָ הַצִּילֵנִי׃
	22	כִּי־עָנִי וְאֶבְיוֹן אָנֹכִי	וְלִבִּי חָלַל בְּקִרְבִּי׃	
XI	23	כְּצֵל־כִּנְטוֹתוֹ נֶהֱלָכְתִּי	נִנְעַרְתִּי כָּאַרְבֶּה׃	
	24	בִּרְכַּי כָּשְׁלוּ מִצּוֹם	וּבְשָׂרִי כָּחַשׁ מִשָּׁמֶן׃	
	25	וַאֲנִי ׀ הָיִיתִי חֶרְפָּה לָהֶם	יִרְאוּנִי יְנִיעוּן רֹאשָׁם׃	

XII	26	עָזְרֵנִי יְהוָה אֱלֹהָי		הוֹשִׁיעֵנִי כְחַסְדֶּךָ׃
	27	וְיֵדְעוּ כִּי־יָדְךָ זֹּאת		אַתָּה יְהוָה עֲשִׂיתָהּ׃
XIII	28	יְקַלְלוּ־הֵמָּה		וְאַתָּה תְבָרֵךְ
		קָמוּ ׀ וַיֵּבֹשׁוּ		וְעַבְדְּךָ יִשְׂמָח׃
	29	יִלְבְּשׁוּ שׂוֹטְנַי כְּלִמָּה		וְיַעֲטוּ כַמְעִיל בָּשְׁתָּם׃
XIV	30	אוֹדֶה יְהוָה מְאֹד בְּפִי		וּבְתוֹךְ רַבִּים אֲהַלְלֶנּוּ׃
	31	כִּי־יַעֲמֹד לִימִין אֶבְיוֹן		לְהוֹשִׁיעַ מִשֹּׁפְטֵי נַפְשׁוֹ׃

PSALM 110

1 לְדָוִד מִזְמוֹר

I	נְאֻם יְהוָה ׀ לַאדֹנִי		שֵׁב לִימִינִי
	עַד־אָשִׁית אֹיְבֶיךָ		הֲדֹם לְרַגְלֶיךָ׃
II	2 מַטֵּה־עֻזְּךָ	יִשְׁלַח יְהוָה מִצִּיּוֹן	רְדֵה בְּקֶרֶב אֹיְבֶיךָ׃
	3 עַמְּךָ נְדָבֹת בְּיוֹם חֵילֶךָ	בְּהַדְרֵי־קֹדֶשׁ מֵרֶחֶם מִשְׁחָר	לְךָ טַל יַלְדֻתֶיךָ׃
III	4 נִשְׁבַּע יְהוָה ׀ וְלֹא יִנָּחֵם		אַתָּה־כֹהֵן לְעוֹלָם
	עַל־דִּבְרָתִי מַלְכִּי־צֶדֶק׃		5 אֲדֹנָי עַל־יְמִינְךָ
IV	מָחַץ בְּיוֹם־אַפּוֹ מְלָכִים׃		6 יָדִין בַּגּוֹיִם
	מָלֵא גְוִיּוֹת		מָחַץ רֹאשׁ עַל־אֶרֶץ רַבָּה׃
	7 מִנַּחַל בַּדֶּרֶךְ יִשְׁתֶּה		עַל־כֵּן יָרִים רֹאשׁ׃

PSALM 111

1 הַ֥לְלוּ יָ֨הּ ׀

I		אוֹדֶ֣ה יְ֭הוָה בְּכָל־לֵבָ֑ב	בְּס֖וֹד יְשָׁרִ֣ים וְעֵדָֽה׃	
	2	גְּ֭דֹלִים מַעֲשֵׂ֣י יְהוָ֑ה	דְּ֝רוּשִׁ֗ים לְכָל־חֶפְצֵיהֶֽם׃	
	3	הוֹד־וְהָדָ֥ר פָּעֳל֑וֹ	וְ֝צִדְקָת֗וֹ עֹמֶ֥דֶת לָעַֽד׃	
II	4	זֵ֣כֶר עָ֭שָׂה לְנִפְלְאֹתָ֑יו	חַנּ֖וּן וְרַח֣וּם יְהוָֽה׃	5 טֶ֭רֶף נָתַ֣ן לִֽירֵאָ֑יו
		יִזְכֹּ֖ר לְעוֹלָ֣ם בְּרִיתֽוֹ׃	6 כֹּ֣חַ מַ֭עֲשָׂיו הִגִּ֣יד לְעַמּ֑וֹ	לָתֵ֥ת לָ֝הֶ֗ם נַחֲלַ֥ת גּוֹיִֽם׃
III	7	מַעֲשֵׂ֣י יָ֭דָיו אֱמֶ֣ת וּמִשְׁפָּ֑ט	נֶ֝אֱמָנִ֗ים כָּל־פִּקּוּדָֽיו׃	
	8	סְמוּכִ֣ים לָעַ֣ד לְעוֹלָ֑ם	עֲ֝שׂוּיִ֗ם בֶּאֱמֶ֥ת וְיָשָֽׁר׃	
IV	9	פְּד֤וּת ׀ שָׁ֘לַ֤ח לְעַמּ֗וֹ	צִוָּֽה־לְעוֹלָ֥ם בְּרִית֑וֹ	קָד֖וֹשׁ וְנוֹרָ֣א שְׁמֽוֹ׃
	10	רֵ֘אשִׁ֤ית חָכְמָ֨ה ׀ יִרְאַ֬ת יְהוָ֗ה	שֵׂ֣כֶל ט֭וֹב לְכָל־עֹשֵׂיהֶ֑ם	תְּ֝הִלָּת֗וֹ עֹמֶ֥דֶת לָעַֽד׃

PSALM 112

1 הַ֥לְלוּ יָ֨הּ ׀

I		אַשְׁרֵי־אִ֭ישׁ יָרֵ֣א אֶת־יְהוָ֑ה	בְּ֝מִצְוֺתָ֗יו חָפֵ֥ץ מְאֹֽד׃	
	2	גִּבּ֣וֹר בָּ֭אָרֶץ יִהְיֶ֣ה זַרְע֑וֹ	דּ֖וֹר יְשָׁרִ֣ים יְבֹרָֽךְ׃	
II	3	הוֹן־וָעֹ֥שֶׁר בְּבֵית֑וֹ	וְ֝צִדְקָת֗וֹ עֹמֶ֥דֶת לָעַֽד׃	
	4	זָ֘רַ֤ח בַּחֹ֣שֶׁךְ א֭וֹר לַיְשָׁרִ֑ים	חַנּ֖וּן וְרַח֣וּם וְצַדִּֽיק׃	
III	5	טֽוֹב־אִ֭ישׁ חוֹנֵ֣ן וּמַלְוֶ֑ה	יְכַלְכֵּ֖ל דְּבָרָ֣יו בְּמִשְׁפָּֽט׃	
	6	כִּֽי־לְעוֹלָ֥ם לֹֽא־יִמּ֑וֹט	לְזֵ֥כֶר ע֝וֹלָ֗ם יִהְיֶ֥ה צַדִּֽיק׃	
IV	7	מִשְּׁמוּעָ֣ה רָ֭עָה לֹ֣א יִירָ֑א	נָכ֥וֹן לִ֝בּ֗וֹ בָּטֻ֥חַ בַּיהוָֽה׃	
	8	סָמ֣וּךְ לִ֭בּוֹ לֹ֣א יִירָ֑א	עַ֖ד אֲשֶׁר־יִרְאֶ֣ה בְצָרָֽיו׃	
V	9	פִּזַּ֤ר ׀ נָ֘תַ֤ן לָאֶבְיוֹנִ֗ים	צִ֭דְקָתוֹ עֹמֶ֣דֶת לָעַ֑ד	קַ֝רְנ֗וֹ תָּר֥וּם בְּכָבֽוֹד׃
	10	רָשָׁ֤ע יִרְאֶ֨ה ׀ וְכָעָ֗ס	שִׁנָּ֣יו יַחֲרֹ֣ק וְנָמָ֑ס	תַּאֲוַ֖ת רְשָׁעִ֣ים תֹּאבֵֽד׃

PSALM 113

1 הַלְלוּ יָהּ ׀

I	הַלְלוּ עַבְדֵי יְהוָה	הַלְלוּ אֶת־שֵׁם יְהוָה׃
	2 יְהִי שֵׁם יְהוָה מְבֹרָךְ	מֵעַתָּה וְעַד־עוֹלָם׃
II	3 מִמִּזְרַח־שֶׁמֶשׁ עַד־מְבוֹאוֹ	מְהֻלָּל שֵׁם יְהוָה׃
	4 רָם עַל־כָּל־גּוֹיִם ׀ יְהוָה	עַל הַשָּׁמַיִם כְּבוֹדוֹ׃
III	5 מִי כַּיהוָה אֱלֹהֵינוּ	הַמַּגְבִּיהִי לָשָׁבֶת׃
	6 הַמַּשְׁפִּילִי לִרְאוֹת	בַּשָּׁמַיִם וּבָאָרֶץ׃
IV	7 מְקִימִי מֵעָפָר דָּל	מֵאַשְׁפֹּת יָרִים אֶבְיוֹן׃
	8 לְהוֹשִׁיבִי עִם־נְדִיבִים	עִם נְדִיבֵי עַמּוֹ׃
	9 מוֹשִׁיבִי ׀ עֲקֶרֶת הַבַּיִת	אֵם־הַבָּנִים שְׂמֵחָה

הַלְלוּ־יָהּ׃

PSALM 114

I	1 בְּצֵאת יִשְׂרָאֵל מִמִּצְרָיִם	בֵּית יַעֲקֹב מֵעַם לֹעֵז׃
	2 הָיְתָה יְהוּדָה לְקָדְשׁוֹ	יִשְׂרָאֵל מַמְשְׁלוֹתָיו׃
II	3 הַיָּם רָאָה וַיָּנֹס	הַיַּרְדֵּן יִסֹּב לְאָחוֹר׃
	4 הֶהָרִים רָקְדוּ כְאֵילִים	גְּבָעוֹת כִּבְנֵי־צֹאן׃
III	5 מַה־לְּךָ הַיָּם כִּי תָנוּס	הַיַּרְדֵּן תִּסֹּב לְאָחוֹר׃
	6 הֶהָרִים תִּרְקְדוּ כְאֵילִים	גְּבָעוֹת כִּבְנֵי־צֹאן׃
IV	7 מִלִּפְנֵי אָדוֹן חוּלִי אָרֶץ	מִלִּפְנֵי אֱלוֹהַּ יַעֲקֹב׃
	8 הַהֹפְכִי הַצּוּר אֲגַם־מָיִם	חַלָּמִישׁ לְמַעְיְנוֹ־מָיִם׃

PSALM 115

I	1	לֹא לָנוּ יְהוָה לֹא לָנוּ	כִּי־לְשִׁמְךָ תֵּן כָּבוֹד	עַל־חַסְדְּךָ עַל־אֲמִתֶּךָ:
	2	לָמָּה יֹאמְרוּ הַגּוֹיִם	אַיֵּה־נָא אֱלֹהֵיהֶם:	
	3	וֵאלֹהֵינוּ בַשָּׁמָיִם	כֹּל אֲשֶׁר־חָפֵץ עָשָׂה:	
II-A	4	עֲצַבֵּיהֶם כֶּסֶף וְזָהָב	מַעֲשֵׂה יְדֵי אָדָם:	
III	5	פֶּה־לָהֶם וְלֹא יְדַבֵּרוּ	עֵינַיִם לָהֶם וְלֹא יִרְאוּ:	
	6	אָזְנַיִם לָהֶם וְלֹא יִשְׁמָעוּ	אַף לָהֶם וְלֹא יְרִיחוּן:	
	7	יְדֵיהֶם ׀ וְלֹא יְמִישׁוּן	רַגְלֵיהֶם וְלֹא יְהַלֵּכוּ	לֹא־יֶהְגּוּ בִּגְרוֹנָם:
II-B	8	כְּמוֹהֶם יִהְיוּ עֹשֵׂיהֶם	כֹּל אֲשֶׁר־בֹּטֵחַ בָּהֶם:	
IV	9	יִשְׂרָאֵל בְּטַח בַּיהוָה	עֶזְרָם וּמָגִנָּם הוּא:	
	10	בֵּית אַהֲרֹן בִּטְחוּ בַיהוָה	עֶזְרָם וּמָגִנָּם הוּא:	
	11	יִרְאֵי יְהוָה בִּטְחוּ בַיהוָה	עֶזְרָם וּמָגִנָּם הוּא:	
V	12	יְהוָה זְכָרָנוּ יְבָרֵךְ	יְבָרֵךְ אֶת־בֵּית יִשְׂרָאֵל	יְבָרֵךְ אֶת־בֵּית אַהֲרֹן:
	13	יְבָרֵךְ יִרְאֵי יְהוָה	הַקְּטַנִּים עִם־הַגְּדֹלִים:	
VI	14	יֹסֵף יְהוָה עֲלֵיכֶם	עֲלֵיכֶם וְעַל־בְּנֵיכֶם:	
	15	בְּרוּכִים אַתֶּם לַיהוָה	עֹשֵׂה שָׁמַיִם וָאָרֶץ:	
	16	הַשָּׁמַיִם שָׁמַיִם לַיהוָה	וְהָאָרֶץ נָתַן לִבְנֵי־אָדָם:	
VII	17	לֹא הַמֵּתִים יְהַלְלוּ־יָהּ	וְלֹא כָּל־יֹרְדֵי דוּמָה:	
	18	וַאֲנַחְנוּ ׀ נְבָרֵךְ יָהּ	מֵעַתָּה וְעַד־עוֹלָם	
		הַלְלוּ־יָהּ:		

PSALM 116

I	1	אָהַ֥בְתִּי כִּֽי־יִשְׁמַ֥ע ׀ יְהוָ֑ה	אֶת־ק֝וֹלִ֗י תַּחֲנוּנָֽי׃
	2	כִּֽי־הִטָּ֣ה אָזְנ֣וֹ לִ֑י	וּבְיָמַ֥י אֶקְרָֽא׃
II	3	אֲפָפ֤וּנִי ׀ חֶבְלֵי־מָ֗וֶת	וּמְצָרֵ֣י שְׁא֣וֹל מְצָא֑וּנִי
		צָרָ֖ה וְיָג֣וֹן אֶמְצָֽא׃	
	4	וּבְשֵֽׁם־יְהוָ֥ה אֶקְרָ֑א	אָנָּ֥ה יְ֝הוָ֗ה מַלְּטָ֥ה נַפְשִֽׁי׃
III	5	חַנּ֣וּן יְהֹוָ֣ה וְצַדִּ֑יק	וֵ֖אלֹהֵ֣ינוּ מְרַחֵֽם׃
	6	שֹׁמֵ֣ר פְּתָאיִ֣ם יְהֹוָ֑ה	דַּ֝לּוֹתִ֗י וְלִ֣י יְהוֹשִֽׁיעַ׃
IV	7	שׁוּבִ֣י נַ֭פְשִׁי לִמְנוּחָ֑יְכִי	כִּֽי־יְ֝הוָ֗ה גָּמַ֥ל עָלָֽיְכִי׃
	8	כִּ֤י חִלַּ֥צְתָּ נַפְשִׁ֗י מִ֫מָּ֥וֶת	אֶת־עֵינִ֥י מִן־דִּמְעָ֑ה
			אֶת־רַגְלִ֥י מִדֶּֽחִי׃
V	9	אֶ֭תְהַלֵּךְ לִפְנֵ֣י יְהוָ֑ה	בְּ֝אַרְצ֗וֹת הַחַיִּֽים׃
	10	הֶ֭אֱמַנְתִּי כִּ֣י אֲדַבֵּ֑ר	אֲ֝נִ֗י עָנִ֥יתִי מְאֹֽד׃
	11	אֲ֭נִי אָמַ֣רְתִּי בְחָפְזִ֑י	כָּֽל־הָאָדָ֥ם כֹּזֵֽב׃
VI	12	מָֽה־אָשִׁ֥יב לַיהוָ֑ה	כָּֽל־תַּגְמוּל֥וֹהִי עָלָֽי׃
	13	כּוֹס־יְשׁוּע֥וֹת אֶשָּׂ֑א	וּבְשֵׁ֖ם יְהוָ֣ה אֶקְרָֽא׃
	14	נְ֭דָרַי לַיהוָ֣ה אֲשַׁלֵּ֑ם	נֶגְדָה־נָּ֝֗א לְכָל־עַמּֽוֹ׃
VII	15	יָ֭קָר בְּעֵינֵ֣י יְהוָ֑ה	הַ֝מָּ֗וְתָה לַחֲסִידָֽיו׃
	16	אָנָּ֣ה יְהוָה֮	כִּֽי־אֲנִ֢י עַ֫בְדֶּ֥ךָ
		אֲֽנִי־עַ֭בְדְּךָ בֶּן־אֲמָתֶ֑ךָ	פִּ֝תַּ֗חְתָּ לְמוֹסֵרָֽי׃
VIII	17	לְֽךָ־אֶ֭זְבַּח זֶ֣בַח תּוֹדָ֑ה	וּבְשֵׁ֖ם יְהוָ֣ה אֶקְרָֽא׃
	18	נְ֭דָרַי לַיהוָ֣ה אֲשַׁלֵּ֑ם	נֶגְדָה־נָּ֝֗א לְכָל־עַמּֽוֹ׃
	19	בְּחַצְר֤וֹת ׀ בֵּ֤ית יְהוָ֗ה	בְּֽת֘וֹכֵ֤כִי יְֽרוּשָׁלִָ֗ם

הַֽלְלוּ־יָֽהּ׃

PSALM 117

	1	הַֽלְל֣וּ אֶת־יְ֭הוָה כָּל־גּוֹיִ֑ם	שַׁ֝בְּח֗וּהוּ כָּל־הָאֻמִּֽים׃
	2	כִּ֥י גָ֘בַ֤ר עָלֵ֨ינוּ ׀ חַסְדּ֗וֹ	וֶֽאֱמֶת־יְהוָ֥ה לְעוֹלָ֗ם

הַֽלְלוּ־יָֽהּ׃

PSALM 118

I	1	הוֹד֣וּ לַיהוָ֣ה כִּי־ט֑וֹב	כִּ֖י לְעוֹלָ֣ם חַסְדּֽוֹ׃	
	2	יֹֽאמַר־נָ֥א יִשְׂרָאֵ֑ל	כִּ֖י לְעוֹלָ֣ם חַסְדּֽוֹ׃	
	3	יֹאמְרוּ־נָ֥א בֵֽית־אַהֲרֹ֑ן	כִּ֖י לְעוֹלָ֣ם חַסְדּֽוֹ׃	
	4	יֹאמְרוּ־נָ֭א יִרְאֵ֣י יְהוָ֑ה	כִּ֖י לְעוֹלָ֣ם חַסְדּֽוֹ׃	
II	5	מִֽן־הַ֭מֵּצַר קָרָ֣אתִי יָּ֑הּ	עָנָ֖נִי בַמֶּרְחָ֣ב יָֽהּ׃	
	6	יְהוָ֣ה לִ֭י לֹ֣א אִירָ֑א	מַה־יַּעֲשֶׂ֖ה לִ֣י אָדָֽם׃	
	7	יְהוָ֣ה לִ֭י בְּעֹזְרָ֑י	וַ֝אֲנִ֗י אֶרְאֶ֥ה בְשֹׂנְאָֽי׃	
III	8	ט֗וֹב לַחֲס֥וֹת בַּיהוָ֑ה	מִ֝בְּטֹ֗חַ בָּאָדָֽם׃	
	9	ט֗וֹב לַחֲס֥וֹת בַּיהוָ֑ה	מִ֝בְּטֹ֗חַ בִּנְדִיבִֽים׃	
IV	10	כָּל־גּוֹיִ֥ם סְבָב֑וּנִי	בְּשֵׁ֥ם יְ֝הוָ֗ה כִּ֣י אֲמִילַֽם׃	
	11	סַבּ֥וּנִי גַם־סְבָב֑וּנִי	בְּשֵׁ֥ם יְ֝הוָ֗ה כִּ֣י אֲמִילַֽם׃	
	12	סַבּ֣וּנִי כִדְבוֹרִ֗ים	דֹּ֭עֲכוּ כְּאֵ֣שׁ קוֹצִ֑ים	בְּשֵׁ֥ם יְ֝הוָ֗ה כִּ֣י אֲמִילַֽם׃
V	13	דַּחֹ֣ה דְחִיתַ֣נִי לִנְפֹּ֑ל	וַ֖יהוָ֣ה עֲזָרָֽנִי׃	
	14	עָזִּ֣י וְזִמְרָ֣ת יָ֑הּ	וַֽיְהִי־לִ֝֗י לִֽישׁוּעָֽה׃	
VI	15	ק֤וֹל ׀ רִנָּ֬ה וִֽישׁוּעָ֗ה	בְּאָהֳלֵ֥י צַדִּיקִ֑ים	
		יְמִ֥ין יְ֝הוָ֗ה עֹ֣שָׂה חָֽיִל׃	16 יְמִ֣ין יְ֭הוָה רוֹמֵמָ֑ה	יְמִ֥ין יְ֝הוָ֗ה עֹ֣שָׂה חָֽיִל׃
VII	17	לֹ֣א אָמ֣וּת כִּי־אֶחְיֶ֑ה	וַ֝אֲסַפֵּ֗ר מַֽעֲשֵׂ֥י יָֽהּ׃	
	18	יַסֹּ֣ר יִסְּרַ֣נִּי יָּ֑הּ	וְ֝לַמָּ֗וֶת לֹ֣א נְתָנָֽנִי׃	
VIII	19	פִּתְחוּ־לִ֥י שַׁעֲרֵי־צֶ֑דֶק	אָבֹא־בָ֝֗ם אוֹדֶ֥ה יָֽהּ׃	
	20	זֶה־הַשַּׁ֥עַר לַיהוָ֑ה	צַ֝דִּיקִ֗ים יָבֹ֥אוּ בֽוֹ׃	
IX	21	א֭וֹדְךָ כִּ֣י עֲנִיתָ֑נִי	וַתְּהִי־לִ֝֗י לִֽישׁוּעָֽה׃	
	22	אֶ֭בֶן מָאֲס֣וּ הַבּוֹנִ֑ים	הָ֝יְתָ֗ה לְרֹ֣אשׁ פִּנָּֽה׃	
X	23	מֵאֵ֣ת יְ֭הוָה הָ֣יְתָה זֹּ֑את	הִ֖יא נִפְלָ֣את בְּעֵינֵֽינוּ׃	
	24	זֶה־הַ֭יּוֹם עָשָׂ֣ה יְהוָ֑ה	נָגִ֖ילָה וְנִשְׂמְחָ֣ה בֽוֹ׃	
XI	25	אָנָּ֣א יְ֭הוָה הוֹשִׁ֘יעָ֥ה נָּ֑א	אָֽנָּ֥א יְ֝הוָ֗ה הַצְלִ֘יחָ֥ה נָּֽא׃	
XII	26	בָּר֣וּךְ הַ֭בָּא בְּשֵׁ֣ם יְהוָ֑ה	בֵּ֝רַ֥כְנוּכֶ֗ם מִבֵּ֥ית יְהוָֽה׃	
	27	אֵ֤ל ׀ יְהוָה֮ וַיָּ֪אֶ֫ר לָ֥נוּ	אִסְרוּ־חַ֥ג בַּעֲבֹתִ֑ים	עַד־קַ֝רְנ֗וֹת הַמִּזְבֵּֽחַ׃
XIII	28	אֵלִ֣י אַתָּ֣ה וְאוֹדֶ֑ךָּ	אֱ֝לֹהַ֗י אֲרוֹמְמֶֽךָּ׃	
	29	הוֹד֣וּ לַיהוָ֣ה כִּי־ט֑וֹב	כִּ֖י לְעוֹלָ֣ם חַסְדּֽוֹ׃	

PSALM 119:1-28

ALEF	I	1	אַשְׁרֵי תְמִימֵי־דָרֶךְ	הַהֹלְכִים בְּתוֹרַת יְהוָה׃
		2	אַשְׁרֵי נֹצְרֵי עֵדֹתָיו	בְּכָל־לֵב יִדְרְשׁוּהוּ׃
		3	אַף לֹא־פָעֲלוּ עַוְלָה	בִּדְרָכָיו הָלָכוּ׃
	II	4	אַתָּה צִוִּיתָה פִקֻּדֶיךָ	לִשְׁמֹר מְאֹד׃
		5	אַחֲלַי יִכֹּנוּ דְרָכָי	לִשְׁמֹר חֻקֶּיךָ׃
	III	6	אָז לֹא־אֵבוֹשׁ	בְּהַבִּיטִי אֶל־כָּל־מִצְוֺתֶיךָ׃
		7	אוֹדְךָ בְּיֹשֶׁר לֵבָב	בְּלָמְדִי מִשְׁפְּטֵי צִדְקֶךָ׃
		8	אֶת־חֻקֶּיךָ אֶשְׁמֹר	אַל־תַּעַזְבֵנִי עַד־מְאֹד׃
BETH	IV	9	בַּמֶּה יְזַכֶּה־נַּעַר אֶת־אָרְחוֹ	לִשְׁמֹר כִּדְבָרֶךָ׃
		10	בְּכָל־לִבִּי דְרַשְׁתִּיךָ	אַל־תַּשְׁגֵּנִי מִמִּצְוֺתֶיךָ׃
	V	11	בְּלִבִּי צָפַנְתִּי אִמְרָתֶךָ	לְמַעַן לֹא אֶחֱטָא־לָךְ׃
		12	בָּרוּךְ אַתָּה יְהוָה	לַמְּדֵנִי חֻקֶּיךָ׃
	VI	13	בִּשְׂפָתַי סִפַּרְתִּי	כֹּל מִשְׁפְּטֵי־פִיךָ׃
		14	בְּדֶרֶךְ עֵדְוֺתֶיךָ שַׂשְׂתִּי	כְּעַל כָּל־הוֹן׃
	VII	15	בְּפִקֻּדֶיךָ אָשִׂיחָה	וְאַבִּיטָה אֹרְחֹתֶיךָ׃
		16	בְּחֻקֹּתֶיךָ אֶשְׁתַּעֲשָׁע	לֹא אֶשְׁכַּח דְּבָרֶךָ׃
GIMEL	VIII	17	גְּמֹל עַל־עַבְדְּךָ אֶחְיֶה	וְאֶשְׁמְרָה דְבָרֶךָ׃
		18	גַּל־עֵינַי וְאַבִּיטָה	נִפְלָאוֹת מִתּוֹרָתֶךָ׃
	IX	19	גֵּר אָנֹכִי בָאָרֶץ	אַל־תַּסְתֵּר מִמֶּנִּי מִצְוֺתֶיךָ׃
		20	גָּרְסָה נַפְשִׁי לְתַאֲבָה	אֶל־מִשְׁפָּטֶיךָ בְכָל־עֵת׃
	X	21	גָּעַרְתָּ זֵדִים אֲרוּרִים	הַשֹּׁגִים מִמִּצְוֺתֶיךָ׃
		22	גַּל מֵעָלַי חֶרְפָּה וָבוּז	כִּי עֵדֹתֶיךָ נָצָרְתִּי׃
	XI	23	גַּם יָשְׁבוּ שָׂרִים בִּי נִדְבָּרוּ	עַבְדְּךָ יָשִׂיחַ בְּחֻקֶּיךָ׃
		24	גַּם־עֵדֹתֶיךָ שַׁעֲשֻׁעָי	אַנְשֵׁי עֲצָתִי׃
DALET	XII	25	דָּבְקָה לֶעָפָר נַפְשִׁי	חַיֵּנִי כִּדְבָרֶךָ׃
		26	דְּרָכַי סִפַּרְתִּי וַתַּעֲנֵנִי	לַמְּדֵנִי חֻקֶּיךָ׃
	XIII	27	דֶּרֶךְ־פִּקּוּדֶיךָ הֲבִינֵנִי	וְאָשִׂיחָה בְּנִפְלְאוֹתֶיךָ׃
		28	דָּלְפָה נַפְשִׁי מִתּוּגָה	קַיְּמֵנִי כִּדְבָרֶךָ׃

PSALM 119:29-56

XIV	29	דֶּֽרֶךְ־שֶׁקֶר הָסֵר מִמֶּנִּי	וְתוֹרָתְךָ חָנֵּנִי׃		
	30	דֶּֽרֶךְ־אֱמוּנָה בָחָרְתִּי	מִשְׁפָּטֶיךָ שִׁוִּיתִי׃		
XV	31	דָּבַקְתִּי בְעֵדְוֺתֶיךָ יְהוָה	אַל־תְּבִישֵׁנִי׃		
	32	דֶּֽרֶךְ־מִצְוֺתֶיךָ אָרוּץ	כִּי תַרְחִיב לִבִּי׃		
XVI	33	הוֹרֵנִי יְהוָה דֶּרֶךְ חֻקֶּיךָ	וְאֶצְּרֶנָּה עֵקֶב׃		HE
	34	הֲבִינֵנִי וְאֶצְּרָה תוֹרָתֶךָ	וְאֶשְׁמְרֶנָּה בְכָל־לֵב׃		
XVII	35	הַדְרִיכֵנִי בִּנְתִיב מִצְוֺתֶיךָ	כִּי־בוֹ חָפָצְתִּי׃		
	36	הַט־לִבִּי אֶל־עֵדְוֺתֶיךָ	וְאַל אֶל־בָּצַע׃		
XVIII	37	הַעֲבֵר עֵינַי מֵרְאוֹת שָׁוְא	בִּדְרָכֶךָ חַיֵּנִי׃		
	38	הָקֵם לְעַבְדְּךָ אִמְרָתֶךָ	אֲשֶׁר לְיִרְאָתֶךָ׃		
XIX	39	הַעֲבֵר חֶרְפָּתִי אֲשֶׁר יָגֹרְתִּי	כִּי מִשְׁפָּטֶיךָ טוֹבִים׃		
	40	הִנֵּה תָּאַבְתִּי לְפִקֻּדֶיךָ	בְּצִדְקָתְךָ חַיֵּנִי׃		
XX	41	וִיבֹאֻנִי חֲסָדֶךָ יְהוָה	תְּשׁוּעָתְךָ כְּאִמְרָתֶךָ׃		WAW
	42	וְאֶעֱנֶה חֹרְפִי דָבָר	כִּי־בָטַחְתִּי בִּדְבָרֶךָ׃		
XXI	43	וְאַל־תַּצֵּל מִפִּי דְבַר־אֱמֶת עַד־מְאֹד	כִּי לְמִשְׁפָּטֶךָ יִחָלְתִּי׃		
	44	וְאֶשְׁמְרָה תוֹרָתְךָ תָמִיד	לְעוֹלָם וָעֶד׃		
XXII	45	וְאֶתְהַלְּכָה בָרְחָבָה	כִּי פִקֻּדֶיךָ דָרָשְׁתִּי׃		
	46	וַאֲדַבְּרָה בְעֵדֹתֶיךָ	נֶגֶד מְלָכִים וְלֹא אֵבוֹשׁ׃		
XXIII	47	וְאֶשְׁתַּעֲשַׁע בְּמִצְוֺתֶיךָ	אֲשֶׁר אָהָבְתִּי׃		
	48	וְאֶשָּׂא־כַפַּי אֶל־מִצְוֺתֶיךָ	אֲשֶׁר אָהָבְתִּי	וְאָשִׂיחָה בְחֻקֶּיךָ׃	
XXIV	49	זְכֹר־דָּבָר לְעַבְדֶּךָ	עַל אֲשֶׁר יִחַלְתִּי׃		ZAYIN
	50	זֹאת נֶחָמָתִי בְעָנְיִי	כִּי אִמְרָתְךָ חִיָּתְנִי׃		
	51	זֵדִים הֱלִיצֻנִי עַד־מְאֹד	מִתּוֹרָתְךָ לֹא נָטִיתִי׃		
XXV	52	זָכַרְתִּי מִשְׁפָּטֶיךָ מֵעוֹלָם ׀	יְהוָה וָאֶתְנֶחָם׃		
	53	זַלְעָפָה אֲחָזַתְנִי מֵרְשָׁעִים	עֹזְבֵי תּוֹרָתֶךָ׃		
	54	זְמִרוֹת הָיוּ־לִי חֻקֶּיךָ	בְּבֵית מְגוּרָי׃		
XXVI	55	זָכַרְתִּי בַלַּיְלָה שִׁמְךָ יְהוָה	וָאֶשְׁמְרָה תּוֹרָתֶךָ׃		
	56	זֹאת הָיְתָה־לִּי	כִּי פִקֻּדֶיךָ נָצָרְתִּי׃		

PSALM 119:57-80

ḤET	לִשְׁמֹר דְּבָרֶֽיךָ׃	חֶלְקִ֣י יְהוָ֣ה אָמַ֑רְתִּי	57	XXVII
	חָנֵּ֥נִי כְּאִמְרָתֶֽךָ׃	חִלִּ֣יתִי פָנֶ֣יךָ בְכָל־לֵ֑ב	58	
	וָ֝אָשִׁ֗יבָה רַ֝גְלַ֗י אֶל־עֵדֹתֶֽיךָ׃	חִשַּׁ֥בְתִּי דְרָכָ֑י	59	XXVIII
	לִ֝שְׁמֹ֗ר מִצְוֺתֶֽיךָ׃	חַ֭שְׁתִּי וְלֹ֣א הִתְמַהְמָ֑הְתִּי	60	
	תּ֝וֹרָתְךָ֗ לֹ֣א שָׁכָֽחְתִּי׃	חֶבְלֵ֣י רְשָׁעִ֣ים עִוְּדֻ֑נִי	61	XXIX
	עַ֝֗ל מִשְׁפְּטֵ֥י צִדְקֶֽךָ׃	חֲצֽוֹת־לַ֗יְלָה אָ֭קוּם לְהוֹד֣וֹת לָ֑ךְ	62	
	וּ֝לְשֹׁמְרֵ֗י פִּקּוּדֶֽיךָ׃	חָבֵ֣ר אָ֭נִי לְכָל־אֲשֶׁ֣ר יְרֵא֑וּךָ	63	XXX
	חֻקֶּ֥יךָ לַמְּדֵֽנִי׃	חַסְדְּךָ֣ יְ֭הוָה מָלְאָ֥ה הָאָ֗רֶץ	64	
ṬET	יְ֝הוָ֗ה כִּדְבָרֶֽךָ׃	ט֭וֹב עָשִׂ֣יתָ עִֽם־עַבְדְּךָ֑	65	XXXI
	כִּ֖י בְמִצְוֺתֶ֣יךָ הֶאֱמָֽנְתִּי׃	ט֤וּב טַ֣עַם וָדַ֣עַת לַמְּדֵ֑נִי	66	
	וְ֝עַתָּ֗ה אִמְרָתְךָ֥ שָׁמָֽרְתִּי׃	טֶ֣רֶם אֶ֭עֱנֶה אֲנִ֣י שֹׁגֵ֑ג	67	XXXII
	לַמְּדֵ֥נִי חֻקֶּֽיךָ׃	טוֹב־אַתָּ֥ה וּמֵטִ֗יב	68	
	אֲ֝נִ֗י בְּכָל־לֵ֤ב ׀ אֶצֹּ֬ר פִּקּוּדֶֽיךָ׃	טָפְל֬וּ עָלַ֣י שֶׁ֣קֶר זֵדִ֑ים	69	XXXIII
	אֲ֝נִ֗י תּוֹרָתְךָ֥ שִֽׁעֲשָֽׁעְתִּי׃	טָפַ֣שׁ כַּחֵ֣לֶב לִבָּ֑ם	70	
	לְ֝מַ֗עַן אֶלְמַ֥ד חֻקֶּֽיךָ׃	טֽוֹב־לִ֥י כִֽי־עֻנֵּ֑יתִי	71	XXXIV
	מֵ֝אַלְפֵ֗י זָהָ֥ב וָכָֽסֶף׃	טֽוֹב־לִ֥י תֽוֹרַת־פִּ֑יךָ	72	
YOD	הֲ֝בִינֵ֗נִי וְאֶלְמְדָ֥ה מִצְוֺתֶֽיךָ׃	יָדֶ֣יךָ עָ֭שׂוּנִי וַֽיְכוֹנְנ֑וּנִי	73	XXXV
	כִּ֖י לִדְבָרְךָ֣ יִחָֽלְתִּי׃	יְ֭רֵאֶיךָ יִרְא֣וּנִי וְיִשְׂמָ֑חוּ	74	
	וֶ֝אֱמוּנָ֗ה עִנִּיתָֽנִי׃	יָדַ֣עְתִּי יְ֭הוָה כִּי־צֶ֣דֶק מִשְׁפָּטֶ֑יךָ	75	XXXVI
	כְּאִמְרָתְךָ֥ לְעַבְדֶּֽךָ׃	יְהִי־נָ֣א חַסְדְּךָ֣ לְנַחֲמֵ֑נִי	76	
	כִּי־תֽוֹרָתְךָ֥ שַֽׁעֲשֻׁעָֽי׃	יְבֹא֣וּנִי רַחֲמֶ֣יךָ וְאֶֽחְיֶ֑ה	77	XXXVII
	אֲ֝נִ֗י אָשִׂ֥יחַ בְּפִקּוּדֶֽיךָ׃	יֵבֹ֣שׁוּ זֵ֭דִים כִּי־שֶׁ֣קֶר עִוְּת֑וּנִי	78	
	וְ֝יֹדְעֵ֗י עֵדֹתֶֽיךָ׃	יָשׁ֣וּבוּ לִ֣י יְרֵאֶ֑יךָ	79	XXXVIII
	לְ֝מַ֗עַן לֹ֣א אֵבֽוֹשׁ׃	יְהִֽי־לִבִּ֣י תָמִ֣ים בְּחֻקֶּ֑יךָ	80	

PSALM 119:81-104

XXXIX	81	כָּלְתָה לִתְשׁוּעָתְךָ נַפְשִׁי	לִדְבָרְךָ יִחָלְתִּי׃	KAF
	82	כָּלוּ עֵינַי לְאִמְרָתֶךָ	לֵאמֹר מָתַי תְּנַחֲמֵנִי׃
XL	83	כִּי־הָיִיתִי כְּנֹאד בְּקִיטוֹר	חֻקֶּיךָ לֹא שָׁכָחְתִּי׃
	84	כַּמָּה יְמֵי־עַבְדֶּךָ	מָתַי תַּעֲשֶׂה בְרֹדְפַי מִשְׁפָּט׃
XLI	85	כָּרוּ־לִי זֵדִים שִׁיחוֹת	אֲשֶׁר לֹא כְתוֹרָתֶךָ׃
	86	כָּל־מִצְוֹתֶיךָ אֱמוּנָה	שֶׁקֶר רְדָפוּנִי עָזְרֵנִי׃
XLII	87	כִּמְעַט כִּלּוּנִי בָאָרֶץ	וַאֲנִי לֹא־עָזַבְתִּי פִקֻּדֶיךָ׃
	88	כְּחַסְדְּךָ חַיֵּנִי	וְאֶשְׁמְרָה עֵדוּת פִּיךָ׃
XLIII	89	לְעוֹלָם יְהוָה	דְּבָרְךָ נִצָּב בַּשָּׁמָיִם׃	LAMED
	90	לְדֹר וָדֹר אֱמוּנָתֶךָ	כּוֹנַנְתָּ אֶרֶץ וַתַּעֲמֹד׃
	91	לְמִשְׁפָּטֶיךָ עָמְדוּ הַיּוֹם	כִּי הַכֹּל עֲבָדֶיךָ׃
XLIV	92	לוּלֵי תוֹרָתְךָ שַׁעֲשֻׁעָי	אָז אָבַדְתִּי בְעָנְיִי׃
	93	לְעוֹלָם לֹא־אֶשְׁכַּח פִּקּוּדֶיךָ	כִּי בָם חִיִּיתָנִי׃
XLV	94	לְךָ־אֲנִי הוֹשִׁיעֵנִי	כִּי פִקּוּדֶיךָ דָרָשְׁתִּי׃
	95	לִי קִוּוּ רְשָׁעִים לְאַבְּדֵנִי	עֵדֹתֶיךָ אֶתְבּוֹנָן׃
	96	לְכָל־תִּכְלָה רָאִיתִי קֵץ	רְחָבָה מִצְוָתְךָ מְאֹד׃
XLVI	97	מָה־אָהַבְתִּי תוֹרָתֶךָ	כָּל־הַיּוֹם הִיא שִׂיחָתִי׃	MEM
	98	מֵאֹיְבַי תְּחַכְּמֵנִי מִצְוֹתֶךָ	כִּי לְעוֹלָם הִיא־לִי׃
XLVII	99	מִכָּל־מְלַמְּדַי הִשְׂכַּלְתִּי	כִּי עֵדְוֹתֶיךָ שִׂיחָה לִי׃
	100	מִזְּקֵנִים אֶתְבּוֹנָן	כִּי פִקּוּדֶיךָ נָצָרְתִּי׃
XLVIII	101	מִכָּל־אֹרַח רָע כָּלִאתִי רַגְלָי	לְמַעַן אֶשְׁמֹר דְּבָרֶךָ׃
	102	מִמִּשְׁפָּטֶיךָ לֹא־סָרְתִּי	כִּי־אַתָּה הוֹרֵתָנִי׃
XLIX	103	מַה־נִּמְלְצוּ לְחִכִּי אִמְרָתֶךָ	מִדְּבַשׁ לְפִי׃
	104	מִפִּקּוּדֶיךָ אֶתְבּוֹנָן	עַל־כֵּן שָׂנֵאתִי ׀ כָּל־אֹרַח שָׁקֶר׃

PSALM 119:105-128

NUN	וְ֝א֗וֹר לִנְתִיבָתִֽי׃	נֵר־לְרַגְלִ֥י דְבָרֶ֑ךָ	105	L
	לִ֝שְׁמֹ֗ר מִשְׁפְּטֵ֥י צִדְקֶֽךָ׃	נִשְׁבַּ֥עְתִּי וָאֲקַיֵּ֑מָה	106	
	חַיֵּ֥נִי כִדְבָרֶֽךָ׃	נַעֲנֵ֥יתִי עַד־מְאֹ֑ד יְ֝הוָ֗ה	107	LI
	וּ֝מִשְׁפָּטֶ֗יךָ לַמְּדֵֽנִי׃	נִדְב֣וֹת פִּ֭י רְצֵה־נָ֣א יְהוָ֑ה	108	
	וְ֝תוֹרָתְךָ֗ לֹ֣א שָׁכָֽחְתִּי׃	נַפְשִׁ֣י בְכַפִּ֣י תָמִ֑יד	109	LII
	וּ֝מִפִּקּוּדֶ֗יךָ לֹ֣א תָעִֽיתִי׃	נָתְנ֬וּ רְשָׁעִ֣ים פַּ֣ח לִ֑י	110	
	כִּֽי־שְׂשׂ֖וֹן לִבִּ֣י הֵֽמָּה׃	נָחַ֣לְתִּי עֵדְוֺתֶ֣יךָ לְעוֹלָ֑ם	111	LIII
	לְעוֹלָ֥ם עֵֽקֶב׃	נָטִ֣יתִי לִ֭בִּי לַעֲשׂ֥וֹת חֻקֶּ֗יךָ	112	
SAMEK	וְתוֹרָתְךָ֥ אָהָֽבְתִּי׃	סֵעֲפִ֥ים שָׂנֵ֑אתִי	113	LIV
	לִדְבָרְךָ֥ יִחָֽלְתִּי׃	סִתְרִ֣י וּמָגִנִּ֣י אָ֑תָּה	114	
	וְ֝אֶצְּרָ֗ה מִצְוֺ֥ת אֱלֹהָֽי׃	סֽוּרוּ־מִמֶּ֥נִּי מְרֵעִ֑ים	115	LV
	וְאַל־תְּ֝בִישֵׁ֗נִי מִשִּׂבְרִֽי׃	סָמְכֵ֣נִי כְאִמְרָתְךָ֣ וְאֶחְיֶ֑ה	116	
	וְאֶשְׁעָ֖ה בְחֻקֶּ֣יךָ תָמִֽיד׃	סְעָדֵ֥נִי וְאִוָּשֵׁ֑עָה	117	LVI
	כִּי־שֶׁ֝֗קֶר תַּרְמִיתָֽם׃	סָ֭לִיתָ כָּל־שׁוֹגִ֣ים מֵחֻקֶּ֑יךָ	118	
	לָ֝כֵ֗ן אָהַ֥בְתִּי עֵדֹתֶֽיךָ׃	סִגִ֗ים הִשְׁבַּ֥תָּ כָֽל־רִשְׁעֵי־אָ֑רֶץ	119	LVII
	וּ֝מִמִּשְׁפָּטֶ֥יךָ יָרֵֽאתִי׃	סָמַ֣ר מִפַּחְדְּךָ֣ בְשָׂרִ֑י	120	
ʿAYIN	בַּל־תַּ֝נִּיחֵ֗נִי לְעֹשְׁקָֽי׃	עָ֭שִׂיתִי מִשְׁפָּ֣ט וָצֶ֑דֶק	121	VIII
	אַל־יַ֝עַשְׁקֻ֗נִי זֵדִֽים׃	עֲרֹ֣ב עַבְדְּךָ֣ לְט֑וֹב	122	
	וּלְאִמְרַ֥ת צִדְקֶֽךָ׃	עֵ֭ינַי כָּל֣וּ לִישׁוּעָתֶ֑ךָ	123	LIX
	וְחֻקֶּ֥יךָ לַמְּדֵֽנִי׃	עֲשֵׂ֣ה עִם־עַבְדְּךָ֣ כְחַסְדֶּ֑ךָ	124	
	וְ֝אֵדְעָ֗ה עֵדֹתֶֽיךָ׃	עַבְדְּךָ־אָ֥נִי הֲבִינֵ֑נִי	125	LX
	הֵ֝פֵ֗רוּ תּוֹרָתֶֽךָ׃	עֵ֭ת לַעֲשׂ֣וֹת לַיהוָ֑ה	126	
	מִזָּהָ֥ב וּמִפָּֽז׃	עַל־כֵּ֭ן אָהַ֣בְתִּי מִצְוֺתֶ֑יךָ	127	LXI
	כָּל־אֹ֖רַח שֶׁ֣קֶר שָׂנֵֽאתִי׃	עַל־כֵּ֤ן ׀ כָּל־פִּקּ֣וּדֶיךָ [..] יִשָּׁ֑רְתִּי	128	

PSALM 119:129-152

PE		עַל־כֵּן נְצָרָתַם נַפְשִׁי׃	פְּלָאוֹת עֵדְוֺתֶיךָ	129	LXII
		מֵבִין פְּתָיִים׃	פֵּתַח דְּבָרֶיךָ יָאִיר	130	
		כִּי לְמִצְוֺתֶיךָ יָאָבְתִּי׃	פִּי־פָעַרְתִּי וָאֶשְׁאָפָה	131	LXIII
		כְּמִשְׁפָּט לְאֹהֲבֵי שְׁמֶךָ׃	פְּנֵה־אֵלַי וְחָנֵּנִי	132	
		וְאַל־תַּשְׁלֶט־בִּי כָל־אָוֶן׃	פְּעָמַי הָכֵן בְּאִמְרָתֶךָ	133	LXIV
		וְאֶשְׁמְרָה פִּקּוּדֶיךָ׃	פְּדֵנִי מֵעֹשֶׁק אָדָם	134	
		וְלַמְּדֵנִי אֶת־חֻקֶּיךָ׃	פָּנֶיךָ הָאֵר בְּעַבְדֶּךָ	135	LXV
		עַל לֹא־שָׁמְרוּ תוֹרָתֶךָ׃	פַּלְגֵי־מַיִם יָרְדוּ עֵינָי	136	
ṢADE		וְיָשָׁר מִשְׁפָּטֶיךָ׃	צַדִּיק אַתָּה יְהוָה	137	LXVI
		וֶאֱמוּנָה מְאֹד׃	צִוִּיתָ צֶדֶק עֵדֹתֶיךָ	138	
		כִּי־שָׁכְחוּ דְבָרֶיךָ צָרָי׃	צִמְּתַתְנִי קִנְאָתִי	139	LXVII
		וְעַבְדְּךָ אֲהֵבָהּ׃	צְרוּפָה אִמְרָתְךָ מְאֹד	140	
		פִּקֻּדֶיךָ לֹא שָׁכָחְתִּי׃	צָעִיר אָנֹכִי וְנִבְזֶה	141	LXVIII
		וְתוֹרָתְךָ אֱמֶת׃	צִדְקָתְךָ צֶדֶק לְעוֹלָם	142	
		מִצְוֺתֶיךָ שַׁעֲשֻׁעָי׃	צַר־וּמָצוֹק מְצָאוּנִי	143	LXIX
		הֲבִינֵנִי וְאֶחְיֶה׃	צֶדֶק עֵדְוֺתֶיךָ לְעוֹלָם	144	
QOF	חֻקֶּיךָ אֶצֹּרָה׃	עֲנֵנִי יְהוָה	קָרָאתִי בְכָל־לֵב	145	LXX
		וְאֶשְׁמְרָה עֵדֹתֶיךָ׃	קְרָאתִיךָ הוֹשִׁיעֵנִי	146	
		לִדְבָרְךָ יִחָלְתִּי׃	קִדַּמְתִּי בַנֶּשֶׁף וָאֲשַׁוֵּעָה	147	LXXI
		לָשִׂיחַ בְּאִמְרָתֶךָ׃	קִדְּמוּ עֵינַי אַשְׁמֻרוֹת	148	
		כְּמִשְׁפָּטֶךָ חַיֵּנִי׃	קוֹלִי שִׁמְעָה כְחַסְדֶּךָ יְהוָה	149	LXXII
		מִתּוֹרָתְךָ רָחָקוּ׃	קָרְבוּ רֹדְפֵי זִמָּה	150	
		וְכָל־מִצְוֺתֶיךָ אֱמֶת׃	קָרוֹב אַתָּה יְהוָה	151	LXXIII
		כִּי לְעוֹלָם יְסַדְתָּם׃	קֶדֶם יָדַעְתִּי מֵעֵדֹתֶיךָ	152	

PSALM 119:153-176

REŠ	כִּי־תוֹרָתְךָ֥ לֹ֣א שָׁכָֽחְתִּי׃	רְאֵֽה־עָנְיִ֥י וְחַלְּצֵ֑נִי	153	LXXIV
	לְאִמְרָתְךָ֥ חַיֵּֽנִי׃	רִיבָ֣ה רִ֭יבִי וּגְאָלֵ֑נִי	154	
	כִּֽי־חֻ֝קֶּ֗יךָ לֹ֣א דָרָֽשׁוּ׃	רָח֣וֹק מֵרְשָׁעִ֣ים יְשׁוּעָ֑ה	155	LXXV
	כְּֽמִשְׁפָּטֶ֥יךָ חַיֵּֽנִי׃	רַחֲמֶ֖יךָ רַבִּ֥ים ׀ יְהוָ֑ה	156	
	מֵ֝עֵדְוֺתֶ֗יךָ לֹ֣א נָטִֽיתִי׃	רַ֭בִּים רֹדְפַ֣י וְצָרָ֑י	157	LXXVI
	אֲשֶׁ֥ר אִמְרָתְךָ֗ לֹ֣א שָׁמָֽרוּ׃	רָאִ֣יתִי בֹ֭גְדִים וָֽאֶתְקוֹטָ֑טָה	158	
	יְ֝הוָ֗ה כְּֽחַסְדְּךָ֥ חַיֵּֽנִי׃	רְ֭אֵה כִּי־פִקּוּדֶ֣יךָ אָהָ֑בְתִּי	159	LXXVII
	וּ֝לְעוֹלָ֗ם כָּל־מִשְׁפַּ֥ט צִדְקֶֽךָ׃	רֹאשׁ־דְּבָרְךָ֥ אֱמֶ֑ת	160	
ŠIN	וּ֝מִדְּבָרְךָ֗ פָּחַ֥ד לִבִּֽי׃	שָׂ֭רִים רְדָפ֣וּנִי חִנָּ֑ם	161	LXXVIII
	כְּ֝מוֹצֵ֗א שָׁלָ֥ל רָֽב׃	שָׂ֣שׂ אָ֭נֹכִי עַל־אִמְרָתֶ֑ךָ	162	
	תּוֹרָתְךָ֥ אָהָֽבְתִּי׃	שֶׁ֣קֶר שָׂ֭נֵאתִי וַאֲתַעֵ֑בָה	163	LXXIX
	עַ֝֗ל מִשְׁפְּטֵ֥י צִדְקֶֽךָ׃	שֶׁ֣בַע בַּ֭יּוֹם הִלַּלְתִּ֑יךָ	164	
	וְאֵֽין־לָ֥מוֹ מִכְשֽׁוֹל׃	שָׁל֣וֹם רָ֭ב לְאֹהֲבֵ֣י תוֹרָתֶ֑ךָ	165	LXXX
	וּֽמִצְוֺתֶ֥יךָ עָשִֽׂיתִי׃	שִׂבַּ֣רְתִּי לִֽישׁוּעָתְךָ֣ יְהוָ֑ה	166	
	וָאֹהֲבֵ֥ם מְאֹֽד׃	שָֽׁמְרָ֣ה נַ֭פְשִׁי עֵדֹתֶ֑יךָ	167	LXXXI
	כִּ֣י כָל־דְּרָכַ֣י נֶגְדֶּֽךָ׃	שָׁמַ֣רְתִּי פִ֭קּוּדֶיךָ וְעֵדֹתֶ֑יךָ	168	
TAW	כִּדְבָרְךָ֥ הֲבִינֵֽנִי׃	תִּקְרַ֤ב רִנָּתִ֣י לְפָנֶ֣יךָ יְהוָ֑ה	169	LXXXII
	כְּ֝אִמְרָתְךָ֗ הַצִּילֵֽנִי׃	תָּב֣וֹא תְּחִנָּתִ֣י לְפָנֶ֑יךָ	170	
	כִּ֖י תְלַמְּדֵ֣נִי חֻקֶּֽיךָ׃	תַּבַּ֣עְנָה שְׂפָתַ֣י תְּהִלָּ֑ה	171	LXXXIII
	כִּ֣י כָל־מִצְוֺתֶ֥יךָ צֶּֽדֶק׃	תַּ֣עַן לְ֭שׁוֹנִי אִמְרָתֶ֑ךָ	172	
	כִּ֖י פִקּוּדֶ֣יךָ בָחָֽרְתִּי׃	תְּהִֽי־יָדְךָ֥ לְעָזְרֵ֑נִי	173	LXXXIV
	וְ֝תֽוֹרָתְךָ֗ שַׁעֲשֻׁעָֽי׃	תָּאַ֣בְתִּי לִֽישׁוּעָתְךָ֣ יְהוָ֑ה	174	
	וּֽמִשְׁפָּטֶ֥ךָ יַעֲזְרֻֽנִי׃	תְּֽחִי־נַ֭פְשִׁי וּתְהַֽלְלֶ֑ךָּ	175	LXXXV
כִּ֥י מִ֝צְוֺתֶ֗יךָ לֹ֣א שָׁכָֽחְתִּי׃	בַּקֵּ֣שׁ עַ֭בְדֶּךָ	תָּעִ֗יתִי כְּשֶׂ֣ה אֹ֭בֵד	176	

PSALM 120

1 שִׁ֗יר הַֽמַּ֫עֲל֥וֹת

I אֶל־יְ֭הוָה בַּצָּרָ֣תָה לִּ֑י   קָ֝רָ֗אתִי וַֽיַּעֲנֵֽנִי׃
2 יְֽהוָ֗ה הַצִּ֣ילָה נַ֭פְשִׁי   מִשְּׂפַת־שֶׁ֑קֶר מִלָּשׁ֥וֹן רְמִיָּֽה׃

II 3 מַה־יִּתֵּ֣ן לְ֭ךָ   וּמַה־יֹּסִ֥יף לָ֗ךְ לָשׁ֥וֹן רְמִיָּֽה׃
4 חִצֵּ֣י גִבּ֣וֹר שְׁנוּנִ֑ים   עִ֝֗ם גַּחֲלֵ֥י רְתָמִֽים׃

III 5 אֽוֹיָה־לִ֭י כִּי־גַ֣רְתִּי מֶ֑שֶׁךְ   שָׁ֝כַ֗נְתִּי עִם־אָהֳלֵ֥י קֵדָֽר׃
6 רַ֭בַּת שָֽׁכְנָה־לָּ֣הּ נַפְשִׁ֑י   עִ֝֗ם שׂוֹנֵ֥א שָׁלֽוֹם׃
7 אֲֽנִי־שָׁ֭לוֹם   וְכִ֣י אֲדַבֵּ֑ר   הֵ֝֗מָּה לַמִּלְחָמָֽה׃

PSALM 121

1 שִׁ֗יר לַֽמַּ֫עֲל֥וֹת

I אֶשָּׂ֣א עֵ֭ינַי אֶל־הֶהָרִ֑ים   מֵ֝אַ֗יִן יָבֹ֥א עֶזְרִֽי׃
2 עֶ֭זְרִי מֵעִ֣ם יְהוָ֑ה   עֹ֝שֵׂ֗ה שָׁמַ֥יִם וָאָֽרֶץ׃

II 3 אַל־יִתֵּ֣ן לַמּ֣וֹט רַגְלֶ֑ךָ   אַל־יָ֝נ֗וּם שֹֽׁמְרֶֽךָ׃
4 הִנֵּ֣ה לֹֽא־יָ֭נוּם וְלֹ֣א יִישָׁ֑ן   שׁ֝וֹמֵ֗ר יִשְׂרָאֵֽל׃

III 5 יְהוָ֥ה שֹׁמְרֶ֑ךָ   יְהוָ֥ה צִ֝לְּךָ֗ עַל־יַ֥ד יְמִינֶֽךָ׃
6 יוֹמָ֗ם הַשֶּׁ֥מֶשׁ לֹֽא־יַכֶּ֗כָּה   וְיָרֵ֥חַ בַּלָּֽיְלָה׃

IV 7 יְֽהוָ֗ה יִשְׁמָרְךָ֥ מִכָּל־רָ֑ע   יִ֝שְׁמֹ֗ר אֶת־נַפְשֶֽׁךָ׃
8 יְֽהוָ֗ה יִשְׁמָר־צֵאתְךָ֥ וּבוֹאֶ֑ךָ   מֵ֝עַתָּ֗ה וְעַד־עוֹלָֽם׃

PSALM 122

שִׁיר הַמַּעֲלוֹת לְדָוִד 1

I   שָׂמַחְתִּי בְּאֹמְרִים לִי   בֵּית יְהוָה נֵלֵךְ׃
  2 עֹמְדוֹת הָיוּ רַגְלֵינוּ   בִּשְׁעָרַיִךְ יְרוּשָׁלָ͏ִם׃

II 3 יְרוּשָׁלַ͏ִם הַבְּנוּיָה   כְּעִיר שֶׁחֻבְּרָה־לָּהּ יַחְדָּו׃
  4 שֶׁשָּׁם עָלוּ שְׁבָטִים   שִׁבְטֵי־יָהּ

III   עֵדוּת לְיִשְׂרָאֵל   לְהֹדוֹת לְשֵׁם יְהוָה׃
  5 כִּי שָׁמָּה ׀ יָשְׁבוּ כִסְאוֹת לְמִשְׁפָּט   כִּסְאוֹת לְבֵית דָּוִיד׃

IV 6 שַׁאֲלוּ שְׁלוֹם יְרוּשָׁלָ͏ִם   יִשְׁלָיוּ אֹהֲבָיִךְ׃
  7 יְהִי־שָׁלוֹם בְּחֵילֵךְ   שַׁלְוָה בְּאַרְמְנוֹתָיִךְ׃

V 8 לְמַעַן אַחַי וְרֵעָי   אֲדַבְּרָה־נָּא שָׁלוֹם בָּךְ׃
  9 לְמַעַן בֵּית־יְהוָה אֱלֹהֵינוּ   אֲבַקְשָׁה טוֹב לָךְ׃

PSALM 123

שִׁיר הַמַּעֲלוֹת 1

I   אֵלֶיךָ נָשָׂאתִי אֶת־עֵינַי   הַיֹּשְׁבִי בַּשָּׁמָיִם׃

II 2 הִנֵּה כְעֵינֵי עֲבָדִים   אֶל־יַד אֲדוֹנֵיהֶם
  כְּעֵינֵי שִׁפְחָה   אֶל־יַד גְּבִרְתָּהּ
  כֵּן עֵינֵינוּ אֶל־יְהוָה אֱלֹהֵינוּ   עַד שֶׁיְּחָנֵּנוּ׃

III 3 חָנֵּנוּ יְהוָה חָנֵּנוּ   כִּי־רַב שָׂבַעְנוּ בוּז׃
  4 רַבַּת שָׂבְעָה־לָּהּ נַפְשֵׁנוּ   הַלַּעַג הַשַּׁאֲנַנִּים   הַבּוּז לִגְאֵיוֹנִים׃

PSALM 124

שִׁיר הַמַּעֲלוֹת לְדָוִד 1

I	1	לוּלֵי יְהוָה שֶׁהָיָה לָנוּ	יֹאמַר־נָא יִשְׂרָאֵל׃
	2	לוּלֵי יְהוָה שֶׁהָיָה לָנוּ	בְּקוּם עָלֵינוּ אָדָם׃
II	3	אֲזַי חַיִּים בְּלָעוּנוּ	בַּחֲרוֹת אַפָּם בָּנוּ׃
	4	אֲזַי הַמַּיִם שְׁטָפוּנוּ	נַחְלָה עָבַר עַל־נַפְשֵׁנוּ׃
	5	אֲזַי עָבַר עַל־נַפְשֵׁנוּ	הַמַּיִם הַזֵּידוֹנִים׃
III	6	בָּרוּךְ יְהוָה שֶׁלֹּא נְתָנָנוּ	טֶרֶף לְשִׁנֵּיהֶם׃
	7	נַפְשֵׁנוּ כְּצִפּוֹר נִמְלְטָה	מִפַּח יוֹקְשִׁים
		הַפַּח נִשְׁבָּר	וַאֲנַחְנוּ נִמְלָטְנוּ׃
IV	8	עֶזְרֵנוּ בְּשֵׁם יְהוָה	עֹשֵׂה שָׁמַיִם וָאָרֶץ׃

PSALM 125

שִׁיר הַמַּעֲלוֹת 1

I	1	הַבֹּטְחִים בַּיהוָה כְּהַר־צִיּוֹן	לֹא־יִמּוֹט לְעוֹלָם יֵשֵׁב׃	
	2	יְרוּשָׁלִַם הָרִים סָבִיב לָהּ	וַיהוָה סָבִיב לְעַמּוֹ	מֵעַתָּה וְעַד־עוֹלָם׃
II	3	כִּי לֹא יָנוּחַ שֵׁבֶט הָרֶשַׁע	עַל גּוֹרַל הַצַּדִּיקִים	
		לְמַעַן לֹא־יִשְׁלְחוּ הַצַּדִּיקִים	בְּעַוְלָתָה יְדֵיהֶם׃	
III	4	הֵיטִיבָה יְהוָה לַטּוֹבִים	וְלִישָׁרִים בְּלִבּוֹתָם׃	
	5	וְהַמַּטִּים עֲקַלְקַלּוֹתָם	יוֹלִיכֵם יְהוָה אֶת־פֹּעֲלֵי הָאָוֶן	
		שָׁלוֹם עַל־יִשְׂרָאֵל׃		

PSALM 126

1 שִׁ֗יר הַֽמַּ֫עֲל֥וֹת

I		בְּשׁ֣וּב יְ֭הוָה אֶת־שִׁיבַ֣ת צִיּ֑וֹן	הָ֝יִ֗ינוּ כְּחֹלְמִֽים׃
	2	אָ֤ז יִמָּלֵ֪א שְׂח֡וֹק פִּינוּ֮	וּלְשׁוֹנֵ֪נוּ רִ֫נָּ֥ה
II		אָ֭ז יֹאמְר֣וּ בַגּוֹיִ֑ם	הִגְדִּ֥יל יְ֝הוָ֗ה לַעֲשׂ֥וֹת עִם־אֵֽלֶּה׃
	3	הִגְדִּ֣יל יְ֭הוָה לַעֲשׂ֥וֹת עִמָּ֗נוּ	הָיִ֥ינוּ שְׂמֵחִֽים׃
III	4	שׁוּבָ֣ה יְ֭הוָה אֶת־שְׁבִיתֵ֑נוּ	כַּאֲפִיקִ֥ים בַּנֶּֽגֶב׃
	5	הַזֹּרְעִ֥ים בְּדִמְעָ֗ה	בְּרִנָּ֥ה יִקְצֹֽרוּ׃
IV	6	הָ֘ל֤וֹךְ יֵלֵ֨ךְ ׀ וּבָכֹה֮	נֹשֵׂ֪א מֶֽשֶׁךְ־הַ֫זָּ֥רַע
		בֹּֽא־יָב֥וֹא בְרִנָּ֑ה	נֹ֝שֵׂ֗א אֲלֻמֹּתָֽיו׃

PSALM 127

1 שִׁ֥יר הַֽמַּעֲל֗וֹת לִשְׁלֹ֫מֹ֥ה

I		אִם־יְהוָ֤ה ׀ לֹא־יִבְנֶ֬ה בַ֗יִת	שָׁ֤וְא ׀ עָמְל֣וּ בוֹנָ֣יו בּ֑וֹ
		אִם־יְהוָ֥ה לֹֽא־יִשְׁמָר־עִ֝֗יר	שָׁ֤וְא ׀ שָׁקַ֬ד שׁוֹמֵֽר׃
II	2	שָׁ֤וְא לָכֶ֨ם ׀ מַשְׁכִּ֪ימֵי ק֡וּם	מְאַֽחֲרֵי־שֶׁ֗בֶת
		אֹ֭כְלֵי לֶ֣חֶם הָעֲצָבִ֑ים	כֵּ֤ן יִתֵּ֖ן לִֽידִיד֣וֹ שֵׁנָֽא׃
III	3	הִנֵּ֤ה נַחֲלַ֣ת יְהוָ֣ה בָּנִ֑ים	שָׂ֝כָ֗ר פְּרִ֣י הַבָּֽטֶן׃
	4	כְּחִצִּ֥ים בְּיַד־גִּבּ֑וֹר	כֵּ֝֗ן בְּנֵ֣י הַנְּעוּרִֽים׃
IV	5	אַשְׁרֵ֤י הַגֶּ֗בֶר אֲשֶׁ֤ר מִלֵּ֥א	אֶת־אַשְׁפָּת֗וֹ מֵ֫הֶ֥ם
		לֹֽא־יֵבֹ֑שׁוּ כִּֽי־יְדַבְּר֖וּ	אֶת־אוֹיְבִ֣ים בַּשָּֽׁעַר׃

PSALM 128

1 שִׁ֗יר הַֽמַּ֫עֲל֥וֹת

I		אַ֭שְׁרֵי כָּל־יְרֵ֣א יְהוָ֑ה	הַ֝הֹלֵ֗ךְ בִּדְרָכָֽיו׃
	2	יְגִ֣יעַ כַּ֭פֶּיךָ כִּ֣י תֹאכֵ֑ל	אַ֝שְׁרֶ֗יךָ וְט֣וֹב לָֽךְ׃
II	3	אֶשְׁתְּךָ֤ ׀ כְּגֶ֥פֶן פֹּרִיָּה֮	בְּיַרְכְּתֵ֪י בֵ֫יתֶ֥ךָ
		בָּ֭נֶיךָ כִּשְׁתִלֵ֣י זֵיתִ֑ים	סָ֝בִ֗יב לְשֻׁלְחָנֶֽךָ׃
	4	הִנֵּ֣ה כִי־כֵ֭ן יְבֹ֣רַךְ	גָּ֝֗בֶר יְרֵ֣א יְהוָֽה׃
III	5	יְבָרֶכְךָ֥ יְהוָ֗ה מִצִּ֫יּ֥וֹן	
		וּ֭רְאֵה בְּט֣וּב יְרוּשָׁלִָ֑ם	כֹּ֝֗ל יְמֵ֣י חַיֶּֽיךָ׃
	6	וּרְאֵֽה־בָנִ֥ים לְבָנֶ֑יךָ	שָׁ֝ל֗וֹם עַל־יִשְׂרָאֵֽל׃

PSALM 129

1 שִׁ֗יר הַֽמַּ֫עֲל֥וֹת

I		רַ֭בַּת צְרָר֣וּנִי מִנְּעוּרָ֑י	יֹֽאמַר־נָ֝֗א יִשְׂרָאֵֽל׃	
	2	רַ֭בַּת צְרָר֣וּנִי מִנְּעוּרָ֑י	גַּ֝֗ם לֹא־יָ֥כְלוּ לִֽי׃	
	3	עַל־גַּ֭בִּי חָרְשׁ֣וּ חֹרְשִׁ֑ים	הֶ֝אֱרִ֗יכוּ לְמַעֲנִיתָֽם׃	
II	4	יְהוָ֥ה צַדִּ֑יק	קִ֝צֵּ֗ץ עֲב֣וֹת רְשָׁעִֽים׃	
	5	יֵ֭בֹשׁוּ וְיִסֹּ֣גוּ אָח֑וֹר	כֹּ֝֗ל שֹׂנְאֵ֥י צִיּֽוֹן׃	
III	6	יִ֭הְיוּ כַּחֲצִ֣יר גַּגּ֑וֹת	שֶׁקַּדְמַ֖ת שָׁלַ֣ף יָבֵֽשׁ׃	
	7	שֶׁלֹּ֤א מִלֵּ֖א כַפּ֥וֹ קוֹצֵ֗ר	וְחִצְנ֥וֹ מְעַמֵּֽר׃	
	8	וְלֹ֤א אָֽמְר֨וּ ׀ הָעֹבְרִ֗ים	בִּרְכַּֽת־יְהוָ֥ה אֲלֵיכֶ֑ם	בֵּרַ֥כְנוּ אֶ֝תְכֶ֗ם בְּשֵׁ֣ם יְהוָֽה׃

PSALM 130

1 שִׁ֥יר הַֽמַּעֲל֗וֹת

I	מִמַּעֲמַקִּ֖ים קְרָאתִ֣יךָ יְהוָֽה׃ תִּהְיֶ֣ינָה אָזְנֶ֣יךָ קַשֻּׁב֑וֹת	2 אֲ‍ֽדֹנָי֮ שִׁמְעָ֪ה בְק֫וֹלִ֥י לְ֝ק֗וֹל תַּחֲנוּנָֽי׃
II	3 אִם־עֲוֺנ֥וֹת תִּשְׁמָר־יָ֑הּ 4 כִּֽי־עִמְּךָ֥ הַסְּלִיחָ֑ה	אֲ֝דֹנָ֗י מִ֣י יַעֲמֹֽד׃ לְ֝מַ֗עַן תִּוָּרֵֽא׃
III	5 קִוִּ֣יתִי יְ֭הוָה 6 נַפְשִׁ֥י לַֽאדֹנָ֑י	קִוְּתָ֣ה נַפְשִׁ֑י וְֽלִדְבָר֥וֹ הוֹחָֽלְתִּי׃ מִשֹּׁמְרִ֥ים לַ֝בֹּ֗קֶר שֹׁמְרִ֥ים לַבֹּֽקֶר׃
IV	7 יַחֵ֥ל יִשְׂרָאֵ֗ל אֶל־יְה֫וָ֥ה וְהַרְבֵּ֖ה עִמּ֣וֹ פְדֽוּת׃	כִּֽי־עִם־יְהוָ֥ה הַחֶ֑סֶד 8 וְ֝ה֗וּא יִפְדֶּ֥ה אֶת־יִ֝שְׂרָאֵ֗ל מִ֝כֹּ֗ל עֲוֺנֹתָֽיו׃

PSALM 131

1 שִׁ֥יר הַֽמַּעֲל֗וֹת לְדָ֫וִ֥ד

I	יְהוָ֤ה ׀ לֹא־גָבַ֣הּ לִ֭בִּי וְלֹא־הִלַּ֓כְתִּי ׀ בִּגְדֹל֖וֹת	וְלֹא־רָמ֣וּ עֵינָ֑י וּבְנִפְלָא֣וֹת מִמֶּֽנִּי׃
II	2 אִם־לֹ֤א שִׁוִּ֨יתִי ׀ כְּ֝גָמֻ֗ל עֲלֵ֣י אִמּ֑וֹ	וְדוֹמַ֗מְתִּי נַ֫פְשִׁ֥י כַּגָּמֻ֖ל עָלַ֣י נַפְשִֽׁי׃
III	3 יַחֵ֣ל יִ֭שְׂרָאֵל אֶל־יְהוָ֑ה	מֵ֝עַתָּ֗ה וְעַד־עוֹלָֽם׃

PSALM 132

1 שִׁ֗יר הַֽמַּ֫עֲל֥וֹת

I	זְכוֹר־יְהוָ֥ה לְדָוִ֑ד	אֵ֝֗ת כָּל־עֻנּוֹתֽוֹ׃
	2 אֲשֶׁ֣ר נִ֭שְׁבַּע לַיהוָ֑ה	נָ֝דַ֗ר לַאֲבִ֥יר יַעֲקֹֽב׃
II	3 אִם־אָ֭בֹא בְּאֹ֣הֶל בֵּיתִ֑י	אִם־אֶ֝עֱלֶ֗ה עַל־עֶ֥רֶשׂ יְצוּעָֽי׃
	4 אִם־אֶתֵּ֣ן שְׁנַ֣ת לְעֵינָ֑י	לְֽעַפְעַפַּ֥י תְּנוּמָֽה׃
	5 עַד־אֶמְצָ֣א מָ֭קוֹם לַיהוָ֑ה	מִ֝שְׁכָּנ֗וֹת לַאֲבִ֥יר יַעֲקֹֽב׃
III	6 הִנֵּֽה־שְׁמַֽעֲנ֥וּהָ בְאֶפְרָ֑תָה	מְ֝צָאנ֗וּהָ בִּשְׂדֵי־יָֽעַר׃
	7 נָב֥וֹאָה לְמִשְׁכְּנוֹתָ֑יו	נִ֝שְׁתַּחֲוֶ֗ה לַהֲדֹ֥ם רַגְלָֽיו׃
IV	8 קוּמָ֣ה יְ֭הוָה לִמְנוּחָתֶ֑ךָ	אַ֝תָּ֗ה וַאֲר֥וֹן עֻזֶּֽךָ׃
	9 כֹּהֲנֶ֥יךָ יִלְבְּשׁוּ־צֶ֑דֶק	וַחֲסִידֶ֥יךָ יְרַנֵּֽנוּ׃
V	10 בַּ֭עֲבוּר דָּוִ֣ד עַבְדֶּ֑ךָ	אַל־תָּ֝שֵׁ֗ב פְּנֵ֣י מְשִׁיחֶֽךָ׃
	11 נִשְׁבַּֽע־יְהוָ֙ה ׀ לְדָוִ֡ד	אֱמֶת֮ לֹא־יָשׁ֪וּב מִ֫מֶּ֥נָּה
VI	מִפְּרִ֥י בִטְנְךָ֑	אָ֝שִׁ֗ית לְכִסֵּא־לָֽךְ׃
	12 אִֽם־יִשְׁמְר֬וּ בָנֶ֙יךָ ׀ בְּרִיתִי֮	וְעֵדֹתִ֥י ז֗וֹ אֲלַ֫מְּדֵ֥ם
	גַּם־בְּנֵיהֶ֥ם עֲדֵי־עַ֑ד	יֵ֝שְׁב֗וּ לְכִסֵּא־לָֽךְ׃
VII	13 כִּֽי־בָחַ֣ר יְהוָ֣ה בְּצִיּ֑וֹן	אִ֝וָּ֗הּ לְמוֹשָׁ֥ב לֽוֹ׃
	14 זֹאת־מְנוּחָתִ֥י עֲדֵי־עַ֑ד	פֹּֽה־אֵ֝שֵׁ֗ב כִּ֣י אִוִּתִֽיהָ׃
VIII	15 צֵ֭ידָהּ בָּרֵ֣ךְ אֲבָרֵ֑ךְ	אֶ֝בְיוֹנֶ֗יהָ אַשְׂבִּ֥יעַֽ לָֽחֶם׃
	16 וְֽ֭כֹהֲנֶיהָ אַלְבִּ֣ישׁ יֶ֑שַׁע	וַ֝חֲסִידֶ֗יהָ רַנֵּ֥ן יְרַנֵּֽנוּ׃
IX	17 שָׁ֤ם אַצְמִ֣יחַ קֶ֣רֶן לְדָוִ֑ד	עָרַ֥כְתִּי נֵ֝֗ר לִמְשִׁיחִֽי׃
	18 א֭וֹיְבָיו אַלְבִּ֣ישׁ בֹּ֑שֶׁת	וְ֝עָלָ֗יו יָצִ֥יץ נִזְרֽוֹ׃

PSALM 133

1 שִׁ֥יר הַֽמַּעֲל֗וֹת לְדָ֫וִ֥ד

I
הִנֵּ֣ה מַה־טּ֭וֹב וּמַה־נָּעִ֑ים
שֶׁ֖בֶת אַחִ֣ים גַּם־יָֽחַד׃

II 2
כַּשֶּׁ֤מֶן הַטּ֨וֹב ׀ עַל־הָרֹ֗אשׁ
יֹרֵ֗ד עַֽל־הַזָּ֫קָ֥ן
זְקַֽן־אַהֲרֹ֑ן שֶׁ֝יֹּרֵ֗ד
עַל־פִּ֥י מִדּוֹתָֽיו׃
3 כְּטַל־חֶרְמ֗וֹן שֶׁיֹּרֵד֮
עַל־הַרְרֵ֪י צִ֫יּ֥וֹן

III
כִּ֤י שָׁ֨ם ׀ צִוָּ֣ה יְ֭הוָה אֶת־הַבְּרָכָ֑ה
חַ֝יִּ֗ים עַד־הָעוֹלָֽם׃

PSALM 134

1 שִׁ֗יר הַֽמַּ֫עֲל֥וֹת

I
הִנֵּ֤ה ׀ בָּרְכ֣וּ אֶת־יְ֭הוָה
כָּל־עַבְדֵ֣י יְהוָ֑ה
הָעֹמְדִ֥ים בְּבֵית־יְ֝הוָ֗ה בַּלֵּילֽוֹת׃

II 2
שְׂאֽוּ־יְדֵכֶ֥ם קֹ֑דֶשׁ
וּ֝בָרְכוּ אֶת־יְהוָֽה׃
3 יְבָרֶכְךָ֣ יְ֭הוָה מִצִּיּ֑וֹן
עֹ֝שֵׂ֗ה שָׁמַ֥יִם וָאָֽרֶץ׃

PSALM 135

1 הַלְלוּ יָהּ ׀

I		הַלְלוּ אֶת־שֵׁם יְהוָה	הַלְלוּ עַבְדֵי יְהוָה׃	
	2	שֶׁעֹמְדִים בְּבֵית יְהוָה	בְּחַצְרוֹת בֵּית אֱלֹהֵינוּ׃	
II	3	הַלְלוּ־יָהּ כִּי־טוֹב יְהוָה	זַמְּרוּ לִשְׁמוֹ כִּי נָעִים׃	
	4	כִּי־יַעֲקֹב בָּחַר לוֹ יָהּ	יִשְׂרָאֵל לִסְגֻלָּתוֹ׃	
III	5	כִּי אֲנִי יָדַעְתִּי כִּי־גָדוֹל יְהוָה	וַאֲדֹנֵינוּ מִכָּל־אֱלֹהִים׃	
	6	כֹּל אֲשֶׁר־חָפֵץ יְהוָה	עָשָׂה בַּשָּׁמַיִם וּבָאָרֶץ	בַּיַּמִּים וְכָל־תְּהוֹמוֹת׃
	7	מַעֲלֶה נְשִׂאִים מִקְצֵה הָאָרֶץ	בְּרָקִים לַמָּטָר עָשָׂה	מוֹצֵא־רוּחַ מֵאוֹצְרוֹתָיו׃
IV	8	שֶׁהִכָּה בְּכוֹרֵי מִצְרָיִם	מֵאָדָם עַד־בְּהֵמָה׃	
	9	שָׁלַח ׀ אוֹתֹת וּמֹפְתִים	בְּתוֹכֵכִי מִצְרָיִם	בְּפַרְעֹה וּבְכָל־עֲבָדָיו׃
V	10	שֶׁהִכָּה גּוֹיִם רַבִּים	וְהָרַג מְלָכִים עֲצוּמִים׃	
	11	לְסִיחוֹן ׀ מֶלֶךְ הָאֱמֹרִי	וּלְעוֹג מֶלֶךְ הַבָּשָׁן	וּלְכֹל מַמְלְכוֹת כְּנָעַן׃
	12	וְנָתַן אַרְצָם נַחֲלָה	נַחֲלָה לְיִשְׂרָאֵל עַמּוֹ׃	
VI	13	יְהוָה שִׁמְךָ לְעוֹלָם	יְהוָה זִכְרְךָ לְדֹר־וָדֹר׃	
	14	כִּי־יָדִין יְהוָה עַמּוֹ	וְעַל־עֲבָדָיו יִתְנֶחָם׃	
VII	15	עֲצַבֵּי הַגּוֹיִם כֶּסֶף וְזָהָב	מַעֲשֵׂה יְדֵי אָדָם׃	
	16	פֶּה־לָהֶם וְלֹא יְדַבֵּרוּ	עֵינַיִם לָהֶם וְלֹא יִרְאוּ׃	
	17	אָזְנַיִם לָהֶם וְלֹא יַאֲזִינוּ	אַף אֵין־יֶשׁ־רוּחַ בְּפִיהֶם׃	
	18	כְּמוֹהֶם יִהְיוּ עֹשֵׂיהֶם	כֹּל אֲשֶׁר־בֹּטֵחַ בָּהֶם׃	
VIII	19	בֵּית יִשְׂרָאֵל בָּרְכוּ אֶת־יְהוָה	בֵּית אַהֲרֹן בָּרְכוּ אֶת־יְהוָה׃	
	20	בֵּית הַלֵּוִי בָּרְכוּ אֶת־יְהוָה	יִרְאֵי יְהוָה בָּרְכוּ אֶת־יְהוָה׃	
	21	בָּרוּךְ יְהוָה ׀ מִצִּיּוֹן	שֹׁכֵן יְרוּשָׁלָםִ	

הַלְלוּ־יָהּ׃

PSALM 136

I	1	הוֹד֣וּ לַיהוָ֣ה כִּי־ט֑וֹב	כִּ֖י לְעוֹלָ֣ם חַסְדּֽוֹ׃
	2	ה֭וֹדוּ לֵאלֹהֵ֣י הָאֱלֹהִ֑ים	כִּ֖י לְעוֹלָ֣ם חַסְדּֽוֹ׃
	3	ה֭וֹדוּ לַאֲדֹנֵ֣י הָאֲדֹנִ֑ים	כִּ֖י לְעוֹלָ֣ם חַסְדּֽוֹ׃
II	4	לְעֹ֘שֵׂ֤ה נִפְלָא֣וֹת גְּדֹל֣וֹת לְבַדּ֑וֹ	כִּ֖י לְעוֹלָ֣ם חַסְדּֽוֹ׃
	5	לְעֹשֵׂ֣ה הַ֭שָּׁמַיִם בִּתְבוּנָ֑ה	כִּ֖י לְעוֹלָ֣ם חַסְדּֽוֹ׃
	6	לְרֹקַ֣ע הָ֭אָרֶץ עַל־הַמָּ֑יִם	כִּ֖י לְעוֹלָ֣ם חַסְדּֽוֹ׃
III	7	לְ֭עֹשֵׂה אוֹרִ֣ים גְּדֹלִ֑ים	כִּ֖י לְעוֹלָ֣ם חַסְדּֽוֹ׃
	8	אֶת־הַ֭שֶּׁמֶשׁ לְמֶמְשֶׁ֣לֶת בַּיּ֑וֹם	כִּ֖י לְעוֹלָ֣ם חַסְדּֽוֹ׃
	9	אֶת־הַיָּרֵ֣חַ וְ֭כוֹכָבִים לְמֶמְשְׁל֣וֹת בַּלָּ֑יְלָה	כִּ֖י לְעוֹלָ֣ם חַסְדּֽוֹ׃
IV	10	לְמַכֵּ֣ה מִ֭צְרַיִם בִּבְכוֹרֵיהֶ֑ם	כִּ֖י לְעוֹלָ֣ם חַסְדּֽוֹ׃
	11	וַיּוֹצֵ֣א יִ֭שְׂרָאֵל מִתּוֹכָ֑ם	כִּ֖י לְעוֹלָ֣ם חַסְדּֽוֹ׃
	12	בְּיָ֣ד חֲ֭זָקָה וּבִזְר֣וֹעַ נְטוּיָ֑ה	כִּ֖י לְעוֹלָ֣ם חַסְדּֽוֹ׃
V	13	לְגֹזֵ֣ר יַם־ס֭וּף לִגְזָרִ֑ים	כִּ֖י לְעוֹלָ֣ם חַסְדּֽוֹ׃
	14	וְהֶֽעֱבִ֣יר יִשְׂרָאֵ֣ל בְּתוֹכ֑וֹ	כִּ֖י לְעוֹלָ֣ם חַסְדּֽוֹ׃
	15	וְנִ֘עֵ֤ר פַּרְעֹ֣ה וְחֵיל֣וֹ בְיַם־ס֑וּף	כִּ֖י לְעוֹלָ֣ם חַסְדּֽוֹ׃
VI	16	לְמוֹלִ֣יךְ ע֭מּוֹ בַּמִּדְבָּ֑ר	כִּ֖י לְעוֹלָ֣ם חַסְדּֽוֹ׃
	17	לְ֭מַכֵּה מְלָכִ֣ים גְּדֹלִ֑ים	כִּ֖י לְעוֹלָ֣ם חַסְדּֽוֹ׃
	18	וַֽ֭יַּהֲרֹג מְלָכִ֣ים אַדִּירִ֑ים	כִּ֖י לְעוֹלָ֣ם חַסְדּֽוֹ׃
VII	19	לְ֭סִיחוֹן מֶ֣לֶךְ הָאֱמֹרִ֑י	כִּ֖י לְעוֹלָ֣ם חַסְדּֽוֹ׃
	20	וּ֭לְעוֹג מֶ֣לֶךְ הַבָּשָׁ֑ן	כִּ֖י לְעוֹלָ֣ם חַסְדּֽוֹ׃
VIII	21	וְנָתַ֣ן אַרְצָ֣ם לְנַחֲלָ֑ה	כִּ֖י לְעוֹלָ֣ם חַסְדּֽוֹ׃
	22	נַ֭חֲלָה לְיִשְׂרָאֵ֣ל עַבְדּ֑וֹ	כִּ֖י לְעוֹלָ֣ם חַסְדּֽוֹ׃
IX	23	שֶׁ֭בְּשִׁפְלֵנוּ זָ֣כַר לָ֑נוּ	כִּ֖י לְעוֹלָ֣ם חַסְדּֽוֹ׃
	24	וַיִּפְרְקֵ֥נוּ מִצָּרֵ֑ינוּ	כִּ֖י לְעוֹלָ֣ם חַסְדּֽוֹ׃
X	25	נֹתֵ֣ן לֶ֭חֶם לְכָל־בָּשָׂ֑ר	כִּ֖י לְעוֹלָ֣ם חַסְדּֽוֹ׃
	26	ה֭וֹדוּ לְאֵ֣ל הַשָּׁמָ֑יִם	כִּ֖י לְעוֹלָ֣ם חַסְדּֽוֹ׃

PSALM 137

I	1	עַל נַהֲר֗וֹת ׀ בָּבֶ֗ל	שָׁ֣ם יָ֭שַׁבְנוּ גַּם־בָּכִ֑ינוּ	בְּ֝זָכְרֵ֗נוּ אֶת־צִיּֽוֹן׃
	2	עַֽל־עֲרָבִ֥ים בְּתוֹכָ֑הּ	תָּ֝לִ֗ינוּ כִּנֹּרוֹתֵֽינוּ׃	
II	3	כִּ֤י שָׁ֨ם שְׁאֵל֢וּנוּ	שׁוֹבֵ֡ינוּ דִּבְרֵי־שִׁ֗יר	
		וְתוֹלָלֵ֥ינוּ שִׂמְחָ֑ה	שִׁ֥ירוּ לָ֝֗נוּ מִשִּׁ֥יר צִיּֽוֹן׃	
	4	אֵ֗יךְ נָשִׁ֥יר אֶת־שִׁיר־יְהוָ֑ה	עַ֝֗ל אַדְמַ֥ת נֵכָֽר׃	
III	5	אִֽם־אֶשְׁכָּחֵ֥ךְ יְֽרוּשָׁלִָ֗ם	תִּשְׁכַּ֥ח יְמִינִֽי׃	
	6	תִּדְבַּ֥ק־לְשׁוֹנִ֨י ׀ לְחִכִּי֮	אִם־לֹ֪א אֶ֫זְכְּרֵ֥כִי	
		אִם־לֹ֣א אַ֭עֲלֶה אֶת־יְרוּשָׁלִַ֑ם	עַ֝֗ל רֹ֣אשׁ שִׂמְחָתִֽי׃	
IV	7	זְכֹ֤ר יְהוָ֨ה ׀ לִבְנֵ֬י אֱד֗וֹם	אֵת֮ י֤וֹם יְֽרוּשָׁ֫לִָ֥ם	
		הָ֭אֹ֣מְרִים עָ֤רוּ ׀ עָ֑רוּ	עַ֝֗ד הַיְס֥וֹד בָּֽהּ׃	
V	8	בַּת־בָּבֶ֗ל הַשְּׁד֫וּדָ֥ה	אַשְׁרֵ֥י שֶׁיְשַׁלֶּם־לָ֑ךְ	אֶת־גְּ֝מוּלֵ֗ךְ שֶׁגָּמַ֥לְתְּ לָֽנוּ׃
	9	אַשְׁרֵ֤י ׀ שֶׁיֹּאחֵ֓ז וְנִפֵּ֬ץ	אֶֽת־עֹ֝לָלַ֗יִךְ אֶל־הַסָּֽלַע׃	

PSALM 138

1 לְדָוִ֨ד ׀

I		אוֹדְךָ֥ בְכָל־לִבִּ֑י	נֶ֖גֶד אֱלֹהִ֣ים אֲזַמְּרֶֽךָּ׃	2 אֶשְׁתַּחֲוֶ֨ה אֶל־הֵיכַ֪ל קָדְשְׁךָ֡
		וְא֘וֹדֶ֤ה אֶת־שְׁמֶ֗ךָ	עַל־חַסְדְּךָ֥ וְעַל־אֲמִתֶּ֑ךָ	כִּֽי־הִגְדַּ֥לְתָּ עַל־כָּל־שִׁ֝מְךָ֗ אִמְרָתֶֽךָ׃
	3	בְּי֣וֹם קָ֭רָאתִי וַֽתַּעֲנֵ֑נִי	תַּרְהִבֵ֖נִי בְנַפְשִׁ֣י עֹֽז׃	
II	4	יוֹד֣וּךָ יְ֭הוָה כָּל־מַלְכֵי־אָ֑רֶץ	כִּ֥י שָׁ֝מְע֗וּ אִמְרֵי־פִֽיךָ׃	
	5	וְ֭יָשִׁירוּ בְּדַרְכֵ֣י יְהוָ֑ה	כִּ֥י גָ֝ד֗וֹל כְּב֣וֹד יְהוָֽה׃	
	6	כִּי־רָ֣ם יְ֭הוָה וְשָׁפָ֣ל יִרְאֶ֑ה	וְ֝גָבֹ֗הַּ מִמֶּרְחָ֥ק יְיֵדָֽע׃	
III	7	אִם־אֵלֵ֤ךְ ׀ בְּקֶ֥רֶב צָרָ֗ה	תְּחַ֫יֵּ֥נִי עַ֤ל אַ֣ף אֹ֭יְבַי	
		תִּשְׁלַ֣ח יָדֶ֑ךָ	וְ֝תוֹשִׁיעֵ֗נִי יְמִינֶֽךָ׃	
IV	8	יְהוָה֮ יִגְמֹ֪ר בַּ֫עֲדִ֥י	יְ֭הוָה חַסְדְּךָ֣ לְעוֹלָ֑ם	מַעֲשֵׂ֖י יָדֶ֣יךָ אַל־תֶּֽרֶף׃

PSALM 139

1 לַמְנַצֵּ֬חַ לְדָוִ֬ד מִזְמ֑וֹר

I		יְהוָ֣ה חֲ֝קַרְתַּ֗נִי וַתֵּדָֽע׃	2 אַתָּ֣ה יָ֭דַעְתָּ שִׁבְתִּ֣י וְקוּמִ֑י	בַּ֥נְתָּה לְ֝רֵעִ֗י מֵרָחֽוֹק׃
	3	אָרְחִ֣י וְרִבְעִ֣י זֵרִ֑יתָ	וְֽכָל־דְּרָכַ֥י הִסְכַּֽנְתָּה׃	
II	4	כִּ֤י אֵ֣ין מִ֭לָּה בִּלְשׁוֹנִ֑י	הֵ֥ן יְ֝הוָ֗ה יָדַ֥עְתָּ כֻלָּֽהּ׃	
	5	אָח֣וֹר וָקֶ֣דֶם צַרְתָּ֑נִי	וַתָּ֖שֶׁת עָלַ֣י כַּפֶּֽכָה׃	
	6	פְּלִ֣יאָה דַ֣עַת מִמֶּ֑נִּי	נִ֝שְׂגְּבָ֗ה לֹא־א֥וּכַל לָֽהּ׃	
III	7	אָ֭נָה אֵלֵ֣ךְ מֵרוּחֶ֑ךָ	וְ֝אָ֗נָה מִפָּנֶ֥יךָ אֶבְרָֽח׃	
	8	אִם־אֶסַּ֣ק שָׁ֭מַיִם שָׁ֣ם אָ֑תָּה	וְאַצִּ֖יעָה שְּׁא֣וֹל הִנֶּֽךָּ׃	
IV	9	אֶשָּׂ֥א כַנְפֵי־שָׁ֑חַר	אֶ֝שְׁכְּנָ֗ה בְּאַחֲרִ֥ית יָֽם׃	
	10	גַּם־שָׁ֭ם יָדְךָ֣ תַנְחֵ֑נִי	וְֽתֹאחֲזֵ֥נִי יְמִינֶֽךָ׃	
V	11	וָ֭אֹמַר אַךְ־חֹ֣שֶׁךְ יְשׁוּפֵ֑נִי	וְ֝לַ֗יְלָה א֣וֹר בַּעֲדֵֽנִי׃	
	12	גַּם־חֹשֶׁךְ֮ לֹא־יַחְשִׁ֪יךְ מִ֫מֶּ֥ךָ	וְ֭לַיְלָה כַּיּ֣וֹם יָאִ֑יר	כַּ֝חֲשֵׁיכָ֗ה כָּאוֹרָֽה׃
VI	13	כִּֽי־אַ֭תָּה קָנִ֣יתָ כִלְיֹתָ֑י	תְּ֝סֻכֵּ֗נִי בְּבֶ֣טֶן אִמִּֽי׃	
	14	אֽוֹדְךָ֗ עַ֚ל כִּ֥י נוֹרָא֗וֹת	נִ֫פְלֵ֥יתִי נִפְלָאִ֥ים מַעֲשֶׂ֑יךָ	וְ֝נַפְשִׁ֗י יֹדַ֥עַת מְאֹֽד׃
VII	15	לֹא־נִכְחַ֥ד עָצְמִ֗י מִ֫מֶּ֥ךָּ	אֲשֶׁר־עֻשֵּׂ֥יתִי בַסֵּ֑תֶר	רֻ֝קַּ֗מְתִּי בְּֽתַחְתִּיּ֥וֹת אָֽרֶץ׃
	16	גָּלְמִ֤י ׀ רָ֘א֤וּ עֵינֶ֗יךָ	וְֽעַל־סִפְרְךָ֮ כֻּלָּ֪ם יִכָּ֫תֵ֥בוּ	יָמִ֥ים יֻצָּ֑רוּ וְלֹא אֶחָ֣ד בָּהֶֽם׃
VIII	17	וְלִ֗י מַה־יָּקְר֣וּ רֵעֶ֣יךָ אֵ֑ל	מֶ֥ה עָ֝צְמ֗וּ רָאשֵׁיהֶֽם׃	
	18	אֶ֭סְפְּרֵם מֵח֣וֹל יִרְבּ֑וּן	הֱ֝קִיצֹ֗תִי וְעוֹדִ֥י עִמָּֽךְ׃	
IX	19	אִם־תִּקְטֹ֖ל אֱל֥וֹהַּ ׀ רָשָׁ֑ע	וְאַנְשֵׁ֥י דָ֝מִ֗ים ס֣וּרוּ מֶֽנִּי׃	
	20	אֲשֶׁ֣ר יֹ֭אמְרֻךָ לִמְזִמָּ֑ה	נָשֻׂ֖א לַשָּׁ֣וְא עָרֶֽיךָ׃	
X	21	הֲלֽוֹא־מְשַׂנְאֶ֖יךָ [..] ׀ אֶשְׂנָ֑א	וּ֝בִתְקוֹמְמֶ֗יךָ אֶתְקוֹטָֽט׃	
	22	תַּכְלִ֣ית שִׂנְאָ֣ה שְׂנֵאתִ֑ים	לְ֝אוֹיְבִ֗ים הָ֣יוּ לִֽי׃	
XI	23	חָקְרֵ֣נִי אֵ֭ל וְדַ֣ע לְבָבִ֑י	בְּ֝חָנֵ֗נִי וְדַ֣ע שַׂרְעַפָּֽי׃	
	24	וּרְאֵ֗ה אִם־דֶּֽרֶךְ־עֹ֥צֶב בִּ֑י	וּ֝נְחֵ֗נִי בְּדֶ֣רֶךְ עוֹלָֽם׃	

PSALM 140

1 לַמְנַצֵּ֗חַ מִזְמ֥וֹר לְדָוִֽד׃

I	2	חַלְּצֵ֣נִי יְ֭הוָה מֵאָדָ֣ם רָ֑ע	מֵאִ֖ישׁ חֲמָסִ֣ים תִּנְצְרֵֽנִי׃
	3	אֲשֶׁ֤ר חָשְׁב֣וּ רָע֣וֹת בְּלֵ֑ב	כָּל־י֝֗וֹם יָג֥וּרוּ מִלְחָמֽוֹת׃
	4	שָֽׁנֲנ֣וּ לְשׁוֹנָם֮ כְּֽמוֹ־נָ֫חָ֥שׁ	חֲמַ֥ת עַכְשׁ֑וּב תַּ֖חַת שְׂפָתֵ֣ימוֹ׃
II	5	שָׁמְרֵ֤נִי יְהוָ֨ה ׀ מִ֘ידֵ֤י רָשָׁ֗ע	מֵאִ֣ישׁ חֲמָסִ֣ים תִּנְצְרֵ֑נִי
		אֲשֶׁ֥ר חָ֝שְׁב֗וּ לִדְח֥וֹת פְּעָמָֽי׃	6 טָֽמְנֽוּ־גֵאִ֨ים ׀ פַּ֡ח לִ֗י
		וַחֲבָלִ֗ים פָּ֣רְשׂוּ רֶ֑שֶׁת	לְיַד־מַעְגָּ֗ל מֹקְשִׁ֖ים שָֽׁתוּ־לִ֣י׃
III	7	אָמַ֣רְתִּי לַ֭יהוָה אֵ֣לִי אָ֑תָּה	הַאֲזִ֥ינָה יְ֝הוָ֗ה ק֣וֹל תַּחֲנוּנָֽי׃
	8	יְהֹוִ֣ה אֲ֭דֹנָי עֹ֣ז יְשׁוּעָתִ֑י	סַכֹּ֥תָה לְ֝רֹאשִׁ֗י בְּי֣וֹם נָֽשֶׁק׃
	9	אַל־תִּתֵּ֣ן יְ֭הוָה מַאֲוַיֵּ֣י רָשָׁ֑ע	זְמָמ֥וֹ אַל־תָּ֝פֵ֗ק
IV	10	רֹ֥אשׁ מְסִבָּ֑י	עֲמַ֖ל שְׂפָתֵ֣ימוֹ יְכַסֵּֽמוֹ׃ יָר֥וּמוּ׃
	11	יִמּ֥וֹטוּ עֲלֵיהֶ֗ם גֶּֽחָ֫לִ֥ים	בָּאֵ֥שׁ יַפִּלֵ֑ם בְּ֝מַהֲמֹר֗וֹת בַּֽל־יָקֽוּמוּ׃
	12	אִ֥ישׁ לָשׁוֹן֮ בַּל־יִכּ֪וֹן בָּ֫אָ֥רֶץ	אִישׁ־חָמָ֥ס רָ֑ע יְ֝צוּדֶ֗נּוּ לְמַדְחֵפֹֽת׃
V	13	יָדַ֗עְתִּי כִּֽי־יַעֲשֶׂ֣ה יְ֭הוָה	דִּ֣ין עָנִ֑י מִ֝שְׁפַּ֗ט אֶבְיֹנִֽים׃
	14	אַ֣ךְ צַ֭דִּיקִים יוֹד֣וּ לִשְׁמֶ֑ךָ	יֵשְׁב֥וּ יְ֝שָׁרִ֗ים אֶת־פָּנֶֽיךָ׃

PSALM 141

1 מִזְמ֗וֹר לְדָ֫וִ֥ד

I		יְהוָ֣ה קְ֭רָאתִיךָ ח֣וּשָׁה לִּ֑י	הַאֲזִ֥ינָה ק֝וֹלִ֗י בְּקָרְאִי־לָֽךְ׃
	2	תִּכּ֤וֹן תְּפִלָּתִ֣י קְטֹ֣רֶת לְפָנֶ֑יךָ	מַֽשְׂאַ֥ת כַּ֝פַּ֗י מִנְחַת־עָֽרֶב׃
II	3	שִׁיתָ֣ה יְ֭הוָה שָׁמְרָ֣ה לְפִ֑י	נִ֝צְּרָ֗ה עַל־דַּ֥ל שְׂפָתָֽי׃
	4	אַל־תַּט־לִבִּ֨י ׀ לְדָבָ֬ר ׀ רָ֗ע	לְהִתְע֘וֹלֵ֤ל עֲלִל֨וֹת ׀ בְּרֶ֗שַׁע
		אֶת־אִישִׁ֥ים פֹּֽעֲלֵי־אָ֑וֶן	וּבַל־אֶ֝לְחַ֗ם בְּמַנְעַמֵּיהֶֽם׃
III	5	יֶֽהֶלְמֵֽנִי־צַדִּ֨יק ׀ חֶ֡סֶד	וְֽיוֹכִיחֵ֗נִי שֶׁ֣מֶן רֹ֭אשׁ
		אַל־יָנִ֣י רֹאשִׁ֑י כִּי־ע֥וֹד	וּ֝תְפִלָּתִ֗י בְּרָעוֹתֵיהֶֽם׃
	6	נִשְׁמְט֣וּ בִֽידֵי־סֶ֭לַע שֹׁפְטֵיהֶ֑ם	וְשָׁמְע֥וּ אֲ֝מָרַ֗י כִּ֣י נָעֵֽמוּ׃
IV	7	כְּמ֣וֹ פֹלֵ֣חַ וּבֹקֵ֣עַ בָּאָ֑רֶץ	נִפְזְר֥וּ עֲ֝צָמֵ֗ינוּ לְפִ֣י שְׁאֽוֹל׃
	8	כִּ֤י אֵלֶ֨יךָ ׀ יְהֹוִ֣ה אֲדֹנָ֣י עֵינָ֑י	בְּכָ֥ה חָ֝סִ֗יתִי אַל־תְּעַ֥ר נַפְשִֽׁי׃
V	9	שָׁמְרֵ֗נִי מִ֣ידֵי פַ֭ח יָ֣קְשׁוּ לִ֑י	וּ֝מֹקְשׁ֗וֹת פֹּ֣עֲלֵי אָֽוֶן׃
	10	יִפְּל֣וּ במכמריהם רְשָׁעִ֑ים	יַ֥חַד אָ֝נֹכִ֗י עַד־אֶעֱבֽוֹר׃

PSALM 142

1 מַשְׂכִּיל לְדָוִד בִּהְיוֹתוֹ בַמְּעָרָה תְפִלָּה׃

I	2	קוֹלִי אֶל־יְהוָה אֶזְעָק	קוֹלִי אֶל־יְהוָה אֶתְחַנָּן׃	
	3	אֶשְׁפֹּךְ לְפָנָיו שִׂיחִי	צָרָתִי לְפָנָיו אַגִּיד׃	4 בְּהִתְעַטֵּף עָלַי ׀ רוּחִי

II		וְאַתָּה יָדַעְתָּ נְתִיבָתִי	בְּאֹרַח־זוּ אֲהַלֵּךְ	טָמְנוּ פַח לִי׃
5		הַבֵּיט יָמִין ׀ וּרְאֵה	וְאֵין־לִי מַכִּיר	
		אָבַד מָנוֹס מִמֶּנִּי	אֵין דּוֹרֵשׁ לְנַפְשִׁי׃	

III	6	זָעַקְתִּי אֵלֶיךָ יְהוָה	אָמַרְתִּי אַתָּה מַחְסִי	חֶלְקִי בְּאֶרֶץ הַחַיִּים׃
	7	הַקְשִׁיבָה ׀ אֶל־רִנָּתִי	כִּי־דַלּוֹתִי מְאֹד	
		הַצִּילֵנִי מֵרֹדְפַי	כִּי אָמְצוּ מִמֶּנִּי׃	

| IV | 8 | הוֹצִיאָה מִמַּסְגֵּר ׀ נַפְשִׁי | לְהוֹדוֹת אֶת־שְׁמֶךָ | |
| | | בִּי יַכְתִּרוּ צַדִּיקִים | כִּי תִגְמֹל עָלָי׃ | |

PSALM 143

1 מִזְמ֗וֹר לְדָ֫וִ֥ד

I   יְהוָ֤ה ׀ שְׁמַ֬ע תְּפִלָּתִ֗י   הַאֲזִ֥ינָה אֶל־תַּחֲנוּנַ֗י בֶּאֱמֻנָתְךָ֥   עֲ֝נֵ֗נִי בְּצִדְקָתֶֽךָ׃

2   וְאַל־תָּב֣וֹא בְ֭מִשְׁפָּט אֶת־עַבְדֶּ֑ךָ   כִּ֤י לֹֽא־יִצְדַּ֖ק לְפָנֶ֣יךָ כָל־חָֽי׃

II   3 כִּ֥י רָ֘דַ֤ף אוֹיֵ֨ב ׀ נַפְשִׁ֗י   דִּכָּ֣א לָ֭אָרֶץ חַיָּתִ֑י

הוֹשִׁיבַ֥נִי בְ֝מַחֲשַׁכִּ֗ים   כְּמֵתֵ֥י עוֹלָֽם׃

4   וַתִּתְעַטֵּ֣ף עָלַ֣י רוּחִ֑י   בְּ֝תוֹכִ֗י יִשְׁתּוֹמֵ֥ם לִבִּֽי׃

III   5 זָ֘כַ֤רְתִּי יָמִ֨ים ׀ מִקֶּ֗דֶם   הָגִ֥יתִי בְכָל־פָּעֳלֶ֑ךָ   בְּֽמַעֲשֵׂ֖ה יָדֶ֣יךָ אֲשׂוֹחֵֽחַ׃

6   פֵּרַ֣שְׂתִּי יָדַ֣י אֵלֶ֑יךָ   נַ֝פְשִׁ֗י ׀ כְּאֶֽרֶץ־עֲיֵפָ֬ה לְךָ֥׃

IV   7 מַ֘הֵ֤ר עֲנֵ֨נִי ׀ יְהוָה֮   כָּלְתָ֪ה ר֫וּחִ֥י

אַל־תַּסְתֵּ֣ר פָּנֶ֣יךָ מִמֶּ֑נִּי   וְ֝נִמְשַׁ֗לְתִּי עִם־יֹ֥רְדֵי בֽוֹר׃

V   8 הַשְׁמִ֘יעֵ֤נִי בַבֹּ֨קֶר ׀ חַסְדֶּךָ֮   כִּֽי־בְךָ֪ בָ֫טָ֥חְתִּי

הוֹדִיעֵ֗נִי דֶּֽרֶךְ־ז֥וּ אֵלֵ֑ךְ   כִּֽי־אֵ֝לֶ֗יךָ נָשָׂ֥אתִי נַפְשִֽׁי׃

9   הַצִּילֵ֖נִי מֵאֹיְבַ֥י ׀ יְהוָ֗ה   אֵלֶ֥יךָ כִסִּֽתִי׃

VI   10 לַמְּדֵ֤נִי ׀ לַעֲשׂ֣וֹת רְצוֹנֶךָ֮   כִּֽי־אַתָּ֪ה אֱל֫וֹהָ֥י

רוּחֲךָ֥ טוֹבָ֑ה   תַּ֝נְחֵ֗נִי בְּאֶ֣רֶץ מִישֽׁוֹר׃

VII   11 לְמַֽעַן־שִׁמְךָ֣ יְהוָ֣ה תְּחַיֵּ֑נִי   בְּצִדְקָתְךָ֓ ׀ תוֹצִ֖יא מִצָּרָ֣ה נַפְשִֽׁי׃

12   וּֽבְחַסְדְּךָ֮ תַּצְמִ֪ית אֹ֫יְבָ֥י   וְֽ֭הַאֲבַדְתָּ כָּל־צֹרְרֵ֣י נַפְשִׁ֑י   כִּ֝֗י אֲנִ֣י עַבְדֶּֽךָ׃

PSALM 144

1 לְדָוִ֨ד ׀

I	בָּר֤וּךְ יְהוָ֨ה ׀ צוּרִ֗י	הַֽמְלַמֵּ֣ד יָדַ֣י לַקְרָ֑ב	אֶ֝צְבְּעוֹתַ֗י לַמִּלְחָמָֽה׃
	2 חַסְדִּ֥י וּמְצוּדָתִי֮	מִשְׂגַּבִּ֥י וּֽמְפַלְטִ֗י לִ֥י	
	מָ֭גִנִּי וּב֣וֹ חָסִ֑יתִי	הָרוֹדֵ֖ד עַמִּ֣י תַחְתָּֽי׃	
II	3 יְֽהוָ֗ה מָה־אָ֭דָם וַתֵּדָעֵ֑הוּ	בֶּן־אֱ֝נ֗וֹשׁ וַֽתְּחַשְּׁבֵֽהוּ׃	
	4 אָ֭דָם לַהֶ֣בֶל דָּמָ֑ה	יָ֝מָ֗יו כְּצֵ֣ל עוֹבֵֽר׃	
III	5 יְ֭הוָה הַט־שָׁמֶ֣יךָ וְתֵרֵ֑ד	גַּ֖ע בֶּהָרִ֣ים וְֽיֶעֱשָֽׁנוּ׃	
	6 בְּר֣וֹק בָּ֭רָק וּתְפִיצֵ֑ם	שְׁלַ֥ח חִ֝צֶּ֗יךָ וּתְהֻמֵּֽם׃	
IV	7 שְׁלַ֥ח יָדֶ֗יךָ מִמָּ֫ר֥וֹם	פְּצֵ֣נִי וְ֭הַצִּילֵנִי מִמַּ֣יִם רַבִּ֑ים	מִ֝יַּ֗ד בְּנֵ֣י נֵכָֽר׃
	8 אֲשֶׁ֣ר פִּ֭יהֶם דִּבֶּר־שָׁ֑וְא	וִֽ֝ימִינָ֗ם יְמִ֣ין שָֽׁקֶר׃	
V	9 אֱֽלֹהִ֗ים שִׁ֣יר חָ֭דָשׁ אָשִׁ֣ירָה לָּ֑ךְ	בְּנֵ֥בֶל עָ֝שׂ֗וֹר אֲזַמְּרָה־לָּֽךְ׃	
	10 הַנּוֹתֵ֥ן תְּשׁוּעָ֗ה לַמְּלָ֫כִ֥ים	הַ֭פּוֹצֶה אֶת־דָּוִ֥ד עַבְדּ֗וֹ	
VI	מֵחֶ֥רֶב רָעָֽה׃ 11 פְּצֵ֥נִי	וְהַצִּילֵנִי֮ מִיַּ֪ד בְּֽנֵי־נֵ֫כָ֥ר	
	אֲשֶׁ֣ר פִּ֭יהֶם דִּבֶּר־שָׁ֑וְא	וִֽ֝ימִינָ֗ם יְמִ֣ין שָֽׁקֶר׃	
VII	12 אֲשֶׁ֤ר בָּנֵ֨ינוּ ׀ כִּנְטִעִים֮	מְגֻדָּלִ֪ים בִּֽנְעוּרֵ֫יהֶ֥ם	
	בְּנוֹתֵ֥ינוּ כְזָוִיֹּ֑ת	מְ֝חֻטָּב֗וֹת תַּבְנִ֥ית הֵיכָֽל׃	
VIII	13 מְזָוֵ֣ינוּ מְלֵאִים֮	מְפִיקִ֥ים מִזַּ֗ן אֶ֫ל־זַ֥ן	
	צֹאונֵ֣נוּ מַ֭אֲלִיפוֹת	מְרֻבָּב֗וֹת בְּחוּצוֹתֵֽינוּ׃	14 אַלּוּפֵ֗ינוּ מְֽסֻבָּ֫לִ֥ים
IX	אֵֽין־פֶּ֭רֶץ וְאֵ֣ין יוֹצֵ֑את	וְאֵ֥ין צְ֝וָחָ֗ה בִּרְחֹבֹתֵֽינוּ׃	
	15 אַשְׁרֵ֣י הָ֭עָם שֶׁכָּ֣כָה לּ֑וֹ	אַֽשְׁרֵ֥י הָ֝עָ֗ם שֶׁיֲהוָ֥ה אֱלֹהָֽיו׃	

PSALM 145

1 תְּהִלָּה לְדָוִד

I		אֲרוֹמִמְךָ אֱלוֹהַי הַמֶּלֶךְ	וַאֲבָרְכָה שִׁמְךָ לְעוֹלָם וָעֶד:
	2	בְּכָל־יוֹם אֲבָרְכֶךָּ	וַאֲהַלְלָה שִׁמְךָ לְעוֹלָם וָעֶד:
II	3	גָּדוֹל יְהוָה וּמְהֻלָּל מְאֹד	וְלִגְדֻלָּתוֹ אֵין חֵקֶר:
	4	דּוֹר לְדוֹר יְשַׁבַּח מַעֲשֶׂיךָ	וּגְבוּרֹתֶיךָ יַגִּידוּ:
III	5	הֲדַר כְּבוֹדְךָ ידברו	נִפְלְאוֹתֶיךָ אָשִׂיחָה:
	6	וֶעֱזוּז נוֹרְאֹתֶיךָ יֹאמֵרוּ	וּגְדוּלָּתְךָ אֲסַפְּרֶנָּה:
	7	זֵכֶר רַב־טוּבְךָ יַבִּיעוּ	וְצִדְקָתְךָ יְרַנֵּנוּ:
IV	8	חַנּוּן וְרַחוּם יְהוָה	אֶרֶךְ אַפַּיִם וּגְדָל־חָסֶד:
	9	טוֹב־יְהוָה לַכֹּל	וְרַחֲמָיו עַל־כָּל־מַעֲשָׂיו:
V	10	יוֹדוּךָ יְהוָה כָּל־מַעֲשֶׂיךָ	וַחֲסִידֶיךָ יְבָרְכוּכָה:
	11	כְּבוֹד מַלְכוּתְךָ יֹאמֵרוּ	וּגְבוּרָתְךָ יְדַבֵּרוּ:
	12	לְהוֹדִיעַ ׀ לִבְנֵי הָאָדָם גְּבוּרֹתָיו	וּכְבוֹד הֲדַר מַלְכוּתוֹ:
	13	מַלְכוּתְךָ מַלְכוּת כָּל־עֹלָמִים	וּמֶמְשַׁלְתְּךָ בְּכָל־דּוֹר וָדוֹר:
VI		נאמן יהוה בכל דבריו	וחסיד בכל מעשיו
	14	סוֹמֵךְ יְהוָה לְכָל־הַנֹּפְלִים	וְזוֹקֵף לְכָל־הַכְּפוּפִים:
VII	15	עֵינֵי־כֹל אֵלֶיךָ יְשַׂבֵּרוּ	וְאַתָּה נוֹתֵן [..] אֶת־אָכְלָם בְּעִתּוֹ:
	16	פּוֹתֵחַ אֶת־יָדֶךָ	וּמַשְׂבִּיעַ לְכָל־חַי רָצוֹן:
VIII	17	צַדִּיק יְהוָה בְּכָל־דְּרָכָיו	וְחָסִיד בְּכָל־מַעֲשָׂיו:
	18	קָרוֹב יְהוָה לְכָל־קֹרְאָיו	לְכֹל אֲשֶׁר יִקְרָאֻהוּ בֶאֱמֶת:
IX	19	רְצוֹן־יְרֵאָיו יַעֲשֶׂה	וְאֶת־שַׁוְעָתָם יִשְׁמַע וְיוֹשִׁיעֵם:
	20	שׁוֹמֵר יְהוָה אֶת־כָּל־אֹהֲבָיו	וְאֵת כָּל־הָרְשָׁעִים יַשְׁמִיד:
X	21	תְּהִלַּת יְהוָה יְדַבֶּר־פִּי	וִיבָרֵךְ כָּל־בָּשָׂר שֵׁם קָדְשׁוֹ

לְעוֹלָם וָעֶד:

PSALM 146

I 1 הַֽלְלוּ־יָהּ הַֽלְלִי נַפְשִׁי אֶת־יְהוָֽה׃
2 אֲהַלְלָה יְהוָה בְּחַיָּי אֲזַמְּרָה לֵאלֹהַי בְּעוֹדִֽי׃

II 3 אַל־תִּבְטְחוּ בִנְדִיבִים בְּבֶן־אָדָם ׀ שֶׁאֵין לוֹ תְשׁוּעָֽה׃
4 תֵּצֵא רוּחוֹ יָשֻׁב לְאַדְמָתוֹ בַּיּוֹם הַהוּא אָבְדוּ עֶשְׁתֹּנֹתָֽיו׃

III 5 אַשְׁרֵי שֶׁאֵל יַעֲקֹב בְּעֶזְרוֹ שִׂבְרוֹ עַל־יְהוָה אֱלֹהָֽיו׃
6 עֹשֶׂה ׀ שָׁמַיִם וָאָרֶץ אֶת־הַיָּם וְאֶת־כָּל־אֲשֶׁר־בָּם הַשֹּׁמֵר אֱמֶת לְעוֹלָֽם׃
7 עֹשֶׂה מִשְׁפָּט ׀ לָעֲשׁוּקִים נֹתֵן לֶחֶם לָרְעֵבִים

IV יְהוָה מַתִּיר אֲסוּרִֽים׃ 8 יְהוָה ׀ פֹּקֵחַ עִוְרִים
יְהוָה זֹקֵף כְּפוּפִים יְהוָה אֹהֵב צַדִּיקִֽים׃ 9 יְהוָה ׀ שֹׁמֵר אֶת־גֵּרִים
יָתוֹם וְאַלְמָנָה יְעוֹדֵד וְדֶרֶךְ רְשָׁעִים יְעַוֵּֽת׃

V 10 יִמְלֹךְ יְהוָה ׀ לְעוֹלָם אֱלֹהַיִךְ צִיּוֹן לְדֹר וָדֹר

הַֽלְלוּ־יָֽהּ׃

PSALM 147

1 הַלְלוּ יָהּ ׀

I	כִּי־ט֭וֹב זַמְּרָ֣ה אֱלֹהֵ֑ינוּ	כִּֽי־נָ֝עִ֗ים נָאוָ֥ה תְהִלָּֽה׃
2	בּוֹנֵ֣ה יְרוּשָׁלִַ֣ם יְהוָ֑ה	נִדְחֵ֖י יִשְׂרָאֵ֣ל יְכַנֵּֽס׃
3	הָ֭רֹפֵא לִשְׁב֣וּרֵי לֵ֑ב	וּ֝מְחַבֵּ֗שׁ לְעַצְּבוֹתָֽם׃

II	4	מוֹנֶ֣ה מִ֭סְפָּר לַכּוֹכָבִ֑ים	לְ֝כֻלָּ֗ם שֵׁמ֥וֹת יִקְרָֽא׃
	5	גָּד֣וֹל אֲדוֹנֵ֣ינוּ וְרַב־כֹּ֑חַ	לִ֝תְבוּנָת֗וֹ אֵ֣ין מִסְפָּֽר׃
	6	מְעוֹדֵ֣ד עֲנָוִ֣ים יְהוָ֑ה	מַשְׁפִּ֖יל רְשָׁעִ֣ים עֲדֵי־אָֽרֶץ׃

III	7	עֱנ֣וּ לַיהוָ֣ה בְּתוֹדָ֑ה	זַמְּר֖וּ לֵאלֹהֵ֣ינוּ בְכִנּֽוֹר׃
	8	הַֽמְכַסֶּ֬ה שָׁמַ֨יִם ׀ בְּעָבִ֗ים	הַמֵּכִ֣ין לָאָ֣רֶץ מָטָ֑ר הַמַּצְמִ֖יחַ הָרִ֣ים חָצִֽיר׃

IV	9	נוֹתֵ֣ן לִבְהֵמָ֣ה לַחְמָ֑הּ	לִבְנֵ֥י עֹ֝רֵ֗ב אֲשֶׁ֣ר יִקְרָֽאוּ׃
	10	לֹ֤א בִגְבוּרַ֣ת הַסּ֣וּס יֶחְפָּ֑ץ	לֹֽא־בְשׁוֹקֵ֖י הָאִ֣ישׁ יִרְצֶֽה׃
	11	רוֹצֶ֣ה יְ֭הוָה אֶת־יְרֵאָ֑יו	אֶת־הַֽמְיַחֲלִ֥ים לְחַסְדּֽוֹ׃

V	12	שַׁבְּחִ֣י יְ֭רוּשָׁלִַם אֶת־יְהוָ֑ה	הַֽלְלִ֖י אֱלֹהַ֣יִךְ צִיּֽוֹן׃
	13	כִּֽי־חִ֭זַּק בְּרִיחֵ֣י שְׁעָרָ֑יִךְ	בֵּרַ֖ךְ בָּנַ֣יִךְ בְּקִרְבֵּֽךְ׃
	14	הַשָּׂם־גְּבוּלֵ֥ךְ שָׁל֑וֹם	חֵ֥לֶב חִ֝טִּ֗ים יַשְׂבִּיעֵֽךְ׃

VI	15	הַשֹּׁלֵ֣חַ אִמְרָת֣וֹ אָ֑רֶץ	עַד־מְ֝הֵרָ֗ה יָר֥וּץ דְּבָרֽוֹ׃
	16	הַנֹּתֵ֣ן שֶׁ֣לֶג כַּצָּ֑מֶר	כְּ֝פ֗וֹר כָּאֵ֥פֶר יְפַזֵּֽר׃
	17	מַשְׁלִ֣יךְ קַֽרְח֣וֹ כְפִתִּ֑ים	לִפְנֵ֥י קָ֝רָת֗וֹ מִ֣י יַעֲמֹֽד׃

VII	18	יִשְׁלַ֣ח דְּבָר֣וֹ וְיַמְסֵ֑ם	יַשֵּׁ֥ב ר֝וּח֗וֹ יִזְּלוּ־מָֽיִם׃
	19	מַגִּ֣יד דְּבָרָ֣יו לְיַעֲקֹ֑ב	חֻקָּ֥יו וּ֝מִשְׁפָּטָ֗יו לְיִשְׂרָאֵֽל׃
	20	לֹ֘א עָ֤שָׂה כֵ֨ן ׀ לְכָל־גּ֗וֹי	וּמִשְׁפָּטִ֥ים בַּל־יְדָע֗וּם

הַֽלְלוּ־יָֽהּ׃

PSALM 148

1 הַֽלְלוּ יָ֨הּ ׀

I הַֽלְל֣וּ אֶת־יְ֭הוָה מִן־הַשָּׁמַ֑יִם הַֽ֝לְל֗וּהוּ בַּמְּרוֹמִֽים׃
2 הַֽלְל֥וּהוּ כָל־מַלְאָכָ֑יו הַֽ֝לְל֗וּהוּ כָּל־צְבָאָֽיו׃

II 3 הַֽ֭לְלוּהוּ שֶׁ֣מֶשׁ וְיָרֵ֑חַ הַֽ֝לְל֗וּהוּ כָּל־כּ֥וֹכְבֵי אֽוֹר׃
4 הַֽ֭לְלוּהוּ שְׁמֵ֣י הַשָּׁמָ֑יִם וְ֝הַמַּ֗יִם [..] ׀ מֵעַ֬ל הַשָּׁמָֽיִם׃

III 5 יְֽ֭הַלְלוּ אֶת־שֵׁ֣ם יְהוָ֑ה כִּ֤י ה֭וּא צִוָּ֣ה וְנִבְרָֽאוּ׃
6 וַיַּעֲמִידֵ֣ם לָעַ֣ד לְעוֹלָ֑ם חָק־נָ֝תַ֗ן וְלֹ֣א יַעֲבֽוֹר׃

IV 7 הַֽלְל֣וּ אֶת־יְ֭הוָה מִן־הָאָ֑רֶץ תַּ֝נִּינִ֗ים וְכָל־תְּהֹמֽוֹת׃
8 אֵ֣שׁ וּ֭בָרָד שֶׁ֣לֶג וְקִיט֑וֹר ר֥וּחַ סְ֝עָרָ֗ה עֹשָׂ֥ה דְבָרֽוֹ׃

V 9 הֶהָרִ֥ים וְכָל־גְּבָע֑וֹת עֵ֥ץ פְּ֝רִ֗י וְכָל־אֲרָזִֽים׃
10 הַֽחַיָּ֥ה וְכָל־בְּהֵמָ֑ה רֶ֝֗מֶשׂ וְצִפּ֥וֹר כָּנָֽף׃

VI 11 מַלְכֵי־אֶ֭רֶץ וְכָל־לְאֻמִּ֑ים שָׂ֝רִ֗ים וְכָל־שֹׁ֥פְטֵי אָֽרֶץ׃
12 בַּחוּרִ֥ים וְגַם־בְּתוּל֑וֹת זְ֝קֵנִ֗ים עִם־נְעָרִֽים׃

VII 13 יְהַלְל֤וּ ׀ אֶת־שֵׁ֬ם יְהוָ֗ה כִּֽי־נִשְׂגָּ֣ב שְׁמ֣וֹ לְבַדּ֑וֹ
ה֝וֹד֗וֹ עַל־אֶ֥רֶץ וְשָׁמָֽיִם׃ 14 וַיָּ֤רֶם קֶ֨רֶן ׀ לְעַמּ֡וֹ
תְּהִלָּ֤ה לְכָל־חֲסִידָ֗יו לִבְנֵ֣י יִ֭שְׂרָאֵל עַם־קְרֹב֗וֹ

הַֽלְלוּ־יָֽהּ׃

PSALM 149

1 הַלְלוּ יָהּ ׀

I		שִׁירוּ לַיהוָה שִׁיר חָדָשׁ	תְּהִלָּתוֹ בִּקְהַל חֲסִידִים׃
	2	יִשְׂמַח יִשְׂרָאֵל בְּעֹשָׂיו	בְּנֵי־צִיּוֹן יָגִילוּ בְמַלְכָּם׃
II	3	יְהַלְלוּ שְׁמוֹ בְמָחוֹל	בְּתֹף וְכִנּוֹר יְזַמְּרוּ־לוֹ׃
	4	כִּי־רוֹצֶה יְהוָה בְּעַמּוֹ	יְפָאֵר עֲנָוִים בִּישׁוּעָה׃
III	5	יַעְלְזוּ חֲסִידִים בְּכָבוֹד	יְרַנְּנוּ עַל־מִשְׁכְּבוֹתָם׃
	6	רוֹמְמוֹת אֵל בִּגְרוֹנָם	וְחֶרֶב פִּיפִיּוֹת בְּיָדָם׃
IV	7	לַעֲשׂוֹת נְקָמָה בַּגּוֹיִם	תּוֹכֵחֹת בַּל־אֻמִּים׃
	8	לֶאְסֹר מַלְכֵיהֶם בְּזִקִּים	וְנִכְבְּדֵיהֶם בְּכַבְלֵי בַרְזֶל׃
	9	לַעֲשׂוֹת בָּהֶם ׀ מִשְׁפָּט כָּתוּב	הָדָר הוּא לְכָל־חֲסִידָיו

הַלְלוּ־יָהּ׃

PSALM 150

1 הַלְלוּ יָהּ ׀

I		הַלְלוּ־אֵל בְּקָדְשׁוֹ	הַלְלוּהוּ בִּרְקִיעַ עֻזּוֹ׃
	2	הַלְלוּהוּ בִגְבוּרֹתָיו	הַלְלוּהוּ כְּרֹב גֻּדְלוֹ׃
II	3	הַלְלוּהוּ בְּתֵקַע שׁוֹפָר	הַלְלוּהוּ בְּנֵבֶל וְכִנּוֹר׃
	4	הַלְלוּהוּ בְתֹף וּמָחוֹל	הַלְלוּהוּ בְּמִנִּים וְעוּגָב׃
	5	הַלְלוּהוּ בְצִלְצְלֵי־שָׁמַע	הַלְלוּהוּ בְּצִלְצְלֵי תְרוּעָה׃
	6	כֹּל הַנְּשָׁמָה תְּהַלֵּל יָהּ	הַלְלוּ־יָהּ׃

Part III

Annotations and remarks

Short legenda:

> BHS app   the critical apparatus of the Stuttgart edition of the Hebrew Bible (1977)
> K   Ketib
> LXX   the Septuagint, the Greek version of the (Hebrew) Bible
> Ms   (a Masoretic) manuscript; Mss indicates the plural
> MT   the Masoretic text, of the Leningrad Codex in particular
> Q   Qere

2:11   Together with the first two words of v. 12, this is a bicolon. Whether *bar* (the Aramaic word?) here means son is uncertain. Bertholet's emendation of these four words of the B-colon to *ubir^{c}ada naśś^{e}qu b^{e}raglaw* is tempting; see my *Major Poems of the Hebrew Bible*, vol. II p. 56 note 4. (From now on, this book is cited as MP II.)

2:12   The remaining words of v. 12 are twelve, equally divided as 3 x 4 over a tricolon. The rhyme on -o (in the B- and C-cola) and the tight AB–B'A' structure of 4 x 3 verses for the poem as a whole argue against v. 12c as a late and isolated monocolon (= new verse).

3:8cd   When we add a suffix and the copula (reading *lhym + wšny*) on both sides of the caesura, the song has the numerical perfection of 144 : 18 = 8 (as the normative figure which is the average of syllables per colon).

The same division also applies to Pss. 11 and 14, while Ps. 1 has 144 syllables in 16 cola and in this way scores the normative figure nine. Beyond Ps. 14 there is no psalm with the square of 12 as its total number of syllables.

4:7b   I take *nsh* to be the same as *nś'* (an imperative which normally has the form *ś'*)—the same form as in 10:12a.

4:9bc   *lbṭḥ* is a syntactic complement to the predicate "You make me sit," but it is not the only one. *lbdd* is linked to the verb as well, because it modifies the beneficiary (who is the grammatical object, i.e. the suffix). The correct rendering then is: "You make me dwell undisturbed in safety"; for more analysis see MP II p. 62.

Psalm 5   One feature of this song is that it has two very long B-cola, but many very short B-cola: vv. 7b and 8b versus vv. 2b, 5b, 6b, 10b, 10d, 11d and 12b. This helps us to articulate v. 9 as a tricolon.

When we read *hošar* with the Ketib (v. 9c), the wordplay with *šoręray* in v. 9b shows up clearly.

5:13b When we read the Piel with some Mss (also see 8:6b), in a good balance with the verb of v. 13a, the numerical perfection stands out: the 32 cola now have 256 syllables and score a precise eight on average.

7:7-9a These lines do not form a string of tricolon + bicolon + monocolon as the BHS typography suggests, in an order that is no more than an uninformed guess. The series *quma—cura—šuba* points to three bicolic lines. All verses of the poem are bipartite, except v. 6.

7:7c My version of this colon says: "Wake up on my behalf, because of the judgment You have ordained."

This kind of justice becomes operational in v. 9a (at the end of strophe 3) and in v. 9b (the start of strophe 4), with God as subject and initiator.

7:13-14 I follow the JPS version which sees the wicked, not God, as the subject; see MP II p. 68 note 34.

8:2-3 The word *ᵃšer* is a loose link which may remain untranslated. Verse 3a and 3c each have a word-pair in participial form and stand in opposition; both are B-cola. In the A-cola 2c and 3b God's qualities *hod* and *ᶜoz* are linked with perfect forms. The only intervention needed is a minimal revocalisation of *tnh* as a perfect Pual (*tunnah*). The RSV has the correct rendering, as well as BJ and some recent commentaries.

When we restore the waw at the start of v. 7 (in line with the start of v. 6), we find the numerical perfection of the poem:

cola	2	4	4	4	4	2
syllables	15	39	41	40	30	15

We also find that the sum of 180 syllables, divided by 20 (the number of cola), delivers the average of exactly nine.

Psalms 9 and 10 together are one poem, as is recognized by most scholars. In MP II it was given a thorough structural analysis. The composition consists completely of S-strophes, except in the center of Ps. 10, where vv. 9-11 form an L-strophe which at the same time is a stanza. Psalm 9 has bicolic lines only.

9:7b Shift the word *hmh* from the end of v. 7b to the beginning of v. 8a and revocalize it either as *homeh* (part. Qal sing.) or *hamu* (a perfect plur.): "they are in uproar, but Yhwh reigns unmoved (lit.: forever)." The numerical aspect shows in its own way that the shift is needed and correct: strophe 3 counts 10 + 10 and 10 + 10 syllables in its half-verses and a similar symmetry can be found in the strophes 2, 4 and 9—see MP II p. 74.

9:14a There is a superfluous *nun* in the first word.

10:4 The division of the line by the Masoretes as a bicolon is correct, contra BHS.

10:7a Here we need a shift the other way round: the first word in v. 7a (*'ala*, taken as a verb, in the perfect form) belongs to the end of v. 6; cf. MP II p. 79, note 61.

10:10a Three verbal predicates in a row, all with the victim (and not the lion) as the grammatical subject.

10:14a Probably, *'th* is a dittography (either under the influence of *r'yth* in v. 14a or of v. 14d).

11:7b Is the verb (plur.) surrounded by the subject and the object, or vice versa? I argue for the order SVO, so that v. 7b is the complement of "looking at" in v. 4cd (MP II p. 84).

12:8a With a few Mss read *tišm^{e}renu* (with "us" as the object), and with several Mss read *tiṣṣ^{e}renu* in v. 8b (with the same object). For the arguments see MP II p. 86.

13:4c-5b There are three *pen*-clauses (the third conjunction is virtual) which deserve their own tricolon. In v. 4ab we should recognize the so-called break-up of stereotype phrase. As a result, there are 13, not 12 cola, and their normative figure is the precise integer 9.

15:4c-5c Three specific cases of not being corrupt (the counterpart of v. 3, which has the negation three times too) are summarized in the general term "these things" of v. 5c, underlined by the broad temporal gesture "forever." Strophe 3, therefore, is a tricolon plus a monocolon.

Psalm 16 Strophe 2 is a tricolon plus bicolon and as a whole turns against the false cult. Therefore, *kol* of v. 3b should probably be changed into *bal*, the negation that is characteristic of this song.

16:9a Perhaps *k^{e}bodi* does not need to be changed, as it can be taken with the meaning of *k^{e}bedi*.

17:14a Delete the second *mmtym* as a case of dittography.

17:14cde Some translations take a negative view of these three versets, as an extension of strophe 7. This strophe 8, however, has a positive tenor, as in the JPS rendering: "But as to Your treasured ones, fill their bellies. Their sons too shall be satisfied, and have something to leave over for their young." For this reading of *spn* see the positive applications in 27:5, 31:20b + 21c and 83:4b.

18:2-3 Because v. 2 and 3a are a bicolic line, the first option for the syntax in v. 3a is that the proper name is a vocative (parallel to v. 2) with three appositions. In the bicolon 3bc I read four nominal predicates after the subject "my God."

18:7d This Masoretic colon is a case of forma mixta, I think. In relation to the auditive term "in his ears", which fits perfectly in the strophic context, the adjunct *lpnyw* (a visual term) is a duplication and can be deleted.

18:12b, 14c With most scholars, I see v. 14c as a dittography of v. 13b. Something similar happens at the end of v. 12; the last two words overload the verse.

18:21 + 25 These two lines are an S-strophe that is split and serves as the envelope around the L-strophe 12 = vv. 22-24. This technique is re-applied in Ps. 115:4-8.

18:44-45 The rhyme of the morpheme 1st pers. sing. and the change of the grammatical subject after v. 44ab ensure that 44c and 45ab are a tricolon. The absence of the first person argues for v. 46 as a bicolon, and the presence of the 2nd person argues for v. 44ab as another bicolon.

18:48-49 Because God is still third person in v. 49a, and is indicated by a participle in 48a, the versets of 48ab and 49a are a tricolon. The 2nd person for God makes v. 49bc into a bicolon.

20:4b The letter *he* and the rhyme require a final *a* in the form $y^e da\check{s}\check{s}^e neha$.

20:8 I read two nominal clauses in v. 8ab and a separate verbal one in 8c.

20:10ab "The king" taken as the object in v. 10a, and reading one more imperative in 10b (parallel to the previous one): $wa^{ca}nenu$. So BHS app, too.

21:2b K and Q have the same meaning: either *ygyl* with *ṣere*, or *ygl* with *segol*.

21:10c I follow the JPS version, which makes the proper name of God the start of a new line. This fits well the threefold *-ka* rhyme of strophe 5; note the opposition *yhwh*–humankind on the diagonal line connecting v. 10c + 11b, which serves as the inclusion of strophe 6.

22:17c The C-colon needs its own verbal predicate. Like most scholars, I follow the spelling *karu* (a Qal perfect, plur.) without *alef*, as shown by two Mss.

22:28c After v. 26 God is spoken of in the third person, grammatically. Therefore, I read with one Ms *lpnyw* (cf. v. 30c).

22:30/31/32 My syntactic solution and my rendering are: "But whoever cannot survive (lit. "save his life"), his offspring will serve Him," which is the A-colon, with no more than 11 syllables. Parallelism demarcates the B-colon, so that the first word of v. 32 belongs here: "the generation to come" // "people yet to be born."

25:1 The poem opens with a remarkable division of versets. The location of *yhwh* between the indirect object and object + verbal predicate suggests where we should put the caesura. The pairing of "my God" and the proper name fits in this decision.

26:2b The K (with *waw*) and the Q (without) have the same meaning: the imperative masc. sing. plus *-a*.

26:8a I delete the initial vocative, in view of the balance (in number and meaning) of 3 + 3 words and the numerical perfection: now there are 208 syllables in 26 cola, which score an exact eight as their average. The opposite move (adding *yhwh* as a vocative) in 31:20a.

28:4c Deletion of *lhm* makes the chiasm of v. 4a and 4c as well as the syntactical chiasm of 4cd purer. It honors the balance of 3 + 3 words in v. 4cd and especially the chiasm *lahem* + *-lam* and *-lam* + *lahem* on the diagonal line connecting 4a and 4c.

(In MP II, the middle of p. 120, there is a counting error; there is no symmetry of 4 x 3 words in the four cola of strophe 4. I probably wrote this when I was still under the impression of the imperative *ten* which does double duty in v. 4ab. The other observations remain valid.)

After this intervention there is a precise 7 as normative figure, as 31 cola have 217 syllables. The strophes 1–2 have 24 words, the strophes 3–4 too.

30:4b Q (*miyyordi*: Qal infinitive plus suffix) and K (*miyyor^{e}de*: participle plur. masc. in the construct state) both make sense. The form *rdt* in v. 10b, however, which is the regular form of the infin. Qal, could be an indication that the participle is preferable in v. 4b. This is indeed what I counted in MP II: four syllables, not three.

30:13a Following the suggestion in BHS app, I read *k^{e}bedi*, as in 16:9a.

31:20a I add *yhwh* as a vocative, with a few Mss. Compare 21:10c for the diagonal carrying the opposition *yhwh*–humankind in 31:20a + d.

32:6b The adjunct *l^{c}t mṣ' rq* has the appearance of a *forma mixta*: read either *maṣor* or *maṣoq* after "time." I choose the first option, in favor of the wordplay with v. 7b. Compare the adjunct at the end of 31:22, where a form of *hsd* precedes too, like here in Ps. 32.

35:7 I exchange pit and net as is frequently done here: read *rištam* before the caesura and *w^{e}šahat* after it, one argument being the diagonal successor *ršt* + *ṭmn* in v. 8b.

35:16a This needs repair. Paronomasia is probable, and the absolute infinitive *haroq* in v. 16b encourages me to see another infin. form in 16a. "Like the impious they keep mocking", the verset then says, following Gunkel.

37:28c The acrostic principle, colon length, the symmetry in the word count of the strophe and the LXX demand three words; read *'awwalim l^{ec}olam nišmadu* (with *dalet* instead of *resh*).

38:21b   The Q *rodfi* is what we need here.

Psalm 39 This has seven strophes. The middlemost of these units is the nadir of the speaker's experience and is marked by the threefold anaphora of *'ak*. I therefore differ from the traditional verse division and take v. 6c as an A-colon, opening a new strophe. What *niṣṣab* means here is unclear, and the clash between sing. and plur. in the verb forms of v. 7b is difficult.

Talking about man in general, the central unit has no morpheme of the first pers. sing. at all, unlike the other strophes.

40:7c   We need *ḥaṭṭat* (with 2 Mss) here, "sin offering" (a word meaning that the form *ḥaṭṭa'ah* does not have). See MP II p. 150 and note 85.

41:3b   I follow the Q: read *wᵉ'uššar*, the consecutive perfect form, which is appropriate after the imperative forms of v. 3a.

41:11b   *hqymny* belongs in the second verset: the three A-cola of the L-strophe 4 have four Qal forms, the B-cola each have one Hiphil form with "me" as the object suffix.

42–43   are one poem, certainly, and with more than one refrain. There is one major refrain with the size of a full strophe (5 cola, 2 verses): strophes 4, 9 and 12. There are two minor refrains, on the one hand 42:4cd and 11cd, scorn expressed by the enemies, and on the other hand 42:10bc = 43:2bc with the despair of the poet. The number of cola assigned by scholars to the poem varies enormously and embarrassingly. The correct division offers 63 cola to contain the 441 syllables, so that the perfect integer seven is the average.

42:6/7   The first word of v. 7 is part of the C-colon; its vocalization is the same as in v. 12e and 43:5e, with the support of a few Mss and as suggested by BHS.

42:9c   I read *ḥay*, with many Mss, as in v. 3b.

42:9–10   The versets need regrouping, as they occupy three bicola instead of two tricola. Verse 9ab has two wishes; the pair 9c + 10a is strictly parallel about the poet's intention, and v. 10bc is his lament.

43:2a   This is a C-colon, giving grounds for the deliverance asked for in v. 1cd. Verse 2bc is the second minor refrain.

44:2–3   The words "You, your hand" are the counterpart of the paronomasia in v. 2c and belong in v. 2d. This B-colon otherwise would consist of a short adjunct only and have three pre-Masoretic syllables, which is too short. The structure of the 3 + 3 words making up the third verse is self-sufficient—a perfect symmetry and therefore pushing "you, your hand" back.

44:5ab   The Peshitta (cf. LXX) has exactly the right choice: "my king" is a nominal predicate, "God" is the vocative, and the B-colon has a participle *mᵉṣawweh* (instead of an imperative, which would be far too early in the development of the theme). This latter form is often underestimated as an apposition and should be taken as the second predicate of the entire verse.

On the basis of these two minor interventions we arrive at the right counts. The twelve strophes show remarkable symmetries:

1	2	3	4	5	6	7	8	9	10	11	12
S	L	S	L /	S	S	S	S /	L	S	L	S
34	57	32	50	36	33	33	34	57	34	49	33

There are three sections, each with two stanzas. Stanzas I and V have exactly the same length, in mirrored order: 34 + 57 = 57 + 34 syllables. Stanzas II and VI both have 82 syllables.

Psalm 48 has an impeccable text and scores the normative integer seven. It has nine strophes, so that strophe 5 is the center. This unit is marked by words pointing at God and by an extra monocolon, so that it is the only L-strophe. Before and after the foundation of the capital city (= the central strophe) there are two stanzas, each with two strophes.

48:15 The last two "words," *ʿal-mut*, do not belong to the poem. Perhaps they were originally part of an *ʿal ʿalamot* in the superscription of the next psalm, just as in 46:1.

Psalm 50 With their introductory character and mutual opposition, the two verses 7 and 16 count as one-line strophes and divide the poem into three sections. Both are tripartite and even have the same number of syllables: 27.

51:4a K reflects *harbeh*, which means the same as the apocopated Q form but has one more syllable.

51:16-17 The series "my tongue—my lips—my mouth" ensures that v. 16c + 17ab are a tricolon and enables us to correct the Masoretic verse demarcation.

52:9c The balance of imperfect 3 masc. sing. + preposition b^e + substantive + suffix -o suggests that the Targum is right in skipping *rb*. With one syllable less, the 24 cola now have a total of 168 syllables, scoring the perfect integer seven as their average.

55:13b The length of this verset is very rare—only three syllables; but the single word is a predicate, so that v. 13b is a clause too. The parallelism between v. 13ab and v. 13cd persuades me to accept *wʾśʾ* as B-colon. Moreover, the verb alliterates and assonates threefold with the predicate under it in v. 13d:

$w^e\text{'}ess\text{'}a$ // $w^e\text{'}essater$.

55:16a I follow Q, which splits *yšymwt* and presupposes an *alef* at the end of the imperfect form. For the meaning cf. 89:23a.

55:18c + 19   Note how the preterite forms help us to distinguish this short strophe from its surroundings.

56:7a   The Q for the second verb is a Qal form; I choose the Hiphil, which is presupposed by K.

56:4, 12a   The chiasm of the verbs, which is the same as the chiasm of v. 4 with 5b, helps us to take v. 4 as one colon. Also supporting this conclusion is the length of their strophes, the only two in this poem with four versets.

58:2   Should we revocalize this obscure word *'elem* as *'elim*? The latter option is supported by the inclusion with v. 12b.

58:9   Perhaps v. 9a *kmw .. tms* is parallel to v. 8a, after which 9b starts with *hlk* just as v. 8b does. This would make *bl hzw šmš* a C-colon! The verses 7-10 are two strophes with 5 + 3 times *-mo*, speaking of destruction as a reaction to two strophes full of wickedness: 4 + 6 cola on being bad // 6 + 4 cola concerning ruin.

59:4c + 5a   These cola are the fourth verse. It is kept together by a threefold negation. Note the distribution of nouns and verbs around the central word, the vocative *yhwh*: two nouns in the A-colon, two verbs in the B-colon.

59:5b + 6ab   The next verse reverses this order: two verbs in the A-colon, while the B- + C-cola are completely nominal—no fewer than six nouns, all denoting the deity. The imperative form in forward position is the counterpart of the imperative starting v. 6c.

59:10/11   The tricolon v. 18 helps us redraw the verse boundary here.

59:14c   The balance of the two nominal phrases here encourages us to draw the colon boundary after "God": caesura cum enjambement. The numerical aspect supports this: strophe 8 consists of two tricola with 29 syllables each, and the numbers of the individual cola are the same—i.e., 8, 10 and 11 are used by both verses.

60:7b   With K, I prefer "us" as the last syllable, as this pronominal suffix anticipates the beneficiary (we, five times) of the final strophe and reflects the fourfold "us" of the first strophe (this 4 becomes 5 if we count "your people" in). The sentences with the "I" are for God (vv. 8b-11b); outside this embedded speech there is no first person singular.

62:2a   I read *dwmyh* as *domiyyah*, the fem. participle.

62:3b   The word *rabbah* cannot be accommodated; it is missing in one Ms and also in v. 7. When we delete it, the 34 cola have 238 syllables with the average of the precise integer 7. (Cf. MP II pp. 181-82.)

62:4d   The reordering of consonantal letters yields two neat feminine forms, *gᵉderah dᵉḥuyah*.

63:2ab   We know where to put the caesura, as soon as we are aware of the links between v. 2b and v. 9a. Note how *šaḥᵃrekka* is echoed in *'aḥᵃreka* of v. 9a.

63:2d   Read the fem. form *ᶜyfh*, with a few Mss.

64:7b   With many Mss, read *ṭamᵉnu*, the root that is needed.

65:2a   With a minimal revocalization I read *domiyyah*, as in 62:2a. The colometry of vv. 2-4 in the BHS is deplorable.

65:4a   I read *mennu* instead of *menni*, with a few Mss.

65:9a   A number of 15 syllables for one colon is the rare maximum allowed for.

66:7c   With several Mss I delete *lamo*, which does not add anything to the meaning. The verb before it should be read as a Qal, so the Q.

66:20a   For the position of *ᵃšer* (the B-colon is very long, with 13 syllables) compare 1:1a and the three words of v. 19a.

Psalm 68   On the basis of the structural analysis that I have published in OTS xxvi, pp. 72-83, I think the following repairs are necessary. They are not few, but still small, relative to the high degree of difficulty the text presents:

68:18c   Read *ba' missinay*.

68:29ab   Read the imperative *ṣawweh*, then *ᵉlohim* (with several Mss), and *ᶜuz haᵉlohim* after the caesura.

68:31c   Read *mitrappes bᵉroṣe kasef*.

68:31d   Read the imperative *bazzer*.

68:32a   I prefer to vocalize the verb form as a Hiphil, *yaᵃtiyu*, the object being bronzeware (the meaning of *ḥašmannim*, according to HAL).

68:32b   I regroup four letters, arriving at the excellent sense of *yitroṣ yadaw*.

69:27a   I delete one letter *he* and read the *nota objecti 't*, cf. LXX.

69:36-37   BHS already displays the correct verse division: first a bicolon full of proper names, then a change of the grammatical subject and a concluding tricolon. Note the beautiful pattern ab–b'a' of the verbs in 36c + 37ab, transitive forms alternating with intransitive ones.

70:5d   On the evidence of many Mss, restore the tetragrammaton. Then the

17 cola have 119 syllables, with the average of the normative figure 7.

71:13a Taking into account the parallels in vv. 13b and 24c, and in light of the Peshitta, I add one consonant and read *yikkalᵉmu*, a verb form of four syllables.

71:20a, cd Should we read "us" or "me" as a suffix with three verbal forms? I prefer a sustained "me"; see MP II p. 190 and note 36.

72:10 This is one bicolon, not two. These long versets have the balance of 12 + 12 syllables; this verse is the middlemost of 21 verses.

73:10b A very obscure colon.

73:15a After the analogy of *lamo* = *lahem* (this *lamo* occurring three times in this poem) I take *kᵉmo* of v. 15a to mean *kahem*.

73:20b *baʿir* may be a shortened form of *bᵉhaʿir*.

74:22b *kl hywm* presents itself directly as a candidate for deletion *metri causa*. Definite proof comes from the stunning figures of three stanzas, each of which gives the strophic totals 36, 37 and 40 and the same total of syllables (MP II p. 202).

76:7 Perform the minor repair of changing one consonantal sign, after which a slight revocalization yields *nirdᵉmu rokᵉbe sus*, in accordance with LXX.

76:11a I read *tudak* or *taduk* with Emerson, who in his article in *VT* 24 (1974) pp. 136-146 translates the verse as: "Surely thou dost crush the wrath of man; Thou dost restrain the remnant of wrath."

77:7a MT starts with *'zkrh*. For a variety of syntactic and prosodic reasons (MP II p. 209 and note 91), however, this form is the ending of verse 6.

77:11a If *ḥallot* can be derived from a root *ḥll* in the same way that *ḥannot* (v. 10a) has the root *ḥnn*, we can agree with this rendering by Seybold: "Meine Lösung ist die: es ändert sich die Rechte des Höchsten!" More analysis of this form and its context in MP II p. 208.

Psalm 78 as a whole has five sections:

	A	B	C	D	E
vv.	1-8	9-31	32-39	40-55	56-72
in	4	9	4	8	7 strophes

and its 32 strophes occupy fourteen stanzas:

	I	II	III	IV	V	VI	VII
vv.	1-4	5-8	9-16	17-22	23-31	32-35	36-39
cola	10	14	17	17	19	8	10

	VIII	IX	X	XI	XII	XIII	XIV
and vv.	40-43	44-47	48-51	52-55	56-60	61-66	67-72
cola	8	8	10	9	10	12	13

See my extensive analysis in MP II pp. 210-228, plus the diagrams and counts of pp. 437-439 and pp. 507-508.

78:3 Structural analysis (see MP II pp. 212-213) shows that this ^ašer-verse belongs to the first, not the second strophe, for it refers still to the past. The strophic, or rather syntactic, connection is made correctly in KJV, RSV, JPS, NEB.

78:56a/b Since the Masoretes, this verse is wrongly divided as 5 + 3 words. The word *Elyon*, however, belongs to the B-colon, because the real balance is such: two verbs + one object / two objects + one verb; moreover, these 4 + 4 words have the symmetry of 10 + 10 syllables. Verse 57 has the same distribution of nouns and verbs in its half-verses.

79:7a Read the plural verb form '*ak^elu*, with many Mss.

Psalm 80 Restructuring vv. 2-4 as bicola brings to light how four imperatives, all causative, open four verses. Note how the Hiphil imperative of v. 2c (an A-colon) and *pny* in v. 3a (the adjacent B-colon) anticipate similar forms in the refrain series of vv. 4, 8, 15 and 20.

80:16b After lengthy deliberation, I think the many commentaries and translations that delete v. 16b as a dittography are correct. In line with the Masoretes, I have printed vv. 15-16 here as a tricolon plus bicolon, because v. 16b appears to be paralleled by 18ab. Three observations, however, overrule this: (a) note how the preposition ʿ*al* in v. 18b links up with v. 18a perfectly but in 16b is an unexpected and awkward sequel; (b) the feminine forms of v. 17a link up closely with 16a, not with 16b; (c) but first and foremost, vv. 15c and 16a are a bicolon that is the obvious parallel and successor of v. 9ab.

81:6c After five bicola (vv. 2-6b) the third person for God changes into the first, so that v. 6c becomes the initial A-colon of a new strophe. Note how the strophes 3 and 4, plus 5 and 6 each have the verb *šmʿ* in their first A-colon.

83:12 This is definitely an overloaded verse. Following the example of Gunkel, Kraus, Weiser and Bardtke (in the BHS) and Van der Lugt, I delete the names of the two kings. I read *šita* as the initial word (cf. BHS app), like the four German authors did. The longer form *šitemo* is not quite appropriate and may have crept in from v. 14a. For a more extensive account of these measures see MP II p. 233.

85:10b When we add a suffix for "him" to *kabod*, the 28 cola of this poem display a remarkable distribution of syllables:

    2 cola have 6 syllables
      6 cola have 7 syllables
        12 cola have 8 syllables
      6 cola have 9 syllables
    2 cola have 10 syllables

This breakdown means there are twelve cola of seven or nine syllables, over against twelve cola with eight syllables. The relation of cola and predicates is symmetrical too, having a balance of one to one.

86:17c I take the pronoun and the proper name as a predicative unit that deserves its own colon, before the verb forms of 17d round off the song. This psalm then has 41 (not 40) cola with 369 syllables, yielding the normative figure nine, without changing any syllable.

Psalm 87 The first three words (= v. 1) look lonesome, and would make a good bicolon with v. 5c. One might locate this reassembled line between v.2 and v.3. In this way v.5b would become the closing B-colon of strophe 2. With its word choice it is perfectly in line with the last two B-cola, v.6b and v.7b.

Psalm 88 In my book *Reading Biblical Poetry* (Louisville: Westminster John Knox, 2001) I argue why the subject "I" is absent in v. 6a: this is due to an ellipsis which is the counterpart of another skipped "I," in v. 9c up front.

  Note how **hšk* ends strophes 3–5–7, how strophes 3 and 5 have a similar start with *metim*, and how the sequence of anger–waters–friends in strophe 4 is repeated with a doubled amount of cola in strophe 7.

88:16b My guess is that *'afuna* (or perhaps *'afuga*) means "I am desperate," as the LXX suggests.

88:17 The form *ṣimmᵉtutuni* has one syllable *–tu–* too many. In v. 19b no change is needed; this predicative clause is the climax of suffering in a verse which pulls the misery of v. 9a and v. 13a together.

Psalm 89 This psalm has five stanzas of four strophes each, plus a final stanza of two strophes. Their syllable counts are:

I	II	III	IV	V	VI
78 + 122	154	155	157	125	122

The 52 verses (v. 20 being two bicola; v. 1 and v. 53 are no part of the poem proper) are all bicolic, except v. 9. They come together in 14 S-strophes and 8 L-strophes.

89:44a Read *ṣwr* as *ṣor*, flint (blade).

Psalm 90 has three times (= stanzas) three strophes, and the middlemost unit, strophe 5, is the only L-strophe. The entire string follows the pattern ABCD X D'C'B'A'. The 342 syllables fill 38 cola and have the exact integer nine as average.

A correction to p. 445 of MP II: the overall count of syllables of Ps. 90 speaks of 8 strophes. However, vv. 13-14 are strophe 7 (39 syllables), vv. 15-16 are strophe 8 with 37 syllables, and the tricolon v. 17 is strophe 9 with 35 syllables—note the descending numbers of these three strophes. The diagram on p. 509 is correct too, giving nine strophes in all.

90:1 It is hardly possible to scan this sentence as a bicolon, and the 16 syllables are just too many to be kept in a monocolon.

90:10a Delete *bhm* as redundant and ugly.

Psalm 91 confronts us in v. 2a and 9ab with related problems:

(1) It is inadvisable to take v. 1 as a complete sentence, since this would produce an unpleasant tautology, as can be seen in NEB, BJ, NBG, Tate, Seybold and others. The JPS construction, which only comes to an end with the object of the sentence at v. 3, is not good either. What is to be done with *'omar* in v. 2a? I would point out first of all that for a long time (vv. 3-13) the song has no indication at all of God (except now in v. 9a which is about to be available), but it certainly does in vv. 1-2. There are no fewer than four of them in four cola, and moreover a different one in each case—a virtuoso variation which already makes strophe 1 a unity. This also means an invitation to see a syntactical connection in vv. 1-2. But in the MT the difference between the third and first person singular in the words with which the poetic lines begin produces a problem. I see an acceptable solution in (a) and a good one in (b):

(a) Follow LXX and read *yomar* in v. 2a, i.e. 3rd pers. sing. masc. Thus, Kraus, the EU. In the RSV the rendering is then: "He who dwells ..., who abides ..., will say to the LORD, 'My refuge and my fortress; my God, in whom I trust.'"

(b) Frants Buhl made the excellent suggestion (in his contribution to the Biblia Hebraica in 1925) not to make more than one revocalization in v. 1a and v. 2a: read *yešeb* and the part. *'omer*. He is followed in this by the German commentaries of Weiser and Deissler, and Booij (in his commentary of 1994, in Dutch). In the interests of fluent English I swap the order of the sentences round in this rendering:

"He who says to the LORD: my refuge and my fortress,
my God in whom I trust,
may dwell in the shelter of the Most High,
abide in the shadow of the Almighty."

(2) Verse 9 gets stuck in the MT, because "you" seems to refer to God and then clashes with all the you-morphemes in vv. 3-13, and even already with the you in v. 9b. A good view of the song as a whole and its structures leads us to a satisfactory solution: recognize first of all (a) that v. 9 is a healthy parallelism, and (b) with its word-pair "refuge/dwelling" refers back to the first strophe; then (c) that "*Yahweh machsi*" is embedded speech, simply a quotation from v. 2a, and (d) accept that "you" refers to the mortal addressed, as in all the other cases. Then a small emendation suffices: supply mem and resh and read *'amarta*, "you said." The text is now fluent:

"Because you said: Yahweh is my refuge,
and you made the Most High your dwelling,
(v. 10a) no harm shall befall you," etc.

92:12b   With several scholars I delete *mr'ym* from the B-colon; it disturbs the syntactic order (the abc–c'a'b' pattern) and its meaning is completely redundant.

94:12a   With 2 Mss I delete the redundant *ʰšer*, *metri causa*. Consequently, the 47 cola have 376 syllables and the normative figure 8 as average. For more aspects of numerical perfection in this song see MP II p. 252.

97:9a   This seven-word verset seems exceptionally long but is not, as the words have 11 syllables together; with at least five pairings it is the counterpart of the B-colon and cannot be split.

97:10a   To my mind, it is too much of a tautology if we hear the poet appeal to those "who love Yhwh" to "hate evil." I prefer what some Mss have: *śonᵉ'e raʿ*. This phrase is not the predicate but the subject of the ensuing nominal clause. The B-colon then fills in what Yhwh is precisely, and the C-colon even shows how He intervenes.
The 28 cola have 224 syllables, which yields an average of exactly eight.

100:3b   If we would read *l'* with K, the pronoun "we" would become the subject of a virtual verb form of 'to make', which is absurd. The Q *lw* (we belong to Him) is definitely what we need.

100:4   When we give each clause its own colon, like the JPS version does, the poem has 5 verses and 13 cola instead of 4 verses and 12 cola. With 91 syllables, the song has an exact average of 7 syllables per colon.

102:25a   The first two words belong to v. 24b. I am not sure how to vocalize them; either *'omar 'eli* or *'amar 'elay*.

Psalm 103 The correct strophic divisions are accounted for in ch.8 of my book *Reading Biblical Poetry*. The central stanza, vv. 9-16, is rounded off (a) by the negations of vv. 9-10 and 16, and (b) by the subtle ring of *ḥsd*, which is positioned immediately before and after the central stanza, at the end of v. 8b and up front in v. 17a. The center of this stanza is strophe 5, with its three similes that each receive one verse and enjambement.

103:17-18 The words *ṣdqt* and *ḥsd*, which form an inclusion of strophe 3, recur here chiastically, and each of them is put in forward position. In this way the qualities of the deity open two verses, and their order is different from the Masoretic one: not a tricolon plus a bicolon, but the other way round. Their syntax proves it.

104:8   Mountains and valleys are spatial adjuncts here, not grammatical subjects, contra RSV. Correct are Gunkel, NEB, Allen (in WBC), JPS, Seybold and others. See the parallel verset in 107:26a. So "the waters" (the very last word of strophe 3) are the continuous subject of six imperfect verb forms in the six cola of L-strophe number 4.

104:17a   Delete *ʰšer*, which is a dittography from v. 16b and redundant. Consequently, v. 17a is the independent clause (the new information) it deserves to be. Compare the *šam*-verse 26.

The 80 cola of this song score an exact eight, as they contain 640 syllables. The final Hallelujah belongs to the body of the poem.

105:18a The rhyme makes me prefer the Q *raglo*, with the noun formally in the singular, and rendering the word as a dual remains permissible. Note the final syllables in the subsequent eight cola: all saying "him" or "his."

105:28b After the plural forms of 27ab (esp. the word *dibre* in 27a) the K *dbryw* has good credentials. Many Mss have the Q "His word," which echoes v. 19a and rhymes with the previous strophe-initial verse 26ab. Compare how the rhyme *-am* begins in 23b = 27b and recurs eleven times more.

105:45 This time the final Hallelujah does not belong to the poem proper, which is completely bicolic.

106:7d Delete *bym* as dittography; it is completely redundant. Also see v. 22b. This is the only repair needed in no less than 107 cola, which score an exact integer eight with their 856 syllables.

106:12-13 Note how the opposition in the content of the verses is kept together by the different rhymes of the A- and B-cola.

106:38-39 are two tricola! Verse 38abc focusses on blood and 38d + 39ab conveys the fundamental notion of impurity by starting each verset with a *wyqtl* form and ending on the rhyme consonant *mem*.

106:48 The blessing of 48abc belongs to the poem; the final Hallelujah does not.

Psalm 107 is a mainly bicolic and long text, scoring the normative figure eight with 704 syllables in 88 cola (after having deleted a minimal *waw* in vv. 3a and 28b up front, and in v. 43b [read *yitbonen*]).

108:11 The morpheme of the 1st pers. sing. is frequent in vv. 8b-11b and ensures that this verse still belongs to God's embedded speech. After the introductory colon 8a God speaks ten cola (five in strophe 4, five in strophe 5).

109:17b Five syllables, only one verb, but one clause (cf. 55:13b)—is this acceptable as a colon? The balance of the strophes 7 and 8 helps us to accept a short B-colon like this one. Compare the short cola in v. 28ab, which also talk about curse and blessing.

109:20 Since this verse relates to the whole of the embedded speech (vv. 6-19) and is a kind of summary and retrospect, it is a one-line strophe.

Psalm 110 is a perfect AB–B'A' structure, with appointments by God in strophes 1 and 3, and warfare of the king and the deity himself in strophes 2 and 4. The traditional translation "in the manner/after the order of Melchizedek" is untenable for both phrases (*dbrty* as well as the proper name). Verse 4c says really: "On my word = by my decree [you are appointed as] a rightful king," and the JPS version is correct.

After two slight corrections (see MP II p. 291) the 20 cola have 140 syllables, so that the average per colon is the exact figure 7.

110:5b This line is the first colon of the final strophe; one way to prove this is to recognize the correspondence between vv. 3a and 5b, the "day of God's wrath" being identical with "the day of your power/army." Note also how vv. 5b-6c is a chiastic quartet.

111:4-6 This time I leave it to the reader to find the good poetical reasons why these three bicola should be regrouped as two tricola. The 6 + 6 + 4 + 6 cola of Ps. 111 have the same number of syllables, 168, as its obvious twin, Ps. 112.

Psalm 113 has four strophes, as I have shown in MP I chapter I, not three times three verses. The first strophe, vv. 1-2, is volitive and ends with a temporal merismus. The second one, vv. 3-4, starts with a spatial merismus, is wholly indicative and descriptive, and is completely nominal. From v. 3a on, the spatial is decisive, especially the vertical dimension.

115:4-8 Here we have the same construction as in Ps. 18:21-25: a split S-strophe is the envelope for an L-strophe.

116:4b When we read this appeal for deliverance as the content of "calling" in v. 4a, v. 4b is the C-colon that closes the second strophe.

116:9 It is difficult to decide whether v. 9 belongs to the fourth or the fifth strophe. If v. 9 belongs to strophe 5, there are 4 S- plus 4 L-strophes; and the chiastic connection that can be made between the versets of vv. 9 and 19 becomes the inclusion of the positive second half of the poem, where distress is past.

118:10-12 I do not know what *ᵃmilam* means.

Psalm 119 19 out of its 22 octets or stanzas have 4 S-strophes. There are three tricola only—vv. 48, 145 and 176.

The numerical perfection that the composer of Ps. 119 strove for is evident, among other things, from these two details:

(a) after the minuscule emendations in v. 49b and 128a the total number of pre-Masoretic syllables here is 2860. This number is divisible by 22 (the number of stanzas or octets of this alphabetical acrostic) and the division of 2860 by 22 produces a round number as the average number of syllables per octet, 130 precisely.

(b) More striking is the fact that the number of I/me/my morphemes is precisely the same as the number of you/your morphemes in which the composer addresses his God: 315 in both cases. This count assumes that in v. 150 we read not *rodᵉfe* but *rodᵉfay*, with ample support (according to BHS app) from nonn Mss., LXX and Symmachus; this is a word used also in vv. 8ab and 157. More characteristics and data will follow in my *Major Poems*, volume III (in preparation).

Annotations

119:43 and 48 It is not necessary to change the A-colon.

119:49b The final word should have one syllable less and read *yiḥalti*, as in vv. 43b, 74b, 81b.

119:107 The vocative *yhwh* is the end of the A-colon, as in v. 108. Note how much the two words of v. 107b resemble those of vv. 58b, 64b, 68b, 124b, 135b, 149b, 156b and 169b.

119:128a There is one *kol* too many here. I delete the *lamed* of the second *kol* and its *kaf* becomes the possessive suffix. The preposition *lᵉ* should also be deleted.

119:149a A similar case to v. 107.

123:4b There is one article too many here. Deleting the first, there remain 91 syllables in 13 cola, yielding the normative figure 7.

127:5 The parallel syntax (two predicates in the A-colon, none in the B-colon; anaphorical *nota objecti*; a Piel form closing the A-cola) causes me to accept enjambement two times.

Psalm 132 The halves of this poem have not 10 + 10, but 9 + 11 verses. Note how strophes 1 and 2 (oath) have counterparts/complements in strophes 5 and 6 (oath), and how the equivalence of v. 9 and 16 makes strophe 9 stand out in the service of the climax. For further analysis see Chapter 7 § 6 of my *Reading Biblical Poetry*.

139:20b *naśu'* = *naśᵉ'u*, and one may take *ʿareka* in the sense of *ṣareka*.

139:21a With a few Mss delete *yhwh*; this is in line with the words of v. 22a.

140:5-6 These verses are three bicola, rather than two tricola. The first poetic line has two imperatives (a supplication), and the next two explain in four perfect forms why rescue is asked for. Also note the rhyme of the three lines.

140:9/10 Delete the *sela* and move *yarumu* to the start of v. 10.

140:10b Q *yᵉkassemo* is congruent with the singular subject.

141:9b-10a I add the preposition *min* in 9b and follow the suggestion in BHS app to expand the suffix in v. 10a to *bᵉmakmorehem*. Consequently, the 24 cola have 216 syllables, and produce a normative 9. See MP II pp. 305-307.

144:2d With ample support we should add a mem (Sebir, many Mss, Targum, Peshitta) and read *ʿammim*.

144:11a The two last words of v. 10 belong here, as the chiastic syntax of the parallelism shows.

Psalm 145 One of the very few Psalms that need major repair:

145:5a The order/location of the verbs in strophe 3 recommends the reading *yᵉdabberu*, with LXX. I feel there is one noun of praise too many. I delete the monosyllable *hod*; the remaining two words recur in chiastic order in v. 12b.

145:6b I read *ʳᵃsapper*, as found in 11QPsᵃ.

145:13cd With many scholars I restore the missing *nun*-verse, on the basis of a Qumran fragment, LXX and Peshitta. The words are noted in BHS app, plus vocalization.

Psalm 146 In Pss. 146 and 147 the initial Hallelujah fits well in the initial parallelism and strophe; the final Hallelujah does not belong. Therefore, I see here 24 cola with 192 syllables and the normative average 8.

Anaphorae and the repetition of *šomer* (v. 6c) in v. 9a lead us to restructure several verse boundaries. Verse 6 is a tricolon, v. 7ab a bicolon. Next, v. 7c + 8a is bicolic. Then v. 8bc forms a tricolon together with v. 9a.

Note that the proper name *yhwh* is a fivefold anaphora in strophe 4, whereas the name is used only once in the preceding strophes 2-3.

Psalm 147 As a poem cannot possibly begin with *ki*, the introductory Hallelujah is the start of the song proper. Analysis and rendering of the first parallelism are difficult. I read this: "Praise the LORD, for it is good to sing psalms to our God, / yea, it is pleasant to sing a fitting hymn of praise." In this, I follow NEB and JPS by taking *nʾwh* as a Piel infinitive, just as its equivalent *zmrh* in v. 1a.

Both Ps. 147 and 148 have 18 cola with 8 syllables, which together have 144 syllables. For more numerical surprises see MP II p. 320.

Psalm 148 Ps. 146 has two tricola, 147 has one, and 148 is completely without tricola, like 145, 149 and 150.

148:4b After deleting the completely redundant *ʳᵃšer*, I find 240 syllables in 30 cola and the normative figure 8 as average.

148:13-14 Here we have not two tricola, but three bicola, in line with BHS typography; two of the clues for this structure are the notion of praise in the A-cola and the rhyme of the B-cola.

In Pss. 148 and 149 the Hallelujah at the edges stays outside the poem proper. Ps. 150 reverses what we saw in 147: here the initial Hallelujah is extraneous, while the final one is part of the second = last strophe. The latter unit is an L-strophe with an extra verse, perhaps to mark the ending of the collection. Compare Job 3, where the S- and L-strophes all are systematically upgraded (lengthened with an additional line) to mark the beginning of the huge poetry section of the book and to lend extra weight to the awesome lament.

CATHOLIC THEOLOGICAL UNION

3 0311 00131 0973

BS 1420 .F65 2002
Fokkelman, J. P.
The Psalms in form

DEMCO